LA JEUNESSE

DE

BALZAC

BALZAC IMPRIMEUR

1825-1828

Par Gabriel HANOTAUX et Georges VICAIRE

Avec trois Estampes et deux Portraits

GRAVÉS SUR BOIS

Par A. LEPÈRE

PARIS

LIBRAIRIE DES AMATEURS

A. FERROUD — F. FERROUD SUCCESSEUR

127, BOULEVARD SAINT-GERMAIN, 127

1903

LA JEUNESSE

DE

BALZAC

JUSTIFICATION DU TIRAGE

N° 1 à 60   Exemplaires sur papier du Japon.
N° 61 à 350   Exemplaires sur papier vélin d'Arches.

IMPRIMERIE

DE

H. BALZAC

—

RUE DES MARAIS SAINT-GERMAIN

PARIS

LA JEUNESSE

DE

BALZAC

—

BALZAC IMPRIMEUR

1825-1828

Par Gabriel HANOTAUX et Georges VICAIRE

Avec trois Estampes et deux Portraits

GRAVÉS SUR BOIS

Par A. LEPÈRE

PARIS

LIBRAIRIE DES AMATEURS

A. FERROUD — F. FERROUD, SUCCESSEUR

127, BOULEVARD SAINT-GERMAIN, 127

—

1903

AVERTISSEMENT

Ce livre, consacré à la jeunesse d'Honoré de
Balzac, est annoncé depuis longtemps. Le retard
que des circonstances indépendantes de notre
volonté ont apporté à sa publication, n'aura pas
été sans quelque profit pour le lecteur. Une éla-
boration plus lente nous a permis d'être à la
fois plus exacts et plus complets ; les documents
réunis dans les appendices éclairent d'une façon
précise et qui nous paraît indiscutable une des
périodes les plus obscures et les plus intéressantes de la vie du grand écrivain, celle des
débuts, ainsi que la genèse de l'œuvre et la
première évolution de la pensée.

Le présent ouvrage est surtout documentaire :
mais quand il s'agit de Balzac, le document
prend une valeur singulière. Il n'était pas
homme à s'attarder dans la banalité : son ima-

gination animait et amplifiait tout. Ainsi la biographie d'un imprimeur de l'époque romantique devient, rien que par l'exposé des faits
réels, un véritable roman.

Le roman des premières amours de Balzac
s'est rattaché, sans que nous l'ayons voulu ni
cherché, à l'histoire de Balzac imprimeur et
fondeur de caractères. Dans l'encre nous avons
trouvé de l'azur. Un nom de femme, cité dans
un acte notarié, nous a permis de préciser ce
que la publication de la *Correspondance* avait
déjà dévoilé. L'inspiration de l'écrivain, la formation de son esprit, l'origine de certaines idées,
le sens profond de certaines œuvres capitales se
sont expliqués soudain. Une femme distinguée,
filleule de Louis XVI et de Marie-Antoinette,
est apparue comme l'éducatrice de Balzac. On
comprendra, maintenant, bien des pages énig-
matiques, bien des allusions mystérieuses, se-
mées dans l'œuvre du romancier. Notre livre
découvre un peu l'envers *de la Comédie humaine*. Le prototype du *Lys dans la Vallée* est
connu désormais.

L'épisode de ces amours singulières anime

fort heureusement le récit que nous avons entrepris de l'équipée juvénile qui fit de Balzac,
apprenti écrivain, un négociant aussi éphémère
que malchanceux. Malgré la minutie de certains
détails, nous n'avons pas hésité à donner tout
l'historique des maisons *Balzac et Barbier,
Balzac, Barbier et Laurent* qui, en 1826, 1827,
1828, s'étaient installées dans la rue des Marais-
Saint-Germain. Les bibliophiles nous sauront
gré, peut-être, d'avoir dressé une première liste
des impressions dues à une maison qui porta
obscurément un nom si glorieux.

Nous nous sommes appliqués aussi à faire
connaître par le détail, les conditions d'existence
d'une imprimerie et d'une fonderie de caractères au temps des Renduel et des Urbain
Canel.

Les recherches et le travail dont nous donnons le résultat au public eussent été impossibles si nous n'avions rencontré, de toutes
parts, les plus utiles concours. Nos remerciements réuniront, d'abord, dans l'expression
d'une même gratitude, M. le vicomte de Spoelberch de Lovenjoul qui nous a ouvert ses admi-

rables archives littéraires et le directeur actuel de l'ancienne maison Balzac et de Berny, M. Charles Tuleu, qui nous a ouvert celles de cette maison. Nous devons aussi à M. Tuleu la communication du beau portrait de Balzac que nous publions, ainsi que nombre de détails qui tiennent à une parfaite connaissance de tout ce qui se rapporte à Balzac. Nous lui devons plus encore, c'est à savoir l'indication exacte et judicieuse des précisions et des convenances dans un sujet à la fois captivant et délicat.

Quant à M. de Spoelberch de Lovenjoul, nous n'avons qu'un mot à dire en lui soumettant ce livre : *tuus est*. C'est une gratitude nouvelle parmi celles que lui doivent les lettres françaises. Il est le maître incontesté et, comme on disait autrefois, la source désormais consacrée d'une partie bien précieuse de l'histoire littéraire, au dix-neuvième siècle.

Il faudrait une énumération homérique pour rappeler toutes les bienveillances que nous avons rencontrées. La publication dans le *Journal* de l'étude qui mettait en œuvre les premiers documents, nous a valu de toutes parts des com-

munications intéressantes. M. Arthur Rhoné,
M. Sédillot, M. Moussard, employé de la maison Tuleu, qui ont tout su de Balzac, ont ré-
pondu sans se lasser à nos questions. MM. Frédéric Masson, P. de Nolhac, Georges Cain nous
ont aidé de leurs lumières et de leur obligeance.
Sur des points spéciaux, nous avons reçu les com-
munications les plus intéressantes de MM. Dumaine, ministre plénipotentiaire, et Gérard,
ministre de France à Bruxelles, de M. Alfred
Caraven-Cachin, de M. l'abbé Genty, de
M. Ed. Gachot, de M. Coüard-Luys, archiviste
de Seine-et-Oise, de M. Maurice Tourneux, de
M. Paul Lacombe, parisien. Partout, à la Bibliothèque nationale, aux Archives nationales,
aux archives du tribunal de commerce, dans les
archives de province et les archives particulières
même obligeance et même empressement. Le
nom de Balzac ouvrait toutes les portes :
MM. Mortreuil, Henri Omont, Marchal, Vien-
not, Pillon-Dufresnes, Marius Barroux, Mme De-
pret, M. Bixio, M. Bourguignon et tant d'autres
nous ont aidé. Qu'ils reçoivent ici l'expression
de tous nos remerciements.

Est-il nécessaire d'attirer l'attention du lecteur sur la collaboration de notre éminent ami, M. Lepère, dont les belles gravures sur bois ornent si précieusement le présent volume? La vignette qui sert d'encadrement aux pages du texte est empruntée à l'ancien fonds de l'imprimerie Balzac; les caractères avec lesquels le livre a été imprimé par la maison Hérissey d'Évreux, ont été fondus spécialement par la maison Tuleu, 58, rue d'Hauteville, c'est-à-dire précisément par la maison qui eut à sa tête Honoré de Balzac et Alexandre de Berny.

Ainsi, après soixante-quinze ans, Balzac imprimeur se retrouve chez lui ; peut-être ce retour des choses n'eût pas déplu à ce grand amoureux de la gloire que fut Honoré de Balzac, romancier.

LA
JEUNESSE DE BALZAC

BALZAC IMPRIMEUR

PREMIÈRES ARMES

Balzac discutait avec Vidocq. Celui-ci soutenait que la réalité était parfois plus dramatique que le roman. Le romancier était naturellement d'un avis contraire : « Ah! vous croyez à la réalité, mon cher Vidocq, disait-il. Vous me charmez. Je ne vous aurais pas supposé si naïf. La réalité! parlez-m'en. Vous revenez de ce beau pays. Allons donc ! C'est nous qui la faisons, la réalité ![1] »

Or, voilà que la vie *réelle* de Balzac apparaît, au fur et à mesure qu'elle se découvre, comme un prestigieux roman.

Nous avons les *Confessions* de Jean-Jacques et les *Mémoires* de George Sand[2]. Nous n'avons pas l'autobiographie de Balzac. S'il l'eût écrite, les lettres françaises se fussent enrichies du plus précieux des documents humains. On eût suivi, avec un intérêt passionné, toute la carrière de l'homme qui fut, peut-être, le plus grand semeur d'idées du siècle et qui avait inscrit au socle de la statue de Napoléon, posée sur la cheminée de son cabinet de travail : « Achever par la plume ce qu'il a commencé par l'épée[3]. »

Il est vrai que la biographie de Balzac est comme éparse dans son œuvre. Ce qu'il a dit, il l'avait vu, il l'avait vécu. Poussé par le besoin, emporté par cette fureur d'écrire qui fut le tourment de sa vie, il a jeté sa propre chair en pâture au public. Mais ce ne sont que des lambeaux : *disjecti membra poetæ*.

Il faudrait lire entre les lignes, il faudrait dé-

(1) *Balzac chez lui. Souvenirs des Jardies*, par Léon Gozlan. Paris, Michel Lévy frères, 1862, in-18. p. 214.

(2) Sous le titre : *Histoire de ma vie*, Paris, Cadot, 1854-1855. 20 vol. in 8.

(3) *Balzac chez lui*, p. 36.

viner beaucoup; surtout, il faudrait connaître le
détail précis. La vie de l'auteur expliquerait, souvent, l'inspiration et la genèse de l'œuvre.

Un travail complet sur Balzac n'a pas encore
été publié[1]. Sa sœur, Mme Laure Surville, a écrit

(1) Il a paru, sur Balzac, un grand nombre de livres, de brochures et surtout d'articles de revues et de journaux. La plupart
concernent spécialement l'œuvre littéraire du célèbre romancier.
Nous citerons, particulièrement, la magistrale *Histoire des Œuvres
de H. de Balzac*, par le vicomte de Spoelberch de Lovenjoul, dont la
« troisième édition entièrement revue et corrigée à nouveau » parut
chez Calmann Lévy, en 1886, in-8; elle forme le complément de
l'édition des *Œuvres complètes de H. de Balzac*, publiée en 24 volumes chez le même éditeur, de 1869 à 1876. Au point de vue biographique, voici par ordre chronologique, la liste des principaux
ouvrages écrits sur l'auteur de la *Comédie humaine* :
— La Canne de M. de Balzac, par Mme Émile de GIRARDIN. *Paris,
Dumont*, 1836, in-8. — Galerie des contemporains illustres, par
un homme de rien [Louis de Loménie]. *Paris, au bureau central,
rue des Beaux-Arts*, 13, 1841, in-18. — M. de Balzac, par Gustave
DESNOIRESTERRES. *Paris, Paul Permain et Cie*, 1851, in-16. — Les
Physionomies littéraires de ce temps. Honoré de Balzac. Essai sur
l'homme et sur l'œuvre, par Armand BASCHET, avec notes histo-
riques par Champfleury. *Paris, D. Giraud et J. Dagneau*, 1852,
in-12. — Les Contemporains. Balzac, par Eugène de MIRECOURT.
Paris, J. J. Roret et Cie, 1854, in-18. — Célébrités européennes, par
J.-M. CAYLA. *Paris, Hippolyte Boisgard*, 1855, gr. in-8 (pp. 59-64,
avec un portrait). — Collection Hetzel-Balzac en pantoufles, par
Léon GOZLAN. *Bruxelles*, 1856, in-32. — Honoré de Balzac, sa vie et
ses œuvres : Biographie par Théophile GAUTIER. Analyse de la
Comédie humaine par H. TAINE. *Bruxelles, H. Dumont*, 1858, in-12
(avec un portrait lithographié et un fac-similé de signature). La
première édition française a paru, en 1859, chez Poulet-Malassis,
in-12 (avec un portrait gravé à l'eau-forte par E. Hedouin et un
fac-similé d'autographe). — Balzac, sa vie et ses œuvres, d'après
sa correspondance par Mme Laure SURVILLE, née de Balzac. *Paris,
librairie nouvelle*, 1858, in-12. Une nouvelle édition a paru, en 1878,
chez Calmann Lévy, in-18. (C'est à cette édition que nous renverrons
le lecteur, chaque fois qu'elle sera citée.) — Portrait intime de
Balzac. Sa vie, son humeur et son caractère, par Edmond WERDET,
son ancien libraire. *Paris, A. Silvestre*, 1859, in-12. — Œuvres

un livre intéressant, fin, délicat et attendri : c'est un pastel exquis. Mais la grâce ne suffit pas pour peindre les lions.

Mme Surville n'a pas montré son frère, parce qu'elle ne l'a pas vu. Elle l'aimait trop.

illustrées de CHAMPFLEURY. Grandes figures d'hier et d'aujourd'hui. Balzac, Gérard de Nerval, avec quatre portraits gravés à l'eau-forte par Bracquemond. *Paris, Poulet-Malassis et De Broise*, 1861, in-12. — Balzac chez lui. Souvenirs des Jardies, par Léon GOZLAN. *Paris, Michel Lévy frères*, 1862, in-12. — CHAMPFLEURY. Documents pour servir à la biographie de Balzac. I. Balzac propriétaire, avec plan des Jardies et autographe. *Paris*, 1875, in-18. — CHAMPFLEURY. Documents pour servir à la biographie de Balzac. Balzac au collège, avec une vue dessinée d'après nature par A. Queyroy. *Paris, A. Patay*, 1878, in-18. — CHAMPFLEURY. Documents pour servir à la biographie de Balzac. Balzac, sa méthode de travail, étude d'après des manuscrits. *Paris, A. Patay*, 1879, in-18. — Balzac by Edgar Everison Saltus. *Boston, Hougton, Mifflin and Company*, 1884, pet. in-8. — R. DU PONTAVICE DE HEUSSEY. Balzac en Bretagne. Cinq lettres inédites de l'auteur des Chouans. *Rennes, H^lle Caillière*, 1885, in-16 carré. — Le Tiroir aux souvenirs, par Albéric SECOND. *Paris, E. Dentu*, 1886, in-18. Pp. 3 à 19 : Balzac à Angoulême; pp. 21 à 35 : Balzac à Paris; pp. 37 à 52 : Balzac à la campagne. — Balzac et ses amies, par Gabriel FERRY. *Paris, Calmann Lévy*, 1888, in-18. — Comte G. de CONTADES. Balzac alençonnais. *Alençon, E. Renaut-De Broise*, 1888, in-8. — L'Œuvre de H. de Balzac, étude littéraire et philosophique sur la Comédie humaine, par Marcel BARRIÈRE. *Paris, Calmann Lévy*, 1890, in-8. — Julien LEMER. Balzac, sa vie, son œuvre. Lettre adressée à l'auteur par Ernest Renan, de l'Académie française. *Paris, R. Sauvaitre*, 1892, in-18. — Paul FLAT. Essais sur Balzac. *Paris, E. Plon, Nourrit et Cie*, 1893, in-18. — Paul FLAT. Seconds essais sur Balzac. *Paris, E. Plon, Nourrit et Cie*, 1894, in-18. — Edmond BIRÉ. Honoré de Balzac. *Paris, Honoré Champion*, 1897, in-8. — A. FRAY-FOURNIER. Balzac à Limoges. *Limoges, Ve H. Ducourtieux*, 1898, in-8. — Balzac ignoré, par le docteur CABANÈS. *Paris, A. Charles*, 1899, in-4 (avec portraits).

Pour les autres ouvrages, brochures ou articles, consulter l'*Histoire des œuvres de H. de Balzac*, par le Vte de SPOELBERCH DE LOVENJOUL, 3e édit., pp. 351-406 et 471-496. V. aussi *Manuel de l'amateur de livres du XIXe siècle*, par G. VICAIRE. *Paris, Rouquette*, 1894, t. I, col. 252-256.

D'autres écrivains ont raconté le Balzac extérieur qui encombrait, de son exubérance affairée. les dernières années du règne de Louis-Philippe : le Balzac des libraires et des imprimeurs, le Balzac des gazettiers et des huissiers, le Balzac garde-national et le Balzac rabelaisien, le Balzac en robe de chambre et le Balzac en pantoufles, même le Balzac à la canne, le Balzac des Jardies.

Tout ce qui, dans cette vie, prêtait à l'anecdote ou à la caricature, tout cela nous a été exposé dans un Musée-Balzac qui commence à prendre les proportions de ce Musée-Gœthe et de ce Musée-Shakespeare que les Allemands et les Anglais ont consacrés à la mémoire de leurs plus illustres poètes.

Mais l'extérieur n'est pas tout l'homme. Et, sous cette averse d'observations et d'indiscrétions, parfois amusantes, le plus souvent superficielles. le fond se dérobe.

Balzac a écrit : « Je suis inexplicable pour tous, nul n'a le secret de ma vie. et je ne veux le livrer à personne[1]. »

Cependant, depuis qu'ont paru les *Lettres à l'Étrangère,* un coin du voile se soulève. Le savant éditeur de la Correspondance, l'homme qui a le plus fait pour la mémoire de Balzac, le maître

(1) *Lettres à l'Étrangère* (1833-1842). *Paris. Calmann Lévy.* 1899. in-8. p. 418 (lettre CXXVI. 19 juillet 1837).

érudit et l'heureux collectionneur qui a su arracher à la destruction les précieuses épaves de la vie privée et de la vie littéraire de l'écrivain. M. le vicomte de Spoelberch de Lovenjoul. pourrait seul tout raconter, parce que, seul. il sait tout. Il nous doit une vie de Balzac [1].

Aucune convenance n'empêche d'aborder, aujourd'hui, ce sujet. Emporté souvent par son tempérament, par ses besoins. par sa fougue. Balzac n'en fut pas moins, toute sa vie, laborieux, généreux et probe. Il a été entouré des plus nobles et des plus délicates affections. La vérité ne diminue-

[1] Le nom de M. le vicomte de Spoelberch de Lovenjoul est tellement uni à la mémoire littéraire de Balzac qu'il suffit de le citer. Le travail du collectionneur, de l'érudit. du critique a éclairé d'un jour entièrement nouveau l'œuvre énorme mais confuse du puissant romancier. Voici les titres des principaux ouvrages balzaciens de M. de Spoelberch de Lovenjoul :

— Histoire des œuvres de H. de Balzac, par Charles de LOVENJOUL. *Paris, Calmann Lévy.* 1879, in-8. Une « troisième édition entièrement revue et corrigée à nouveau » a paru chez le même éditeur, en 1886, un vol. in-8. — Un dernier chapitre de l Histoire des Œuvres de H. de Balzac, par Charles de LOVENJOUL. *Paris. Dentu, 1880.* in-8. — Les Avatars d'une œuvre de Balzac, par M. le Vᵗᵉ de SPOELBERCH DE LOVENJOUL. Extrait de la « Revue rétrospective ». *Paris, aux bureaux de la Revue rétrospective, 55. rue de Rivoli. 55.* 1892, in-12. — Notules sur Honoré de Balzac, par un de ses amis, publiées par le vicomte de SPOELBERCH DE LOVENJOUL. *Paris, Techener.* 1896, in-8. — Vicomte de SPOELBERCH DE LOVENJOUL. Études balzaciennes. Un Roman d'amour, *Paris. Calmann Lévy,* 1896, in-18. — Vicomte de SPOELBERCH DE LOVENJOUL. Études balzaciennes. Autour de Honoré de Balzac. *Paris, Calmann Lévy,* 1897, in-18. — Vᵗᵉ de SPOELBERCH DE LOVENJOUL. La Genèse d'un roman de Balzac : Les Paysans. Lettres et fragments inédits. *Paris, Paul Ollendorff,* 1901, in-18. — Vᵗᵉ de SPOELBERCH DE LOVENJOUL. Une Page perdue de H. de Balzac. *Paris, Paul Ollendorff.* 1903. in-18.

rait personne. Elle laisserait entrevoir les faiblesses et les misères humaines, sans rabaisser l'humanité.

Parlant de lui-même avec cet orgueil bon enfant qui le soutint toujours, Balzac écrivait, en 1837, à Mme Hanska : « Si vous n'admirez pas un homme qui, portant le faix d'une dette pareille, écrivant d'une main, se battant de l'autre, *ne commettant jamais de lâcheté*, ne pliant ni sous l'usurier, ni sous le journalisme, n'implorant personne, ni son créancier, ni son ami, n'a pas chancelé dans le pays le plus soupçonneux, le plus égoïste, le plus avare du monde et où l'on ne prête qu'aux riches, que la calomnie a poursuivi, poursuit encore, que l'on a dit à Sainte-Pélagie quand il était auprès de vous, à Vienne, vous ne savez rien de ce monde![1] »

Cette existence du Titan moderne, cloué au rocher, assailli par une nuée de vautours et par une marée montante d'encre et de papier, cette existence, la voilà résumée en dix lignes.

Il y eut aussi des heures de détente, d'apaisement et de consolation, des heures plus intimes et plus douces. Elles sont rappelées par Balzac dans cette même lettre, qui est comme une courte confession : « Je serais bien injuste si je ne disais pas que, de 1823 à 1833[2], un ange m'a soutenu

(1) *Lettres à l'Étrangère...* p. 416 (lettre CXXVI. 19 juillet 1837).
(2) Balzac, dans sa lettre du 19 juillet 1837 à Mme Hanska. écrit

dans cette horrible guerre. Mme de B..., quoique
mariée, a été comme un Dieu pour moi. Elle a
été une mère, une amie, une famille, un ami,
un conseil ; elle a fait l'écrivain, elle a consolé le
jeune homme, elle a créé le goût, elle a pleuré
comme une sœur, elle a ri, elle est venue tous
les jours, comme un bienfaisant sommeil, endormir les douleurs[1]. »

De 1823 à 1833, ce sont les années de jeunesse
et de formation (Balzac était né en 1799 ; il avait
donc vingt-quatre ans en 1823 et trente-quatre ans
en 1833)[2]. Ce sont aussi les premières années de
lutte ; c'est le premier contact avec la vie. Balzac
est encore incertain sur la carrière qu'il va suivre.
Son père voudrait le détourner des lettres. Sa mère,
sa sœur surveillent avec anxiété ses premiers batte-
ments d'aile, alors qu'il est encore en cage, dans la
mansarde de la rue Lesdiguières, non loin de la
Bibliothèque de l'Arsenal[3].

bien 1823 : mais c'est 1822 qu'il faudrait lire, si l'on s'en rapporte
à la dédicace de *Louis Lambert*, datée de 1822-1832.

(1) *Lettres à l'Étrangère...* p. 418 (lettre CXXVI, 19 juillet 1837).

(2) V. APPENDICE I, pièce n° 6. Né à Tours, Balzac était albigeois
d'origine. M. Alfred Caraven-Cachin, de Salvagnac (Tarn), a bien
voulu faire, à notre intention, quelques recherches sur les origines de
la famille de l'illustre écrivain. On trouvera des extraits de la notice
qu'il nous a gracieusement communiquée au chapitre dans lequel
il est plus particulièrement parlé du père de Balzac.

(3) M. le Vte de Spoelberch de Lovenjoul a publié dans le *Bulletin du Bibliophile* (année 1896, pp. 601-614) des *Notules sur Honoré
de Balzac par un de ses amis*. Ces « notules » ont été réimprimées
dans *Une page perdue de H. de Balzac. Notes et documents*. Paris

C'est alors qu'il écrit ses premières œuvres, une tragédie (*Cromwell*), qui fait hausser les épaules aux Aristarques de la famille; des articles de journaux, des nouvelles, des romans sans nombre[1].

Tout à coup, il prend un parti héroïque. Il renonce à la carrière des lettres. Il rêve d'une fortune rapide. Il se juge apte aux affaires. Il achète un brevet d'imprimeur et il se consacre à une entreprise qui absorbera les années de sa jeunesse et qui accablera son avenir du poids de cette fameuse dette qu'il ne parviendra jamais à soulever.

Dans cette phase décisive, l'amie douce et maternelle était auprès de lui. Elle souffrit de ses peines et ses frêles mains de femme s'efforcèrent

Paul Ollendorff, 1903, in-18, pp. 111-134. C'est à ce dernier ouvrage que nous renverrons chaque fois que nous aurons l'occasion de citer les *Notules*. L'ami de Balzac dont il est ici question est M. Auguste Fessart. Quand, en 1858, parut, pour la première fois, le livre de Mme Surville, née de Balzac, intitulé *Balzac, sa vie et ses œuvres d'après sa correspondance*. Paris, librairie nouvelle, 1858, in-12, M. Fessart s'empressa d'annoter son exemplaire; ce sont ces notes qu'a publiées M. de Spoelberch de Lovenjoul.

A propos de l'installation de Balzac, rue Lesdiguières, par ses parents, M. Fessart écrit : « Il fallait entendre [M] de Balzac parler de sa position d'alors, et [de] la dureté de ses parents à son égard ! »

(1) Dans une lettre à sa sœur, datée de Paris 1820, Balzac lui envoie le plan de son *Cromwell*. « Ce n'est pas un médiocre cadeau. écrit-il, ni une petite preuve d'amitié que je te donne là, que de te faire ainsi assister à l'enfantement du génie (moque-toi). Comme ce n'est encore qu'un projet, j'ai laissé une marge, te permettant d'y inscrire tes sublimes observations. Malgré cette liberté grande que je vous donne, mademoiselle, lisez avec respect le plan de Sophocle jeune... » *Œuvres complètes de H. de Balzac, XXIV. Correspondance 1819-1850. Avec portrait et fac-similé*. Paris, Calmann Lévy, 1876. in-8. p. 20. V. aussi *Une Page perdue de H. de Balzac*, p. 125.

de soutenir le fardeau : « Sans elle, certes, je serais mort »[1], s'écrie-t-il encore, et il n'oubliera jamais ce qu'elle avait fait pour lui.

Or, c'est précisément cet épisode de la vie du romancier que des documents inédits nous ont permis d'étudier, que l'obligeance inépuisable de M. de Lovenjoul a éclairé à nos yeux d'une façon presque complète et que nous allons essayer de raconter.

A vrai dire, Balzac l'a raconté lui-même. Il l'a raconté dans les *Illusions perdues*[2] ; il l'a raconté dans *César Birotteau*[3] ; il l'a raconté dans *Le Curé de village*[4] ; il l'a raconté dans cent endroits de la *Comédie humaine*.

Le premier, Balzac a entouré la vie du matériel de la vie. L'histoire de l'imprimerie des Séchard, dans *Illusions perdues*, c'est celle de l'imprimerie de Balzac et Barbier, rue des Marais-Saint-Germain. La faillite de l'illustre *César*, c'est la déconfiture de Balzac et de ses associés. Ce sont les mêmes figures, les mêmes faits, les mêmes événements, les mêmes sentiments, parfois les mêmes noms[5].

(1) *Lettres à l'Étrangère...* p. 418 (lettre CXXVI. 19 juillet 1837).

(2) *Œuvres complètes de H. de Balzac*, VII. Édition Lévy. pp. 133-738.

(3) *Œuvres complètes de H. de Balzac*. VIII. Édition Lévy. pp. 321-593.

(4) *Œuvres complètes de H. de Balzac*. XIV. Édition Lévy. pp. 1-232.

(5) On retrouve, dans *Illusions perdues*, les noms de plusieurs per-

Et c'est par là que l'œuvre de Balzac vous prend aux moelles ; car ce grand imaginatif n'a fait que revivre et recréer la réalité.

Balzac, donc, en 1822, avait vingt-trois ans. Il avait fait ses classes au collège de Vendôme et s'était plongé, dès lors, dans des lectures infinies, trop fortes pour son âge, qui, un moment, avaient accablé son intelligence et menacé sa robuste santé[1]. Ayant terminé ses classes dans deux institutions de Paris, il avait pris ses inscriptions et commencé ses études de droit[2]. Pourtant, contrairement à ce qu'a écrit Mme Surville, il n'avait pas poussé jusqu'à la

sonnes avec lesquelles Balzac fut en relation comme imprimeur Gillé, Didot, etc. V. APPENDICES VII et VIII, pièces n°s 63, 69 et 80.

(1) « ... Ma mère, alarmée d'une fièvre qui, depuis quelque temps, ne me quittait pas, et à laquelle mon inaction corporelle donnait les symptômes du *coma*, m'enleva du collège en quatre ou cinq heures. » V. *Louis Lambert*, Œuvres complètes, tome XVII, p. 49

V. aussi *Balzac, sa vie et ses œuvres*, par Laure SURVILLE, pp. 20-21, et CHAMPFLEURY, *Balzac au collège*, pp. 10-13.

(2) Voici, d'après la fiche conservée dans les Archives de la Faculté de droit de Paris, que nous a obligeamment communiquée M. Petit, secrétaire, les dates auxquelles Balzac prit ses inscriptions et passa un examen : 1re Inscription, 4 novembre 1816 — 2e, 14 avril 1817 — 3e, 11 juillet 1817 — 4e, 11 novembre 1817 — 5e, 3 janvier 1818 — 6e, 3 avril 1818 — 7e, 3 juillet 1818 — 8e, 10 novembre 1818 — 9e, 4 janvier 1819 — 10e, 9 avril 1819. La fiche mentionne, en outre, que Balzac a passé son premier examen de baccalauréat en droit le 4 janvier 1819 : elle indique les noms des professeurs dont il a suivi les cours. En première année, ce furent MM. Boulage (Code civil) et Blondeau, alors suppléant, sans indication du cours qu'il professait ; en deuxième année, MM. Boulage (Code civil) et Pigeau (Procédure civile) ; en troisième année, MM. Boulage (Code civil) et Cotelle (Code civil approfondi).

licence. N'ayant passé que le premier examen de baccalauréat en droit, il était entré d'abord chez l'avoué, M. de Merville[1], puis chez le notaire, M. Passez[2].

Son père, directeur des vivres à la première division militaire de Paris, et, d'ailleurs, un assez singulier original, voyait en lui un futur notaire[3]. Balzac ne songeait qu'aux lettres.

Le père transigea ; il consentit à faire l'essai de la vocation littéraire de son fils et le laissa s'installer, hors de la maison paternelle, en lui assurant une rente annuelle de 1.500 francs[4].

Les premiers essais littéraires de Balzac ne

(1) « Honoré, écrit Mme Surville, entra dans l'étude de M. de Merville, notre ami. M. Scribe venait de la quitter. Après dix-huit mois de séjour chez cet avoué, il fut reçu chez M. Passez, notaire, où il resta le même temps. M. Passez habitait la maison où nous demeurions et était aussi l'un de nos amis intimes. » *Balzac, sa vie et ses œuvres*, par L. SURVILLE, p. 31.

C'est à M. Guyonnet-Merville que Balzac dédia *Un Épisode sous la Terreur*, paru en 1831. C'est le *Derville* de la *Comédie humaine*. V. *Répertoire de la Comédie humaine de H. de Balzac*, par Anatole CERFBEER et Jules CHRISTOPHE... *Paris, Calmann Lévy*, 1887, in-8°, p. 133.

L'étude de M. Guillonnet de Merville est actuellement celle de Me Paul Potonié, gendre et successeur de Me Desgranges, 15, rue du Louvre.

(2) V. la note précédente. M. Édouard Victor Passez fut notaire du 15 juin 1810 au 22 janvier 1825 ; à cette date, son étude passa à M. Jean-Baptiste Guiffrey, puis, le 25 août 1831, à M. Eugène Olagnier, qui eut comme successeur M. Jules-Charles Desforges (20 décembre 1856-23 août 1876). Le titulaire actuel de l'étude est Me Jules Plocque.

(3) V. p. 109, note 2.

(4) V. *Balzac, sa vie et ses œuvres...* par L. SURVILLE, pp. 36-37, et *Une Page perdue de H. de Balzac...* par le Vte de SPOELBERCH DE LOVENJOUL, p. 128.

furent encourageants ni pour lui-même, ni pour les
siens. Les romans que Balzac parvint à publier,
sous des pseudonymes divers[1], n'eurent pas de
succès. Après deux ans, on lui coupa les vivres et
il dut rentrer sous le toit paternel[2].

(1) Voici les titres de ses premières œuvres :
— L'Héritière de Birague, histoire tirée des manuscrits de Dom
Rago, ex-prieur des Bénédictins, mise au jour par ses deux neveux,
M. A. de VIELLERGLÉ, auteur des Deux Hector et de Charles Poin-
tel, et Lord R'HOONE. *Paris, Hubert* 1822, 4 vol. in-12. (Dom Rago
est le pseudonyme d'Étienne Arago; A. de Viellerglé, celui de
M. Le Poitevin Saint-Alme; et Lord R'Hoone, l'anagramme d'Honoré [de Balzac].) — Jean-Louis ou la fille trouvée, par A. de
VIELLERGLÉ et Lord R'HOONE, auteur de l'Héritière de Birague.
Paris, Hubert, 1822, 4 vol. in-12. — Clotilde de Lusignan, ou le
Beau Juif; manuscrit trouvé dans les archives de Provence et publié par Lord R'HOONE. *Paris, Hubert,* 1822, 4 vol. in-12. (Réimprimé en 1840, sous le titre de *L'Israélite* dans les *Œuvres complètes
d'Horace de Saint-Aubin,* tomes XI et XII.) Horace de Saint-Aubin
est un pseudonyme de Balzac. — Le Centenaire, ou les deux Bérin-
gheld, publié par M. Horace de SAINT-AUBIN, auteur du Vicaire des
Ardennes. *Paris, Pollet,* 1822, 4 vol. in-12. — Le Vicaire des
Ardennes; publié par M. Horace de SAINT-AUBIN, bachelier ès-lettres,
auteur du Centenaire. *Paris, Pollet,* 1822, 4 vol. in-12. — La Dernière fée, ou la nouvelle lampe merveilleuse; par M. Horace de
SAINT-AUBIN. *Paris, J. N. Barba; G. C. Hubert; B. Mondor;
A. Bobée,* 1823, 2 vol. in-12. — Annette et le Criminel, ou suite du
Vicaire des Ardennes, publiée par M. Horace de SAINT-AUBIN, auteur
du Vicaire des Ardennes. *Paris, Émile Buissot,* 1824, 4 vol. in-12.
— Du Droit d'aînesse. Par M. D***. *Paris, Delongchamps; Dentu;
Petit,* 1824, in-8. — Histoire impartiale des Jésuites. *Paris, Delongchamps; Maze,* 1824, in-16. (Anonyme.) — Wann-Chlore. *Paris,
Urbain Canel; Delongchamps,* 1825, 4 vol. in-12. (Anonyme. Réimprimé sous le titre de *Jane la Pâle* dans les *Œuvres complètes
d'Horace de Saint-Aubin,* tomes IX et X). — Code des gens honnêtes
ou l'art de ne pas être dupe des fripons. *Paris, J. N. Barba,* 1825,
in-18. (Anonyme. Réimprimé, en 1854, avec le nom de l'auteur.)
—Petit Dictionnaire critique et anecdotique des enseignes de Paris
par un batteur de pavé. *Paris, les marchands de nouveautés,* 1826,
in-16. (Un batteur de pavé est le pseudonyme de Balzac.)

(2) V. *Une Page perdue de H. de Balzac,* pp. 125-128.

Le jeune homme se désespère. L'avenir est bien noir devant lui. Il voudrait « être riche », il voudrait « être célèbre », il voudrait « être aimé[1]. »

Il était alors dans tout l'éclat de la plus magnifique jeunesse. Nous publions un portrait qu'a fait de lui, vers ce temps-là, son ami Devéria[2]. La figure

[1] « Et l'on appelle vivre cette rotation machinale, ce perpétuel retour des mêmes choses! Encore si quelqu'un jetait un charme quelconque sur ma froide existence! Je n'ai pas les fleurs de la vie et je suis pourtant dans la saison où elles s'épanouissent! A quoi bon la fortune et les jouissances quand ma jeunesse sera passée? Qu'importent les habits d'acteur si l'on ne joue plus de rôle? Le vieillard est un homme qui a dîné et qui regarde les autres manger; et moi, jeune, mon assiette est vide et j'ai faim! Laure, Laure, mes deux seuls et immenses désirs, *être célèbre* et *être aimé*, seront-ils jamais satisfaits?... » (*Œuvres complètes, XXIV, Correspondance*, p. 35 (lettre à sa sœur, datée de Villeparisis, 1821).

[2] Le portrait, non signé, que nous publions, gravé par Lepère, est toujours resté dans la famille de Berny; d'après les traditions que nous avons recueillies, il est attribué à Achille Devéria à qui Balzac, en 1843, dédia l'un de ses romans *Honorine*. L'original est exécuté à la sépia. On voit dans la *Correspondance* publiée par Mme Surville (*Œuvres complètes*, t. XXIV, p. 50), que dès 1825, époque à laquelle Balzac entreprit la publication du *Molière* et du *La Fontaine*, des relations d'amitié s'établirent entre l'artiste et l'écrivain. Il est donc possible que la lettre suivante, que nous a obligeamment communiquée M. le vicomte de Spoelberch de Lovenjoul, se rapporte au portrait que nous donnons :

Mon bon Achille,

Il me faut à l'instant une seppia (sic) de ma *figoure*; je viens; donnez-moi trois heures de votre temps. Mais trois heures sont un immense sacrifice, vu que je suis traqué par le travail. Brûlez ce petit mot, et dites *oui* ou *non*.

Mille gracieusetés
de B[al]z[ac].

Le billet n'est, malheureusement, pas daté et M. de Spoelberch

A. LEPÈRE
DEL. SC. IMP.

.....et nunc et semper.

et le corps n'étaient pas encore empâtés et alourdis ; Balzac ne portait pas les cheveux longs ; ils étaient coupés courts et se dressaient en touffes épaisses sur un front superbe ; il ne portait pas non plus la moustache ; le contour de la physionomie était d'un galbe extrêmement pur et plein sans rondeur ; le double menton s'esquissait à peine ; la bouche abondante, fraîche, voluptueuse et mobile, disait toutes les ardeurs d'une nature puissante et tendre ; le nez, aux narines frémissantes, dessinait le méplat du bout qui révélait en lui, d'après lui-même, le flair du chien de chasse. Le tout, enfin, était animé, éclairé, enflammé par le magnifique regard de ces yeux bruns, « pailletés d'or », que toutes les femmes qui l'ont vu ont signalé : regard droit, regard pénétrant, regard sincère, regard gai, regard mutin, regard enchanteur, qui paraîtrait presque féminin, s'il n'était soutenu par la solidité de l'arcade sourcilière et par l'autorité du front.

A cet âge, Balzac, qui fut si vite déformé par la

nous écrit à ce sujet : « A mon avis, la lettre est de la fin de 1834, ou de 1835 ; car elle est écrite à l'encre rouge, encre dont Balzac s'est servi pendant fort peu de temps. Certaines parties de ses manuscrits, datant de cette époque, tels que ceux de *Séraphita*, du *Père Goriot*, etc., sont seules écrites avec cette encre ».

Cependant la dédicace, écrite par Balzac au-dessous du portrait, qui est, en partie, celle de *Louis Lambert*, dédié à Mme de Berny, et d'autre part, l'existence des relations entre Devéria et Balzac, dès 1825, permettent de penser que le billet se rapporte bien à l'exécution du portrait.

vie, était beau, — beau d'une beauté ardente,
expansive et rayonnante ; c'était un gars noir, au
teint coloré, rond, le corps plein, « les mollets
énormes », robuste et bien portant, avec l'éclair
de la bonne humeur, le charme du sourire et la
flamme du génie.

Mme de Pommereul, qui le reçut dans son château
de Fougères, quelques années plus tard, après la
débâcle, alors que, ruiné, amaigri, déjà changé, il
cherchait en Bretagne un refuge pour écrire *Les
Chouans*, Mme de Pommereul l'a peint en quelques
traits précis où l'on sent toute l'acuité de l'observation féminine : « C'était un petit homme avec une
grosse taille, qu'un vêtement mal fait rendait encore
plus grossière ; ses mains étaient magnifiques ; il
avait un bien vilain chapeau ; mais, aussitôt qu'il se
découvrit, tout le reste s'effaça. Je ne regardai plus
que sa tête... ; vous ne pouvez pas comprendre ce
front et ces yeux-là, vous qui ne les avez pas vus : un
grand front où il y avait comme un reflet de lampe
et des yeux bruns remplis d'or, qui exprimaient
tout, avec autant de netteté que la parole... Que
vous dirai-je ? Il y avait, dans tout son ensemble,
dans ses gestes, dans sa manière de parler, de se
tenir, tant de confiance, tant de bonté, tant de
naïveté, tant de franchise qu'il était impossible de
le connaître sans l'aimer... une bonne humeur tellement exubérante qu'elle devenait contagieuse. En

dépit des malheurs qu'il venait de subir, il n'avait pas été un quart d'heure au milieu de nous, nous ne lui avions pas encore montré sa chambre, et déjà il nous avait fait rire aux larmes, le général et moi[1]. »

Tel était l'homme, en septembre 1828, quand il alla chercher un refuge chez le général de Pommereul. On peut deviner de quelle allure large et vigoureuse il abordait la vie, quand, en 1822 et 1823, il se décidait à engager la lutte et se jetait dans la mêlée.

Il est difficile de préciser les motifs qui décidèrent Balzac à se faire éditeur d'abord, et bientôt imprimeur. Il y a, dans tout cela, quelque mystère.

Ses parents vivaient à la campagne. Mme Surville raconte que, quand Honoré venait à Paris, il descendait dans l'appartement de son père et qu'il fit ainsi la connaissance « d'un voisin, homme d'affaires, qui lui conseilla de chercher, *pour se faire libre*, une bonne spéculation, et qui lui fournit les moyens de l'entreprendre[2]. »

On a dit aussi que Balzac eut, le premier, l'idée des éditions compactes, et que c'est lui qui songea, d'abord, à publier en un seul volume, les œuvres de Molière et de La Fontaine.

(1) V. *Balzac en Bretagne*, par R. du PONTAVICE DE HEUSSEY, pp. 21-22.

(2) V. *Balzac, sa vie et ses œuvres*, par Mme Laure SURVILLE, p. 77.

Il peut y avoir du vrai dans tout cela, mais c'est une vérité un peu arrangée. L'idée des éditions compactes n'appartient pas à Balzac. Il ne fit que reprendre à son compte des projets déjà en cours d'exécution.

Quant au « voisin homme d'affaires », nous le connaissons, c'est M. d'Assonvillez. Il parait avoir eu quelque liaison avec la famille de Berny qui allait jouer un si grand rôle dans la vie de Balzac.

M. d'Assonvillez explique lui-même en termes précis, dans une lettre adressée à Balzac, le rôle qu'il a joué dans cette phase de la carrière de son jeune ami : « Mon cher Honoré,... vous savez que je n'ai jamais connu M. Urbain Canel, que je n'ai jamais eu confiance en lui, que je n'ai jamais fait d'affaires avec lui et, dès lors, que jamais je n'ai été à même de faire avec lui des *gains*, qui pourraient aujourd'hui me consoler de la perte énorme que l'on me propose. Dans cette affaire, c'est vous seul que j'ai désiré obliger ; c'est une entrée dans les affaires que je voulais vous procurer, etc...[1] »

Balzac donne une autre explication : il assure que c'est pour avoir voulu s'intéresser au sort d'un ouvrier imprimeur qui lui parut avoir du mérite, et qui devint son associé, qu'il se lança dans ces affaires malheureuses[2].

(1) V. Appendice V, pièce nº 28.
(2) « Pendant huit jours, Latouche courut tout Paris pour décou-

Ce qui résulte des documents que nous avons sous les yeux, c'est que, antérieurement au mois d'avril 1825, le célèbre éditeur romantique Urbain Canel avait entrepris de publier un *Molière* et un *La Fontaine* compacts, chacun en un seul volume in-octavo[1].

Le *La Fontaine* devait être « imprimé à deux colonnes, en caractère dit *mignone*, tiré sur papier cavalier vélin de la fabrique de M. Montgolfier, d'Annonay, orné de trente vignettes environ, dessinées par Devéria et gravées par Thompson »,

vrir son Balzac : à la fin, il apprit que son butor de génie s'était fait imprimeur rue des Marais-Saint-Germain, avec un prote de l'imprimerie Tastu pour associé. Ce prote se nommait Barbier. » V. Henri MONNIER, *Mémoires de Monsieur Joseph Prudhomme*. Paris, librairie nouvelle, 1857, 2 vol. in-12, t. II, p. 100.

« Ainsi, pour avoir trois fois dans ma vie, voulu, moi faible, m'intéresser à des malheureux et les prendre en croupe sur mon cheval ou dans ma barque, trois fois, l'ouvrier imprimeur, Jules Sandeau et Werdet, ont brisé le gouvernail, fait sombrer la barque, m'ont jeté à l'eau tout nu... » *Lettres à l'Étrangère*, p. 355 (lettre CXV, 22 octobre 1836).

Le peintre Boulanger venait de terminer le portrait du romancier. Balzac écrit à Mme Hanska que ce portrait sera bientôt en route (car on l'emballe cette semaine) et, de la lettre qu'il lui adresse à ce sujet, nous extrayons le passage suivant :

« ... Boulanger a vu l'écrivain et non la tendresse de l'imbécile que l'on attrapera toujours, et non la mollesse devant la douleur d'autrui, qui fait que tous mes malheurs viennent d'avoir tendu la main à des faibles qui tombaient dans l'ornière du malheur. En 1827, pour rendre service à un ouvrier imprimeur, je me vois, en 1829, accablé de cent cinquante mille francs de dettes et jeté, sans pain, dans un grenier... » *Lettres à l'Étrangère*... p. 404 (lettre CXXIV, 31 mai — 3 juin 1837).

V. aussi *Balzac, sa vie et ses œuvres*, par Mme L. SURVILLE, p. 80.

1. V. APPENDICE V.

et ladite édition devait être tirée à trois mille exemplaires, et vendue par livraisons.

Le prospectus du *Molière* fut annoncé dans le numéro de la *Bibliographie de la France* du 23 avril 1825 ; celui du *La Fontaine* dans le numéro du 14 mai 1825.

Ce qui est certain également c'est qu'à cette même époque, c'est-à-dire vers le milieu d'avril 1825, il se constitua, spécialement pour l'entreprise des œuvres de La Fontaine, une société entre le libraire Urbain Canel, M. Charles Carron, médecin, demeurant à Paris, rue de l'Odéon, nº 17, Honoré Balzac, homme de lettres, demeurant à Paris, rue de Berry, nº 7, et M. Jacques-Édouard Benet de Montcarville, officier en réforme, demeurant à Paris, rue Meslay, nº 11. Disons, tout de suite, que cette société fut déclarée dissoute le 1ᵉʳ mai 1826 et que Urbain Canel, Charles Carron et de Montcarville cédèrent, à Honoré Balzac seul, tous les droits de propriété sur le *La Fontaine* et sur le travail exécuté[1].

Cette cession fut faite par Canel et consorts à Balzac pour indemniser celui-ci des sommes qu'il avait servies à Canel en vue de l'entreprise desdites œuvres de La Fontaine, « que le sieur Urbain Canel est dans l'impossibilité de continuer. »

---

[1] V. Appendice V, pièces nᵒˢ 19 et 20.

A l'enregistrement, Balzac déclara ces sommes comme montant à cinq mille francs. Mais un document plus précis et plus précieux nous renseigne exactement. Car, par un acte du 9 mai 1826, Urbain Canel déclare qu'il s'est couvert par trois billets, l'un de 2.250 francs, l'autre de 3,000 francs, l'autre de 4,000 francs, tirés du 15 mai 1825 au 31 août 1826 sur Mme Berny (*sic*). Ce qui donne le chiffre de 9,250 francs comme prix de la vente du *La Fontaine*[1].

Voici donc que nous est révélée, dès le début, dans les affaires de Balzac, l'intervention de l'amie chère qui s'était attachée à lui d'une affection tendre et maternelle ; elle lui assurait le moyen « de se faire libre » et d'être un homme, maître de sa vie et n'en répondant qu'à lui-même[2].

La préface du *La Fontaine* est écrite par Balzac. On peut supposer qu'il fut mis en contact avec Urbain Canel par la commande de cette préface ; qu'il fut, ainsi, amené à s'occuper de l'affaire avec ses deux premiers associés, MM. Carron et de Montcarville[3].

L'association fut orageuse. Nous avons une lettre du docteur Carron où il s'excuse auprès de Balzac de l'avoir appelé menteur : « Si, dans la

(1) V. APPENDICE V, pièce n° 25.
(2) V. APPENDICE V, pièce n° 25.
(3) V. APPENDICE V, pièces n°ˢ 19 et 20.

vive discussion que nous avons eue, mercredi dernier, je me suis écarté des règles de la politesse, j'y ai été poussé et par le bon droit de ma réclamation et surtout par le ton hautain que vous avez pris avec moi et auquel je ne suis point habitué. L'expression de menteur dont je me suis servi est, je l'avoue, trop énergique et doit être réprouvée par la bienséance... Bien qu'il me soit pennible (*sic*) d'être en guerre ouverte avec un homme dont j'ai toujours estimé le caractère, je ne puis, vu la justice de ma cause, vous donner une plus ample rétractation[1]. »

C'était suffisant. Mais les rapports n'étaient plus possibles. La Société fut dissoute, et Balzac recueillit seul toute la charge d'une entreprise qu'Urbain Canel, tombé en déconfiture, se déclarait « dans l'impossibilité de continuer. »

Mauvais début ! Associés véreux ou quinteux : entreprise mal conçue et mal engagée : à peine Balzac entre-t-il dans les affaires qu'il voit la faillite à ses côtés.

Mais le jeune homme, pour des raisons trop faciles à comprendre, a voulu quitter le domicile paternel; il est libre: son imagination puissante voit les perspectives immenses de la fortune et de l'avenir s'ouvrir devant lui.

1) V. le texte *in extenso* de cette lettre. Appendice V pièce n° 27.

BALZAC IMPRIMEUR

Balzac ne se borne pas à l'affaire du *La Fon-taine*. Pour lui et pour ses associés, il s'agit de toute une collection des classiques français : La Fontaine, Molière, Racine, Corneille. Les premiers actes sont à peine signés que Balzac se rend à Alençon et traite, le 17 avril, avec le graveur Godard[1] ; celui-ci doit travailler sans retard aux vignettes d'après les dessins de Devéria.

De retour à Paris, Balzac se consacre à plusieurs entreprises qui, quoique distinctes, se rapportent, cependant, à la même idée initiale.

La publication d'un *Molière* fait l'objet d'un contrat analogue à celle du *La Fontaine*. Il est daté du 14 avril 1825[2]. On ne voit pas figurer, ici, les deux associés, Carron et Montcarville, qui apparaissent dans l'autre combinaison.

Urbain Canel s'engage à partager avec Balzac

1) V. Appendice V, pièce nᵒ 18.
2) V. Appendice V, pièce nᵒ 43.

les profits, bénéfices, charges et périls d'une édition de Molière en un volume in-octavo entreprise, jusque-là, par Delongchamps et Canel. L'ensemble de l'opération devait coûter dix mille cent vingt-deux francs, y compris des intérêts très lourds, qu'il fut nécessaire de verser d'avance pour obtenir de l'argent de M. d'Assonvillez[1].

Celui-ci est, à la fois, l'initiateur et le bailleur de fonds. Les documents publiés à l'appendice le montrent, avançant l'argent dès le début, poursuivant le remboursement de sa créance à travers les différents avatars par lesquels passe Balzac, prenant ses sécurités, intervenant à la faillite d'Ur-

[1] V. Appendice V, pièces nos 45 à 19. Nous avons rencontré, dans divers actes, le nom de ce personnage écrit tantôt (et le plus souvent) d'Assonvillez, tantôt Dassonvillez. De quelques documents conservés dans les archives de la mairie de Cerneux, près Provins (Seine-et-Marne), qu'a bien voulu nous indiquer l'instituteur de cette commune, M. G. Ravione, il résulte que l'ami de Balzac, qui habitait le château de Montglas, s'appelait Dassonvillez de Rougemont.

C'est évidemment à M. d'Assonvillez que fait allusion Mme Surville (*Balzac, sa vie et ses œuvres*, p. 79) lorsqu'elle écrit : « Le bailleur de fonds, qui avait ainsi perdu le gage de sa créance, intéressé à voir prendre à mon frère une profession qui lui donnât la chance de s'acquitter avec lui, le conduisit chez un de ses parents qui faisait une belle fortune dans l'imprimerie... » « Le créancier de mon frère, satisfait de cette résolution, l'encourage, se charge d'obtenir le consentement de nos parents et l'argent nécessaire à cette nouvelle entreprise : il réussit, mon père accorde à Honoré, à titre de dot, le capital de la rente qu'il avait désirée pour ne s'occuper que de littérature. »

C'est également ce M. d'Assonvillez qui est visé par Balzac quand, en juin 1833, il écrit à sa sœur : « ... Que diable allez-vous faire à Montglat?... Enfin, vous êtes libres, et ce n'est pas un reproche, c'est une curiosité : entre frère et sœur, cela se pardonne. » (*Œuvres complètes*, XXIV, *Correspondance*, lettre CIX, p. 177).

bain Canel, mettant la main sur le matériel de l'imprimerie dont Balzac et son associé, Barbier, ne seront plus que de simples locataires ; enfin, agissant, au moment de la liquidation, pour tirer son épingle du jeu, tout en écrivant à Balzac : « Ma sécurité ne peut résulter que de la connaissance que j'ai de votre extrême délicatesse. »

A travers les réticences de Mme Surville, on sent bien que la famille Balzac a toujours, à tort ou à raison, gardé rancune à cet ami trop zélé qui se montrait, en même temps, un homme d'affaires si pointilleux.

Sur la somme de dix mille cent vingt-deux francs, avancée par M. d'Assonvillez, les deux participants, Canel et Balzac, s'engagent au prorata de leur prise de fonds, c'est-à-dire chacun pour cinq mille soixante et un francs.

Ainsi, Balzac, du fait de sa spéculation sur les deux ouvrages, se trouvait débiteur d'au moins quatorze mille soixante et un francs. En plus, il fallait vivre.

Il est vrai que l'on comptait sur le produit prochain de la vente par livraisons. Les livraisons du *Molière* et bientôt celles du *La Fontaine* parurent, en effet, régulièrement, dès le mois de mai de l'année 1825. Elles se vendaient, chacune, cinq francs. L'un ou l'autre des deux ouvrages complet devait valoir vingt francs. On le cédait aux libraires au prix de treize francs, sans compter le treizième. On l'offrit même à huit francs[1].

Il est démontré, maintenant, que l'idée des éditions compactes n'appartient pas à Balzac. L'affaire était décidée avant qu'il s'en occupât. D'ailleurs, s'il s'agit d'un type analogue à celui du *La Fontaine* et du *Molière*, la conception, assez banale, est, en même temps, des plus médiocres. La non-réussite de l'opération s'explique, sans qu'on s'en prenne, comme l'a fait Mme Surville, à la jalousie « des confrères patentés. »

Le *La Fontaine* et le *Molière* sont imprimés en caractères trop fins; les gravures sont exécrables[2]. En outre, le prix de l'ouvrage était trop élevé. L'édition compacte n'eût pu avoir de succès que si son prix l'eût mise à la portée des bourses modestes; c'est ce que comprirent, plus tard, pour réaliser des conceptions analogues, les Lefèvre et les Charpentier.

Balzac n'était pas homme à faire tant de ré-

(1) V. Appendice V. pièce n° 21.

(2) « J'ai fait voir aujourd'hui même nos gravures à M. Devéria, qui en a été très content, et il nous a félicités d'avoir su trouver en vous un digne traducteur de ses dessins. Il m'a dit qu'il lui était impossible de vous donner d'avis sur les gravures que je lui soumettais, parce qu'il n'en connaissait pas le dessin primitif; mais il est persuadé qu'en travaillant vous deviendrez, au bout de deux ou trois gravures, le plus redoutable adversaire de Thompson et des Anglais. » (*Œuvres complètes, XXIV. Correspondance*, p. 50, lettre XXII, à M. Godard fils, à Alençon, 19 avril 1825). V. aussi Appendice V, pièce n° 18.

flexions. Le conseil qui lui était donné, le secours qui lui était offert, la main amie qui lui était tendue, tout devait l'engager dans cette spéculation.

Les hommes d'affaires se jouaient assez aisément de ces deux impatiences unies s'excitant l'une l'autre. On livrait à Balzac du papier noirci, des livraisons en feuilles, une chance douteuse de gain, en échange d'argent versé ou d'engagements fermes. L'affaire était plus que médiocre : mais Balzac, novice, ne vit que les brillants côtés de l'opération : il fut toujours l'esclave de son imagination ; et, en ces temps-là, il l'était deux fois.

L'insuccès du *La Fontaine* et du *Molière* fut complet. En un an, on ne vendit pas vingt exemplaires[1]. Cette première erreur, au lieu d'avertir Balzac, l'engagea dans une série d'autres. Il ne lui suffit plus d'être éditeur : il veut devenir imprimeur.

En fréquentant les imprimeries, Balzac avait rencontré, soit chez Rignoux, soit chez Baudouin, un prote habile, nommé A. Barbier[2]. Cet homme

(1) « Ces éditions restèrent donc parfaitement inconnues : à une année de leur publication, mon frère n'en avait pas vendu vingt exemplaires, et pour ne plus payer le loyer du magasin où elles étaient entassées et se perdaient il s'en défit au prix du poids brut de ce beau papier qui avait coûté si cher à noircir. » [V. l'affaire Frémeau, à l'Appendice V. *Balzac, sa vie et ses œuvres,* par Mme Laure Surville. p. 78.

(2) Rignoux, devenu imprimeur en 1820, était imprimeur de

connaissait bien la partie technique du métier.
Il était chargé de famille. Balzac s'intéressa à lui.
Il résolut de le prendre comme associé. La même
personne qui avait conseillé la première entreprise,
l'engagea à « s'établir » définitivement et à acheter
un fonds d'imprimerie. Mais, pour cela, il fallait
de l'argent, beaucoup d'argent[1].

On fit le siège du père. Séduit par l'idée de voir
son fils prendre une « position », un « état »,
poussé par les mêmes personnes, il se décida à engager, à titre de dot, le capital de la rente de quinze
cents francs qu'il allouait antérieurement à Balzac,
et celui-ci se trouva en mesure d'acheter, à un

l'École de médecine. M. Paul Delalain a bien voulu nous fournir,
à son sujet, quelques renseignements extraits de l'*Annuaire de l'Imprimerie et de la Presse*, par V. Eugène Gaittier, ouvrier typographe :

« M. Rignoux est un vieillard actif et respectable, luttant virile-
ment contre le flot qui tend à submerger l'imprimerie et la librairie...
Une fonderie occupant quatre ouvriers est annexée à cet établissement... » (*Annuaire* de 1854). — « En 1831, M. Rignoux, qui eût
longtemps la renommée d'habile imprimeur, essaya, je crois, le
premier, d'initier les femmes à l'art typographique dans un éta
blissement qu'il ouvrit à Montbar, dans la Côte-d'Or, et dont il
confia la direction à M. Théotiste Lefèvre... » (*Annuaire* de 1855-
1856).

On a vu que Balzac avait été en relations avec les Baudouin. Ce
serait plus vraisemblablement à leur imprimerie qu'il aurait connu
André Barbier. Joseph Tastu, en effet, acquit, le 12 août 1822, le
brevet d'imprimeur de François-Jean-Charles Baudouin, qui, lui-
même, le tenait de son père François-Jean Baudouin, 1er avril 1811).
V. Paul Delalain, *Liste des imprimeurs typographes de Paris du
1er avril 1811 au 10 septembre 1870...* (Paris, impr. D. Dumoulin,
1899), gr. in-8, p. 9.

(1) V., ci-dessus, la note 1 de la p. 24.

sieur Laurens aîné, son fonds d'imprimerie, situé rue des Marais-Saint-Germain (actuellement rue Visconti), numéro 17 [1].

Le prix d'acquisition fut probablement de 30,000 francs, car c'est la somme que Balzac devait encore à Laurens aîné, au moment de la liquidation de l'affaire, le 16 août 1828; et cette liquidation fait mention, en outre, d'une somme de 12,000 francs due par Balzac à son futur associé Barbier, somme que celui-ci, probablement, avait demandée, avant tout, pour quitter la situation qu'il occupait dans la maison où il travaillait.

Ainsi les dettes de Balzac s'accroissent encore : 15,000 francs pour l'opération du *La Fontaine* et du *Molière*; 30,000 à Laurens, 12,000 à Barbier. En plus, une quinzaine de mille francs pour l'acquisition du matériel [2].

(1) V. APPENDICE VI, pièce n° 50. Nous n'avons malheureusement pu trouver l'acte de vente passé entre Laurens et Balzac. — Laurens aîné (qui s'appelait, en réalité, Laurens de Pérignac et qui avait supprimé *de Pérignac* depuis la Révolution) avait marié sa fille cadette, Mlle Rose-Céleste Laurens, à Eugène Renduel, l'éditeur des Romantiques. V. Adolphe JULLIEN. *Le Romantisme et l'éditeur Renduel. Souvenirs et documents sur les écrivains de l'École romantique, avec lettres inédites adressées par eux à Renduel...* Paris. Charpentier et Fasquelle, 1897. in-18, pp. 16 et 17.

(2) « Mon frère, ayant la faillite en perspective, passa alors par des angoisses qu'il n'oublia jamais et qui le forcèrent à recourir de nouveau à sa famille. Mon père et ma mère comprirent la gravité des circonstances et vinrent à son secours, mais après quelques mois de continuels sacrifices, ils se refusèrent à fournir de l'argent le jour où la prospérité arrivait peut-être! » *Balzac, sa vie et ses œuvres*, par Mme Laure SURVILLE. p. 81. V. aussi APPENDICE VIII. pièce n°s 78, 79 et 81. V. p. 90.

On peut admettre que, dans la somme de
30,000 francs, due à Laurens, se trouvent compris
22,000 francs nécessaires pour l'achat du brevet
d'imprimeur.

A cette époque, ne s'établissait pas imprimeur
qui voulait; il fallait une autorisation royale[1].

La demande d'autorisation adressée par Balzac
au ministre de l'intérieur a été publiée par M. Auguste Descauriet, avec le dossier administratif se
référant à cette demande. La pétition est du 12 avril
1826; elle est signée Honoré Balzac, rue de Tournon, n° 2[2].

L'affaire suivit son cours, pendant les mois
d'avril et de mai 1826, dans les bureaux du ministère de l'intérieur et à la préfecture de police.
Celle-ci, notamment, fournit, sur le pétitionnaire,
des renseignements satisfaisants, quoique d'une
exactitude douteuse, puisqu'on le fait naître à

[1] V. Appendice VI. Le 5 février 1810, un décret « institua
une direction de l'imprimerie et de la librairie placée sous l'autorité du ministre de l'Intérieur :... il décida (art. 5) que les imprimeurs et les libraires seraient désormais brevetés et assermentés et
réserva au ministre de l'Intérieur le droit de retirer le brevet à tout
imprimeur pris en contravention... L'article 5 limita le nombre des
titulaires. Les quatre cents imprimeurs qui exerçaient dans la
capitale, sans règlement particulier, sans discipline, furent réduits à
soixante... Un décret du 11 février 1811 porta leur nombre à quatre-
vingts. » (*Histoire de l'imprimerie* par Paul Dupont, Paris, chez
tous les libraires, 1854. 2 vol. in-12, t. 2, p 266.

Laurens aîné fut l'un des vingt nouveaux imprimeurs de Paris,
nommés par décret du 2 mars 1811.

[2] V. Appendice VI, pièce n° 50.

Paris, tandis qu'il était né à Tours. La police reconnait d'ailleurs que le postulant « appartient à une famille estimable et très aisée de la capitale »; elle déclare « que sa conduite est régulière et qu'il professe de bons principes. »

Le préfet de police a rencontré un sûr garant: c'est un magistrat d'un rang élevé, M. de Berny, conseiller à la cour royale de Paris, le mari de l'amie qui veille sur les débuts si difficiles du jeune Balzac.

M. de Berny, dans sa lettre de recommandation au ministre de l'intérieur, s'exprime ainsi: « Je connais depuis longtemps ce jeune homme; la droiture de son cœur, ses connaissances en littérature me persuadent qu'il s'est convaincu préalablement des devoirs qu'impose une pareille profession. La sévérité de mes fonctions ne me permettrait pas d'élever la voix en faveur de M. H. Balzac, si je n'avais une intime conviction que Votre Excellence n'aura jamais à se repentir d'avoir favorablement accueilli sa demande[1]. »

L'excellent magistrat insiste bientôt auprès du directeur général de la police : « Permettez-moi de rappeler à vos souvenirs mon jeune protégé, Honoré Balzac. Ce n'est pas à lui que son tems d'épreuve paraît long; je l'apprends à se soumettre

____

(1) V. Appendice VI, pièce n° 51.

à tout et à s'y soumettre avec reconnaissance. S'il
y a un impatient dans l'affaire..., c'est un vieux
conseiller qui désire vivement le bonheur de ceux
auxquels il s'intéresse et qui ne cesse de le faire
que lorsqu'il lui est démontré qu'ils n'en sont pas
dignes. »

Une autorité si indiscutable et une recommandation si pressante l'emportèrent sur les lenteurs or-
dinaires des bureaux, et, le 1ᵉʳ juin 1826, Balzac
obtint son brevet, en remplacement du sieur Jean-
Joseph Laurens, démissionnaire. Le 4 juin, il
transportait son domicile au local de l'imprimerie,
17, rue des Marais, au faubourg Saint-Germain.

La rue des Marais était et est encore une des
rues les plus curieuses de Paris. Elle s'est élevée,
peu à peu, au seizième et au dix-septième siècles,
sur les terrains vagues qui s'étendaient entre l'abbaye Saint-Germain-des-Prés et le quai Malaquais.
De vastes jardins, des potagers, les communs des
hôtels qui avaient leur façade sur la rue du Colombier (maintenant rue Jacob) l'occupaient autrefois ;
la population s'étant accrue, les maisons hautes
et plates du Paris d'autrefois s'élevèrent en bor-
dure de l'étroite venelle et la plongèrent, pour
toujours, dans l'obscurité.

La rue subsiste, telle quelle, aujourd'hui : c'est
la rue Visconti. Elle est si étroite que deux voi-

tures ne pourraient s'y croiser. Son pavé, gras et glissant, ne voit pour ainsi dire jamais le soleil.

En entrant dans la rue Visconti, on est frappé de l'aspect antique et sombre des constructions qui la bordent ; de larges portes cochères s'ouvrent au fond de baies profondes, destinées à permettre aux carrosses de tourner.

Si on jette un coup d'œil par les portes entr'ouvertes, on aperçoit des cours, des jardins, et l'on s'étonne de trouver, au milieu de Paris, ces vestiges survivants de la vie large et discrète de nos aïeux.

Au numéro 19, une plaque fixée sur la muraille évoque les gloires de l'ancien théâtre : « Hôtel de Ranes, bâti sur l'emplacement du Petit Pré aux Clercs. Jean Racine y mourut, le 22 avril 1699. Adrienne Lecouvreur, en 1730. Il a été habité aussi par la Champmeslé et Hippolyte Clairon[1]. »

Or, c'est dans la maison voisine, celle qui porte le numéro 17, que Balzac exerça la profession d'imprimeur. Seule peut-être de toutes les constructions élevées sur la rue Visconti, la maison numéro 17 est relativement moderne.

Elle est de plusieurs mètres en retrait ; ce détail semble indiquer qu'elle fut élevée postérieurement à un projet général d'alignement de la rue qui pou-

____

(1) V. Appendice X.

vait dater du premier Empire. L'aspect de la bâtisse confirme la date de la construction qui paraît être 1826.

Il est probable que la maison occupe, en partie, l'emplacement des beaux jardins de Nicolas Vauquelin des Yveteaux, où celui-ci, au dire de Tallemant des Réaux, recevait Ninon et menait une vie « voluptueuse et cachée, comme une espèce de grand seigneur dans son sérail[1]. » Le terrain ne fait qu'un seul tout avec l'immeuble qui a son entrée principale sur la rue Jacob, et où est installée actuellement la *Librairie agricole*.

Cette demeure où Balzac a passé deux années de son existence est moins une maison d'habitation qu'un vaste atelier. Sur la rue, elle présente deux corps de bâtiment construits en moellons et en plâtras. La patine du temps n'a pu ennoblir la banalité plate de la façade. L'un des corps de bâtiment, élevé de quatre étages au-dessus du rez-de-chaussée, est surmonté de la large baie d'un atelier. L'autre partie de la construction n'a que deux étages au-dessus du rez-de-chaussée. Les murs sont percés d'étroites fenêtres à persiennes grises ou à demi-persiennes dormantes. Le rez-de-chaussée des deux maisons est occupé par un long vitrage qui se continue d'un bout à

______

[1] V. *Les historiettes de* Tallemant des Réaux, 3ᵉ édition... Paris, Techener, 1862, in-12, t. I, p. 236.

l'autre des deux corps de bâtiment et leur donne ainsi une certaine unité.

Devant la porte, aujourd'hui comme il y a soixante-dix ans, des voitures à bras, des colis de papiers ficelés dans des emballages de planches. La maison n'a pas changé de destination, et sur l'imposte on lit : *A. Herment, successeur de Garnier. Cahiers d'école. Fabrique de registres.* Sur la porte bâtarde qui ouvre à droite, on lit encore : *A. Herment. Magasins et bureaux au 1ᵉʳ étage.* La porte est épaisse, à un seul vantail; elle a conservé le heurtoir d'antan; mais, inutile maintenant, il est fixé par un clou.

Un couloir sombre; une loge de concierge s'ouvrant comme une grotte obscure, à mi-hauteur de l'entre-sol; un escalier avec rampe de fer, marches de bois et paliers carrelés; à gauche, une porte. On entre; et l'on se trouve au milieu d'un vaste atelier rempli, du plancher au plafond, de piles énormes de papiers, de cartons et de registres.

L'obligeance des locataires actuels nous permet de visiter la maison.

L'imprimerie était installée dans les ateliers du rez-de-chaussée : « Le rez-de-chaussée formait une immense pièce éclairée sur la rue par un vieux vitrage et par un grand châssis sur une cour intérieure... » La phrase est prise dans les *Illusions perdues*; elle s'applique exactement à la maison de la rue des Marais : « On pouvait, d'ailleurs, arriver au bureau du maître par une allée... » L'allée subsiste aussi et la porte du couloir est découpée par une sorte de galerie en style ogival qui indique le goût romantique.

Au premier étage, une pièce, non moins vaste que celle d'en bas, occupe toute la largeur des deux maisons. Il n'est pas difficile de reconnaître les restes d'un ancien appartement qui est, aujourd'hui, comme englobé dans le vaste atelier.

Du temps de Balzac, cet appartement faisait logis à part et la plus grande partie de l'étage était habitée par un autre locataire.

Voici donc les pièces du petit appartement qui fut le sien : voici la cuisine obscure; voici l'antichambre assez vaste; voici la salle à manger qui, seule, conserve encore sa cheminée en marbre noir, assez belle et de style Empire.

Voici, enfin, la chambre que la tradition désigne comme « la chambre de Balzac » : c'est le bureau actuel du patron. Haute et carrée, elle prend jour, sur la rue, par une seule fenêtre. En face de la fenêtre, il y avait une alcôve, aujourd'hui démolie, et, de chaque côté de la cheminée, deux grands placards. Il ne reste rien que les quatre murs et une cheminée du style le plus banal. Le lambris paraît avoir été refait lorsqu'on a tendu le papier actuel, où alternent des lignes verticales vertes et jaunes.

L'aspect de la chambre devait être tout autre quand Balzac l'habitait. Car il avait cloué sur les murs, « à la place d'un affreux papier, une tenture de percale bleue[1] »; il avait meublé la pièce avec

(1) Cette tenture fut déclouée par Balzac et reportée ensuite dans l'appartement qu'il occupa rue Cassini où son ami Latouche, l'éditeur d'André Chénier et l'amant de Mme Desbordes-Valmore, l'aida à la reclouer.

« On me reproche, écrit Balzac à sa sœur, l'arrangement de ma chambre; mais les meubles qui y sont m'appartenaient avant ma catastrophe. Je n'en ai pas acheté un seul ! Cette tenture de percale bleue qui fait tant crier était dans ma chambre à l'imprimerie. C'est Latouche et moi qui l'avons clouée sur un affreux papier qu'il eût fallu changer... » *Œuvres complètes. XXIV. Correspondance*, p. 52 (lettre XXIII, datée de Paris 1827).

Plusieurs historiographes de Balzac, M. Gabriel Ferry notamment, dans une étude intitulée *Les Habitations de Balzac*, insérée dans le *Monde moderne* de juin 1897, pp. 837-850, ont avancé que Balzac, en quittant l'imprimerie de la rue des Marais-Saint Germain, avait été habiter au n° 2 de la rue de Tournon. Ce domicile était celui qu'il occupait avant d'être imprimeur; c'est l'adresse qu'il donne au bas de sa lettre au Ministre de l'Intérieur, quand il sollicite l'obtention d'un brevet (V. APPENDICE VI, pièce n° 50).

En quittant la rue des Marais, après sa déconfiture, c'est rue Cassini que va demeurer le futur auteur de la *Comédie humaine*. Il le dit lui-même, dans une de ses *Lettres à l'Étrangère* p. 414: « En 1828, j'ai été jeté dans cette pauvre rue Cassini, sans que ma famille voulût même me donner du pain, par suite de la liquidation à laquelle on m'avait contraint, devant cent mille francs, et n'ayant pas un sou. »

Henri Monnier, dans les *Mémoires de Monsieur Joseph Prudhomme*, t. 2, p. 101, confirme le fait : « Balzac, écrit-il, venait de quitter le métier d'imprimeur dans lequel il n'avait pas fait de brillantes affaires. L'abandon du matériel de l'imprimerie à ses créanciers, quarante mille francs de billets qu'il fallut acquitter avec le produit de ses livres, capital et intérêts : tels furent les résultats de sa tentative industrielle. Ses affaires terminées, Latouche se chargea d'installer Balzac dans son appartement de la rue Cassini, près de l'Observatoire. Un matin, Latouche, monté sur une échelle, un tablier devant lui, se livrait avec délice à sa passion pour le collage du papier... »

quelque recherche; ses livres reliés par Thouvenin
y étaient réunis[1].

En un mot, le jeune homme, à peine émancipé,
avait fait, de l'appartement obscur et triste, un nid
doux et chaud. Il avait cru s'installer pour toujours, en maître, dans la vieille et banale maison
qui lui devenait chère : son goût l'avait modifiée
selon son rêve.

C'est là que, pendant deux années, il reçut tous
les jours[2], comme il le dit lui-même, la visite de
l'amie dont la présence l'aidait à supporter les difficultés et bientôt les déboires de sa nouvelle existence.

(1) V. APPENDICES V et VIII, pièces nᵒˢ 44. 94 et 95.
(2) *Lettres à l'Étrangère...* p. 418 (lettre CXXVI. 19 juillet 1837).

RUE DES MARAIS

Les courtes années que Balzac passa rue des
Marais-Saint-Germain furent décisives pour la formation de son génie. Il vivait là, au plein cœur du
vieux Paris, sur ce sol où la vie et la mort accu-
mulent leurs énergies depuis des siècles.

Parmi les industries parisiennes, celle qu'il a
choisie a encore quelque partie intellectuelle. Dans
la crasse de l'encre, de la fumée et du papier
noirci, elle sent rôder autour d'elle le vol de la
pensée qui cherche à se poser. Mais, aléatoire plus
qu'aucune autre — étant le thermomètre de la cul-
ture et, ainsi, de la prospérité publiques — au
moindre trouble, au moindre recul, elle est en
péril.

L'expérience des affaires, avec tout ce qu'elle a
de brutal et de dur, va donc former ce jeune homme
qui s'offre à la vie. La nécessité matérielle, maitresse des âmes et des mœurs, va devenir l'institu-
trice de cet investigateur des mœurs et des âmes.

Elle vient vers lui dans sa forme ordinaire et banale, dont il sera le premier à saisir l'étrange poésie.

C'est l'atelier noir et bas, où la lumière du dehors laisse à peine pénétrer, aux heures ensoleillées, un terne rayon ; ce sont les têtes pâles et sincères des ouvriers qui surgissent de l'ombre, apparaissant et disparaissant, selon le travail mécanique qui les astreint ; c'est la figure de l'ours « avec ce mouvement de va-et-vient, qui ressemble assez à celui d'un ours en cage, par lequel les pressiers se portent de l'encrier à la presse et de la presse à l'encrier (*Illusions perdues*) ; et c'est la rangée « des singes », qui sont ainsi nommés « à cause du continuel exercice que font ces messieurs pour attraper les lettres dans les cent cinquante-deux petites cases où elles sont contenues » (*Illusions perdues*)[1].

Ce sont les ballots de papier qui arrivent ; ce sont les gens affairés et indifférents qui entrent et sortent ; c'est le bureau du patron, noir et sombre, au fond de l'atelier, avec ses papiers, ses cartons, ses abat-jour verts, ses chiffres obscurs, ses rubriques incompréhensibles au public, et le branle-bas de combat, deux fois par an, le jour de l'inventaire (*La Maison du Chat qui pelote*)[2].

---

(1) V. Appendice VIII, pièces nos 83 et 84 et *Œuvres complètes*, VI, édition Lévy, p. 134.

(2) *Œuvres complètes*, I, édition Lévy, p. 37.

Puis, c'est la difficulté des affaires elles-mêmes ; c'est le client attendu qui ne se presse pas, et dont la tactique sournoise se devine dans les détours d'une conversation indifférente ; c'est le fournisseur impatient, dont la voix, douce le jour de l'achat, devient rude, au moindre retard, le jour du paiement.

Ce sont les fins de semaines et les fins de mois, avec l'exigence de la main-d'œuvre qui attend sa paie pour vivre, et qui ne connait pas d'autre raison que l'argent ; ce sont les tours de force et les tours de passe-passe pour trouver cet argent, pour gagner huit jours, pour obtenir un délai ; c'est l'émotion de l'attente et le soupir momentané de la délivrance.

Voici, maintenant, grouillant dans la détresse qui grandit, les figures redoutables des hommes d'affaires, de tous les vautours que l'odeur de la misère appelle : l'huissier avec son grimoire, l'avoué rose et gras, le juge sceptique et indifférent qui laisse tomber, sur tous ces cous tendus, le couperet de la loi.

Puis, l'armée des prêteurs, depuis l'horrible usurier du coin — Cerizet ou Gigonnet — jusqu'à la grande banque, maitresse de la place, remuant les capitaux internationaux, formulant l'étonnante maxime du vieux baron : « Il n'y a qu'un argent », embrassant d'un coup d'œil les affaires du monde.

et, jouant pourtant aussi serré dans les petites affaires que le dernier des Gobseck, parce qu'elle est convaincue que, si elle se laissait prendre par la pitié, elle se laisserait saisir, en même temps, par la ruine.

Voilà ce que cette vieille rue des Marais raconte à l'ardent et attentif jeune homme, tandis qu'il rentre, le soir, et que la lanterne du coin grandit son ombre allongée sur le pavé. Au dehors, ce fut, toute la journée, la course enfiévrée avec la quête ardente ; au dedans, ce sont les soucis grandissants et la faillite menaçante.

Avant Balzac, rien de tout cela n'avait été aperçu par les faiseurs de romans, narrateurs des passions humaines. Les héros des livres qui charmaient ou divertissaient l'humanité vivaient dans une atmosphère irréelle et se nourrissaient, comme on dit, « de l'air du temps ». L'école des mœurs et de la vie était en dehors de la vie et des mœurs.

Ames éthérées, princesse de Clèves ou princesse de Montpensier, Paméla ou Julie, vous vous teniez bien loin au-dessus du tracas médiocre des nécessités humaines ! Qui eût songé à faire l'inventaire de vos moyens d'existence ? Et, si cette coquine de Manon posait, en riant, le problème, c'est encore par l'amour qu'elle se chargeait de le résoudre.

Balzac arrache le roman au rêve. Il le décroche du ciel et le ramène sur la terre. On sait, mainte-

nant, de quoi vit la *Nouvelle Héloïse*, et l'on tient
les comptes de Saint-Preux. Autour d'eux, les
misères de la vie s'agitent et ajoutent leurs angoisses et leurs tares aux tares et aux angoisses
de l'amour.

La *Comédie humaine*, c'est l'économie politique
des passions humaines. Voilà ce qu'elles coûtent
en livres, sols et deniers. Dans la fiction, comme
dans la réalité, le compte par *doit et avoir* est
ouvert et, là aussi, viendra l'heure des échéances.

Cette révolution artistique, qui eut pour conséquence une révolution non moindre dans l'éduca-
tion littéraire de l'humanité, fut conçue par Balzac
durant son séjour dans la rue des Marais. C'est là
qu'il respira l'âcre senteur de la vie et son œuvre
en resta, pour toujours, imprégnée.

Et c'est là qu'un autre enseignement lui dévoila
l'autre énigme : la Femme. « Elle est venue, tous
les jours, comme un bienfaisant sommeil endormir
les douleurs. » Tel est le mystère de la chambre
tendue de percale bleue !

Laissons-le parler encore ; il va tout dire : « Depuis que j'ai eu des idées et des sentiments, j'ai été
tout entier à l'amour, et la première personne que
j'ai rencontrée était une héroïne accomplie, un
cœur angélique, l'esprit le plus fin, l'instruction
la plus étendue, les grâces et les manières par-

faites. La nature diabolique y avait mis son fatal mais ! Mais *elle avait vingt-deux ans de plus que moi*, en sorte que si l'idéal était dépassé moralement, le matériel, qui est beaucoup, *posait des bornes infranchissables.* Cette passion sans limites que j'ai dans l'âme n'a donc pas rencontré toute sa pâture. Il m'a manqué la moitié du tout[1]. »

Voilà donc le secret de ces angoisses ; voilà donc cette énigme que personne ne devait deviner ; voilà la clef de cette vie si peu connue et si méconnue ! « Elle avait vingt-deux ans de plus que moi !... des bornes infranchissables !... il m'a manqué la moitié du tout ! »

Balzac ne s'entendait pas, alors, avec sa mère[2]. Il rencontra en Madame de Berny une seconde mère, une mère plus douce, plus tendre ; une femme attentive, caressante, grave ; une maîtresse, une éducatrice ; une femme supérieure, prévenante et prévoyante qui conçut, nourrit et développa son génie, la mère de l'intelligence et la mère du cœur, dont l'affection inquiète et ardente enveloppa et domina toute sa jeunesse, et, en le précipitant

---

(1) *Lettres à l'Étrangère...* p. 500 (lettre CXL. 15 novembre 1838.

(2) M. Fessart a noté sur son exemplaire de la Vie de Balzac par Mme Surville (p. 26) la fermeté de la mère à l'égard du fils : « Mme de Balzac était très sévère avec ses enfants, et surtout avec Honoré. » A la page 38 du même livre, M. Fessart note que Balzac demandant de l'argent à sa mère : elle « ne lui répondait pas ; elle le laissait mourir de faim. » V. *Une Page perdue de H. de Balzac.* pp. 121 et 126.

sur la vie, lui dévoila, d'avance, la leçon de la vie.

« Vingt-deux ans de plus que moi!... » La connaissance remontait, dit-on, à l'époque où Balzac habitait avec ses parents à Villeparisis, où ils avaient pour voisins le ménage de Berny. Balzac paraît indiquer une époque plus ancienne, si on applique à sa propre vie le court fragment inséré dans les « Œuvres diverses » : *Une passion au collège...*[1] « Nuit capricieuse et pleine de suavité! nuit dont ne peut jouir qu'une fois l'homme-enfant assez heureux pour la rencontrer dans la vie!... » etc.

Quoiqu'il en soit, c'est bien à Madame de Berny qu'il faut rapporter certains propos amusants des lettres de 1822, datées de Villeparisis. « Madame de B... s'est faite marchande d'avoine, de son, de blé et de fourrage, parce qu'elle s'est aperçue *après quarante ans de réflexions*, que l'argent est tout » ; Balzac ajoute : « M. de B... n'y voit pas plus cette année-ci que l'autre[2]. »

Ce serait donc là l'origine.

Nous ne savons, de plus, que ce qu'il a dit lui-même : « ... Au début de ma vie, elle a été une mère véritable... Mon Dieu, je n'ai pas une *âme* qui me connaisse ; il n'y en a eu qu'une. La pauvre chère madame de B... me venait voir tous les jours, et, dans ce temps-là, elle croyait que je

(1) *Œuvres complètes*, XX, édition Lévy, pp. 259-262.
(2) *Œuvres complètes*. XXIV. *Correspondance*, édition Lévy, p 11

périrais sous le fardeau[1]. Que dirait-elle en le voyant décuplé ! Oui, je travaille dix fois plus en 1838 qu'en 1828, en 1830 et 1831, 1832 et 1833. Dans ce temps-là, je croyais à la fortune, et aujourd'hui je crois à la misère... Elle a fait plus : quoique en puissance de mari, elle a trouvé moyen de me prêter jusqu'à quarante-cinq mille francs et j'ai rendu les derniers six mille francs en 1836, avec les intérêts à cinq pour cent, bien entendu[2]. Mais elle ne m'a jamais parlé de ma dette que peu à peu ; sans elle, certes, je serais mort. Elle a souvent deviné que je n'avais pas mangé depuis quelques jours ; elle a pourvu à tout avec une angélique bonté ; elle a encouragé cette fierté qui préserve un homme de toute bassesse, et qu'aujourd'hui mes ennemis me reprochent comme un sot contentement de moi-même, cette fierté que Boulanger a peut-être un peu trop poussée à l'excès dans mon portrait. Aussi, ce souvenir est-il pour beaucoup dans ma vie ; il est ineffaçable ; car il se mêle à tout... Elle était d'une bonté infinie et d'un dévouement absolu[3]. »

(1) *Lettres à l'Étrangère*... p. 496 (lettre CXXXIX, 17 septembre-16 octobre 1838).

(2) *Lettres à l'Étrangère*... p. 418 (lettre CXXVI, 19 juillet 1837). — Il est très difficile de savoir si Balzac a rendu effectivement, avec intérêts à 5 p. 100, la somme que lui avait prêtée Mme de Berny. On verra, dans le chapitre suivant et dans les appendices qui s'y rapportent, que, lors de la liquidation de l'entreprise Balzac et Cie, M. Alexandre de Berny, fils de Mme de Berny, reprit la part de

En 1834, quand commence la maladie qui doit emporter son amie, Balzac écrit : « Hélas ! je suis atteint d'une douleur qui s'étendra sur toute ma vie. Je suis allé voir, *pour deux jours* (comprenez-vous quelle est la furie de mes travaux ?) madame de B..., qui est à dix-huit lieues de moi[1]. J'ai été témoin d'une crise affreuse. Je n'en puis plus

Balzac dans la maison de fonderie. Il y eut là, probablement, une première compensation. Cependant, Balzac dut rester débiteur pour une somme importante à l'égard de Mme de Berny et de ses héritiers. Voici, en effet, l'anecdote qui nous est contée par un vieil ami de la famille, M. Arthur Rhoné :

« Étant tout enfant, j'allais souvent chez Alexandre de Berny, le camarade de collège de mon père, qui, depuis la mort de celui-ci, était resté l'ami intime de ma famille. Sur la cheminée de son bureau, rue des Marais-Saint-Germain, je voyais un joli buste de Flore et mes yeux ne se détachaient pas de ce bronze signé Marin. Marin, né en 1773, mort en 1834, avait obtenu le premier grand prix de sculpture en 1812.

« Un jour, M. de Berny me dit tout à coup : « Sais-tu ce que me « coûte ce buste ? » — Je ne savais que répondre ; il ajouta : « Il me « coûte quinze mille francs ». Comme je semblais un peu abasourdi de ce gros prix pour un si petit objet (j'avais alors une quinzaine d'années environ), M. de Berny reprit : « En ce temps-là, Balzac « me devait beaucoup d'argent. Un jour que j'étais chez lui : « — Puisque je ne peux pas te payer, me dit-il, prends ici ce que « tu voudras pour te rembourser ».

« La scène se passait probablement dans la maison de Passy. Or, on sait que Balzac avait le goût des belles œuvres et que sa maison était remplie d'objets d'art. M. de Berny, très fier et très délicat, prit, sans doute, une des moindres choses.

« Après sa mort, M. Charles Tuleu, sachant l'intérêt que je portais à ce buste de Flore, me l'apporta lui-même comme souvenir de notre ami commun.

« Peut-être est-ce pour une raison analogue que M. de Berny était resté possesseur d'une superbe pendule de style Louis XVI en bronze doré, accompagnée de ses deux candélabres, provenant de Balzac et aujourd'hui la propriété de M. Tuleu. »

(1) A la Boulonnière, canton de Nemours (Seine-et-Marne).

douter, elle est atteinte d'un anévrisme au cœur. Cette vie si précieuse est perdue. A tout moment la mort peut m'enlever un ange qui a veillé sur moi pendant quatorze ans, une fleur de solitude aussi, que jamais le monde n'a touchée et qui était mon étoile... Elle pousse l'amitié jusqu'à me cacher ses souffrances; elle veut être bien portante pour moi. Vous comprenez que je n'ai pas tracé *Claës* pour faire comme lui. Grand Dieu! quels changements se sont faits en deux mois chez elle ! J'en ai été atterré. Se trouver presque fou de chagrin et se voir condamné au travail ! Perdre cette noble et grande partie de ma vie et vous savoir si loin, c'est à se jeter dans la Seine ![1] »

Un mot encore, une précision : « Demain, écrit-il, en août 1833, à Mme Hanska, demain je briserais ma plume, si vous le vouliez; demain, nulle femme n'entendrait ma voix. Je demanderais grâce pour la *dilecta*, qui est ma mère[2] ; elle a bientôt cinquante-huit ans, vous ne sauriez en être jalouse, vous si jeune ! »

Et c'est tout. Balzac n'en a pas dit davantage sur cette autre Mme de Warens qui resta pour lui, toute la vie, l'étoile, l'ange, la *Dilecta*.

(1) *Lettres à l'Étrangère...* p. 220 (lettre LXXV, 22 décembre 1834. Mme de Berny est morte le 27 juillet 1836 ; elle est inhumée à Gretz, près Nemours. V. APPENDICE III, pièce n° 15.

(2) *Lettres à l'Étrangère...* p. 35 (lettre VII, 19 août 1833.

La *Dilecta !* c'est à elle qu'il donnait le beau portrait de Devéria où nous l'avons vu resplendissant de force et de jeunesse, avec la dédicace écrite de sa main : « *Et nunc et semper.* »

C'est à elle qu'il dédiait, en 1832, *Louis Lambert*. qui n'est autre chose que les mémoires de sa jeunesse, avec cette dédicace, toujours la même : « *Et nunc et semper, Dilectæ dicatum* [1]. »

C'est elle qui est debout devant lui, quand il écrit *Le Lys dans la Vallée*, et qu'il crée ce type de Mme de Mortsauf, le plus étrange, le plus fascinant et le plus énigmatique de tous ceux qui aient hanté le rêve de son cerveau visionnaire [2].

C'est elle qui pesait sur son âme quand il raconte. dans *Le Curé de Village*, l'histoire tragique du jeune ouvrier qui meurt d'amour sans desserrer les lèvres.

[1] « Et maintenant et toujours, dédié à la très chère. »

[2] « ... J'ai repris mes travaux ce matin : et ç'a été pour obéir au dernier mot que m'ait écrit Madame de B... Elle a trouvé que, dans cet ouvrage, [il y a un passage] qui lui a fait m'écrire : « Je puis mourir ; je suis sûre que vous avez sur le front la couronne que je voulais y voir. Le *Lys* est un sublime ouvrage sans tache ni faute. Seulement, la mort de madame de Mortsauf n'a pas besoin de ses horribles regrets : ils nuisent à la belle lettre qu'elle écrit. Alors, aujourd'hui, j'ai pieusement effacé les cent lignes environ qui, selon beaucoup de gens, déparaient cette création. Je n'en ai pas regretté une seule et chaque fois que ma plume a passé sur l'une d'elles, jamais cœur d'homme n'a été plus fortement ému. Je croyais voir cette grande et sublime femme, cet ange d'amitié, devant moi, me souriant comme elle me souriait quand j'usais de cette force si rare, qui consiste à se couper un membre, à ne sentir ni douleur, ni regret, à se corriger, à se vaincre ! « *Lettres à l'Étrangère*, p. 376 (lettre CXIX, 15 janvier 1837.)

C'est à elle qu'il pensait, enfin, en rédigeant les dernières lignes du sombre drame où il toucha le fond de la passion humaine, *La Duchesse de Langeais :* « Il n'y a que le dernier amour d'une femme qui satisfasse le premier d'un homme. »

Nous en savons maintenant assez pour deviner que cette femme lui apprit la Femme.

Toutes les autres, les Abrantès, les Castries, les Zulma Carraud, même cette noire Polonaise qui dévora les quinze dernières années de sa vie, n'ont pas eu sur lui une pareille influence. Il était déjà formé, et on n'apprend plus rien, en cette matière, passé trente-cinq ans. Toute sa vie, il eut le regret de cette « moitié du tout » et il eut toujours la soif de ce qui avait manqué à sa jeunesse.

L'idée qu'il se fit de la femme, en bien et en mal, cette idée, il l'a prise dans les conversations de la chambre tendue de percale bleue, tandis qu'il était, — si jeune encore, — aux pieds de l'éducatrice clairvoyante et expérimentée.

On retrouve, partout, l'*empreinte*. On la relève à chaque page de ces *Lettres à l'Étrangère* qui ne sont souvent qu'une involontaire confession. « Pour moi, dit-il, j'ai en détestation profonde les jeunes personnes et je tiens plus compte de la beauté développée que de celles qui se développeront[1]. »

---

[1] *Lettres à l'Étrangère...* p. 501 (lettre CXL, 15 novembre 1838).

Balzac a rendu aux femmes un service immense, dont elles ne lui seront jamais assez reconnaissantes : il a doublé, pour elles, le temps de l'amour. Avant lui, toutes les amoureuses de roman avaient vingt ans. Il a prolongé jusqu'à trente ans, jusqu'à quarante ans, leur vie active : il a plaidé, pour elles, la cause de la nature et de la vérité.

Il a guéri l'amour du préjugé de la jeunesse. Il a montré le charme prolongé d'une beauté déclinante, d'un port alangui, d'un automne ardent et animé. « Vienne le temps, dit-il quelque part, et je n'épouserai qu'une veuve ! » Et il devait faire, dix-sept ans plus tard, comme il l'avait dit dès l'année 1833.

Voilà le don immortel que, dans sa largesse, le génie de Balzac a fait aux femmes et à l'humanité. Il a multiplié, sinon la joie humaine, du moins la conscience de cette joie. Il a osé affranchir un sentiment qui doutait de lui-même. Il a célébré, ennobli, excusé si l'on veut, bien des heures chères, celles où les rayons du soleil couchant prolongent la chute exquise du jour.

Cette leçon, c'est encore dans la rue des Marais-Saint-Germain qu'il la recueillit.

Il la recueillit de la bouche et des lèvres de la femme qui, dans le silence de la nuit, quand l'atelier reposait, dans la solitude des jardins environ-

nants, confiait au jeune homme attentif et inapaisé
le secret de la vie, et lui versait, goutte à goutte,
le philtre dont elle voulait savourer encore les lentes
et suprèmes délices !

DILECTA

Cette femme qui eut une si grande influence sur les premières années de Balzac, cette Madame de Berny dont la figure nous apparut, pour la première fois, dans l'ombre de l'atelier d'imprimerie, qui était-elle? d'où venait-elle? quelles leçons, quels exemples, quels sentiments sa maturité attentive devait-elle déposer dans l'âme neuve de son jeune ami?

Nous sommes en mesure de répondre à ces questions. Une ligne, inscrite dans le grimoire du dossier de Balzac imprimeur, nous a mis sur la voie. Peu à peu, toute une suite d'événements et de circonstances inattendues et vraiment extra-ordinaires s'est développée devant nous.

Dans un des actes où Mme de Berny intervient pour essayer de sauver Balzac en train de se rui-ner, son nom de jeune fille est donné tout entier. Elle s'appelait Laure-Louise-Antoinette Hinner[1].

(1) V. Appendice VII, pièce n° 73.

Le rapprochement de ces deux prénoms *Louise.
Antoinette* ne peut passer inaperçu, surtout si on
se souvient que Paul Lacroix a raconté dans ses
« Mémoires[1] » que Madame de Berny avait, dans
sa jeunesse, assisté à la représentation d'une pièce
de Vivant Denon, jouée à la cour.

Un souvenir venu, par hasard, sur les lèvres
d'un ancien familier de la maison, M. Moussard, donnait encore quelque précision à ces

(1) Nous résumons l'anecdote si curieuse rapportée par P. Lacroix.
Dans une soirée chez le baron Dubois à laquelle assistaient Paul
Lacroix et Mᵐᵉ de Berny, on reprochait à Balzac d'avoir réimprimé
sans façon, dans sa *Physiologie du mariage*, le *Point de lendemain* du
baron Vivant Denon. Mᵐᵉ de Berny qui avait connu le baron Denon à la cour de Marie-Antoinette prit la défense de Balzac :

« J'étais bien jeune, presque enfant, à cette époque-là, dit
Mᵐᵉ de B*** en rougissant. M. Denon, ancien gentilhomme ordinaire de Louis XV, avait composé une fort jolie comédie, *Julie ou
le bon père*, qui fut représentée sur le théâtre de la Cour, dix ou
douze ans avant la naissance de la princesse Pauline...

— En 1769 ou 70, ajouta Paul Lacroix, pour venir en aide à l'embarras de Mᵐᵉ de B***, forcée d'accuser son âge. C'est à peu près
vers la même époque que Dorat publiait, dans le *Journal des
Dames*, sa charmante historiette intitulée : *Point de lendemain...* »

. . . .

« On passa dans la salle à manger. Mᵐᵉ de B***, qui était visi-
blement mal à l'aise, me prit le bras avant que je le lui offrisse et
me dit à voix basse, avec émotion :

« Je vous prie instamment, Monsieur, de ne pas répéter à M. de
Balzac la discussion qui vient d'avoir lieu; il en serait très troublé.
Ainsi vous êtes bien sûr que la nouvelle de *Point de lendemain* est
de Dorat et non du baron Denon?... N'importe, j'avertirai M. de
Balzac qui fera un changement dans la seconde édition de la *Physiologie.* » V. dans *Le Livre, revue du monde littéraire... Bibliographie rétrospective. Troisième année*. Paris, A. Quantin, 1882, gr. in-8,
un extrait abrégé des *Mémoires inédits* de Paul Lacroix, sous le
titre de *Simple histoire de mes relations littéraires avec Honoré de
Balzac*, pp. 271-272.

indices ; Mme de Berny, disait-on, avec une légère
erreur, était d'origine autrichienne. On pouvait
donc chercher dans l'entourage de Marie-Antoinette.

M. de Nolhac, le délicat historien de la reine,
l'homme qui vit, dans le Versailles d'aujourd'hui,
comme si c'était encore le Versailles du grand roi,
voulut bien se charger de cette recherche. Elle ne
fut pas longue. « Il y avait, nous écrivit-il, dans
l'entourage de Marie-Antoinette un harpiste allemand, du nom de Hinner. » Et, pris lui-même par
l'intérêt de l'énigme, secondé par M. Coüard-Luys,
l'érudit archiviste du département de Seine-et-Oise,
M. de Nolhac nous transmit, bientôt, les renseignements suivants sur les origines de l'amie du romancier.

Mme de Genlis écrit dans ses *Mémoires* : « La reine
[de Naples] me chargea de lui envoyer, de Paris,
un joueur de harpe et je lui envoyai le jeune Hinner
qui avait un joli petit talent » [1]. Cela se passait en
1777 ou 1778. Or, la vie de ce Hinner n'est pas
inconnue. Fétis lui a consacré une notice dans son
« Dictionnaire des musiciens [2] » et la notice a été

(1) V. *Mémoires de Madame de* GENLIS... *avec avant-propos et notes
par M. Fs. Barrière.* Paris, Firmin-Didot et Cie, 1885, in-18, p. 175.

(2) *Biographie universelle des musiciens et bibliographie générale
de la musique. Deuxième édition entièrement refondue et augmentée
de plus de moitié par* F.-J. FÉTIS, *maître de chapelle du roi des
Belges, directeur du Conservatoire royal de musique de Bruxelles, etc.,*
Paris, Firmin-Didot frères, fils et Cie, tome IV, pp. 336-337.

l'objet d'une rectification émanant précisément de M. Coüard-Luys[1].

Ce Philippe-Joseph Hinner était né en 1754, à Wetzlar, d'un père musicien qui avait eu l'idée singulière d'aller, avec son talent de harpiste, chercher fortune à la Guyane. Le père y était mort dans la dernière des misères en 1765 ; mais le fils, âgé de onze ans, avait intéressé le chevalier Turgot qui le ramena en France et qui, probablement à la faveur de ses origines allemandes, le présenta à la reine et le mit en état de devenir musicien ordinaire du roi et harpiste de la reine.

Il est donc introduit dans ces petits cercles de musique où la reine se plaisait tant. La musique « était le seul art qu'elle ait vraiment aimé, dit l'historien de Marie-Antoinette ; elle chantait de sa voix mal assurée, mais agréable ; elle jouait ses musiciens préférés... Les musiciens d'Allemagne étaient tout particulièrement reçus par Marie-Antoinette ; c'était le seul goût qu'elle eût gardé de son pays... Le harpiste qui l'accompagnait était un Allemand, un certain Hinner... »[2] Voilà notre homme.

(1) V. dans *Archives historiques, artistiques et littéraires, recueil mensuel de documents curieux et inédits...* tome II (1890-1891). Paris. Etienne Charavay. in-8, pp. 376-378, un article de M. E. Coüard-Luys, intitulé : *Le Maître de harpe de Marie-Antoinette*.

(2) *Études sur la Cour de France. La Reine Marie-Antoinette*, par *Pierre de Nolhac. Neuvième édition revue d'après de nouveaux documents*. Paris, Calmann Lévy. 1899, in-18, pp. 188-189.

Bientôt, la reine prend la peine de le marier à une de ses femmes de chambre, une demoiselle de bonne famille, Louise-Marguerite-Émélie Quelpée de Laborde [1]. Le mariage a lieu, en 1775, à l'église Saint-Louis de Versailles [2]; il est béni par l'évêque de Saintes.

Au bout de deux ans, il naît de ce mariage une fille, et voici maintenant l'extrait des registres de baptême de la paroisse Saint-Louis : « L'an mil sept cent soixante-dix-sept, le vingt-quatre may, Louise-Antoinette-Laure, née hier, fille légitime de Philippe-Joseph Hinner, musicien ordinaire du Roy et de la chambre de la Reine, et de Marguerite-Émélie Quetpée (*sic*) de Laborde, a été baptisée par nous, prêtre curé de cette paroisse. *Le Parein, très haut, très puissant, très illustre Prince Louis Seize, roy de France, et la Mareine, très haute, très puissante, très illustre Princesse, la Reine de France,* le Parein représenté par très haut, très puissant seigneur Louis-Sophie-Antoine Duplessis de Richelieu, duc de Fronsac, pair de France, premier gentilhomme de la chambre du Roy, maréchal des camps et armées de Sa Majesté, noble génois ; la Mareine représentée par très haute, très puissante dame Laure-Auguste de Fitz-James.

(1) V. *Biographie universelle (Michaud) ancienne et moderne... nouvelle édition...* XX. Paris, Mme C. Desplaces, s. d., gr. in-8. p. 572 (à la suite de l'article JARJAYES (François-Augustin Reinier de).

(2) V. APPENDICE III. pièce n° 12.

princesse de Chimay et du Saint-Empire romain, grande d'Espagne de la première classe et dame d'honneur de la Reine, lesquels et le père ont signé avec nous. *Le duc de Fronsac ; Fitz-James, princesse de Chimay ; Hinner ; Jacob, curé*[1]. »

Le Roi, la Reine, les Fitz-James-Chimay, les Richelieu, quel cortège ! — Or, l'enfant qui entrait, ainsi entourée, dans la vie, c'était notre Louise-Antoinette-Laure, la future Mme de Berny.

Hinner, le harpiste, meurt le 13 avril 1784, à l'âge de trente ans[2]. Mais Madame Hinner est trop jeune pour rester veuve. Trois ans après, en 1787, elle se remarie ; et elle épouse, dans l'église de Livry, François-Augustin Reinier de Jarjayes, aide-major général de l'armée. Le mariage à Livry s'explique par le fait que le château était habité, conjointement avec le président de Bésigny, qui signa au mariage, par Mathieu Quelpée de La Borde, père de Mme Hinner, devenue, par son second mariage, la femme du chevalier de Jarjayes[3].

(1) V. Appendice III, pièce n° 13.

(2) V. Appendice IV, pièce n° 16.

(3) Voici ce que nous écrit à ce sujet M. l'abbé Genty, ancien curé de Livry (Seine-et-Oise), auteur d'une histoire de cette paroisse, actuellement vicaire général à Versailles : « Le 5 novembre 1781, par devant Maret, notaire à Paris, Louis-Mathieu Quelpée de La Borde, écuyer, huissier ordinaire du cabinet de la Reine, ancien officier du Roi, agissant en son nom et en celui de dame Marie-Louise Pecquet, son épouse, acquit le château de Livry, situé à côté de l'église, du sieur Alexandre-François-Jérôme Dargouges, héritier de Madame la duchesse de Beauvilliers. Il habita cette

Faut-il insister maintenant sur le chevalier de
Jarjayes? C'est, assurément, un des personnages
du parti royaliste, les plus connus pendant la
Révolution. Lisez Eckart, Goncourt, Gaulot, Campardon, Lenôtre, Funck-Brentano et notamment
l'abbé Allemand [1], et vous connaîtrez, par le

propriété jusqu'au 26 floréal de l'an III de la République [15 avril
1795]. A cette date, il vendit son domaine au citoyen René Chopin
d'Arnouville. Avec Mathieu Quelpée de La Borde vivait au château
de Livry, dès l'année 1784, Jules Adrien Gaultier de Bésigny, conseiller du roi en ses conseils et président honoraire du Parlement
de Paris. Le premier se disait propriétaire de l'immeuble, le second
s'en disait usufruitier. Ils en habitaient probablement chacun une
partie et cette habitation fut constante, car, chaque année, les registres
paroissiaux, soit à l'occasion d'un mariage, soit à l'occasion d'un
baptême ou d'une inhumation, portent les signatures des La Borde
et des Bésigny. Louis-Mathieu Quelpée de La Borde eut deux filles,
l'une, qui vécut dans le célibat, s'appelait Claude-Pierre-Mélanie
(son nom est cité dans un acte du 9 septembre 1784); l'autre portait
les prénoms de Louise-Marguerite-Émélie. Mention de cette dernière
est faite, pour la première fois, dans les registres de la paroisse de
Livry, à la date du 26 septembre 1787. En ce jour, elle contractait
mariage dans l'église de ce lieu avec Régnier de Jarjaye... » V. à
l'Appendice IV, l'acte de mariage que nous publions *in extenso*.

(1) V. *Biographie universelle (Michaud)... nouvelle édition...* XX,
pp. 569-572. — E. et J. de Goncourt. Histoire de Marie-Antoinette.
Édition ornée d'encadrements à chaque page par Giacomelli et de
douze planches hors texte, reproductions d'originaux du XVIIIe siècle.
Paris, G. Charpentier, 1878, in-4. — Paul Gaulot. Un Complot sous
la Terreur. Marie-Antoinette — Toulan — Jarjayes. Avec six portraits
et fac-simile. *Paris, Paul Ollendorff*, 1889, in-18. — Le Tribunal
révolutionnaire de Paris. Ouvrage composé d'après les documents
originaux conservés aux Archives de l'Empire, suivi de la liste
complète des personnes qui ont comparu devant le Tribunal, et
enrichi d'une gravure et de fac-simile, par Émile Campardon, archiviste aux Archives de l'Empire. *Paris, Henri Plon*, 1866, 2 vol. in-8.
— La Captivité et la mort de Marie-Antoinette. Les Feuillants,
La Conciergerie d'après des relations de témoins oculaires et des
documents inédits par G. Lenôtre. *Paris, Perrin et Cie*, 1897, in-8.
— Frantz Funck-Brentano. La Mort de la Reine (Les suites de

menu, l'histoire du vaillant champion de la reine, de l'homme qui fit tout pour essayer de la délivrer. Il est, beaucoup plus que le douteux Rougeville, digne de servir de prototype au chevalier de Maison-Rouge.

Son mariage avec une des femmes de chambre de la reine (la treizième, d'après l'*État Général* de Warroquier)[1] l'introduit dans la petite intimité du palais, à la veille des graves événements. Il se dévoue corps et âme. Ce n'est ni un violent, ni un exalté. C'est un homme froid, réfléchi. On lui reproche même quelque tiédeur apparente. Il conseille la prudence. Mais quand il faut agir, il est là.

Il est l'homme des grands services occultes, peu connus et parfois méconnus. C'est lui, dit-on, qui fut le premier intermédiaire des relations entre Marie-Antoinette et Barnave, Duport, Alexandre de Lameth. Au 10 août, il était près du roi; il accompagna Louis XVI jusque dans la loge du *logographe* et reçut les derniers ordres de la bouche

l'affaire du collier) d'après de nouveaux documents recueillis en partie par A. Bégis... *Paris. Hachette et C*ⁱᵉ. 1901, in-18. — Le Chevalier de Jarjayes, par M. l'abbé F. ALLEMAND. *Gap. E. Jouglard.* 1896, in-8.

(1) « Le service de la Chambre se composait de deux premières femmes et de douze autres, d'huissiers de la Chambre, du Cabinet et de l'antichambre, de valets et garçons de la Chambre, et autres gens du service intérieur. »

Sur l'administration de la maison de la Reine, voir *Mémoires sur la vie privée de Marie-Antoinette, par* Mᵐᵉ CAMPAN, *première femme de chambre de la Reine. 2ᵉ édition. Paris. 1823, 3 vol. in-8. t. 2. p. 339.*

royale. Il se cache dans Paris, mais reste à la disposition de ses maîtres.

C'est alors que Toulan, avec Turgy et Cléry, conçoivent le projet de faire évader Louis XVII et les princesses. La reine ne veut se confier qu'à Jarjayes. Elle engage avec lui une correspondance secrète; tout est préparé. Jarjayes avance les sommes nécessaires. Le projet échoue par la pusillanimité d'un des affiliés. Lepître. On eût pu sauver peut-être la reine seule; mais elle ne voulut pas se séparer de ses enfants.

Elle écrit au chevalier de Jarjayes : « Nous avons fait un beau rêve, voilà tout; mais nous y avons beaucoup gagné en trouvant encore dans cette occasion une nouvelle preuve de votre entier dévouement pour moi. Ma confiance en vous est sans bornes; vous trouverez toujours, dans toutes les occasions, en moi, du caractère et du courage ; mais l'intérêt de mon fils est le seul qui me guide. et, quelque bonheur que j'eusse éprouvé à être hors d'ici, je ne peux pas consentir à me séparer de lui... [1] »

Le chevalier de Jarjayes fut chargé de transmettre à « Monsieur » et au comte d'Artois le ca-

[1] *Lettres de Marie-Antoinette. Recueil de lettres authentiques de la Reine, publié par la Société d'histoire contemporaine, par Maxime de La Rocheterie et le marquis de* Beaucourt, *Paris, Alphonse Picard et fils. 1895-1896. 2 vol. in-8. t. 2, p. 433 (lettre CCCLXXX. 1793. février ou mars]).

chet, l'anneau et le paquet renfermant les cheveux de la famille royale que Louis XVI avait remis à Cléry pour les porter à la reine. Il rejoignit les princes, et se fixa à Turin. Il fut nommé lieutenant-général par Louis XVIII et mourut, âgé de soixante-dix-sept ans, à Fontenay-aux-Roses, en 1822[1].

Madame de Jarjayes avait été mêlée à toute l'histoire du complot. La reine l'aimait. Avant de mourir, elle lui avait envoyé, par l'avocat Tronson du Coudray, une mèche de ses cheveux, et les deux anneaux d'or qui lui servaient de pendants d'oreilles (octobre 1793)[2].

Ainsi désignée à l'attention du tribunal révolutionnaire, Mᵐᵉ de Jarjayes fut arrêtée à Livry et incarcérée[3], une première fois, aux Madelonnettes. Délivrée au bout de six semaines, elle fut, de nouveau, emprisonnée avec sa famille, en février 1794. Sa fille, Laure Hinner, était déjà mariée à cette époque. En effet, elle avait épousé, le 8 avril 1793, à la mairie de Livry, en présence de sa mère, un homme appartenant à une excellente famille, Gabriel de Berny[4]. Le marié avait vingt-

---

(1) V. *Biographie universelle* (Michaud)... nouvelle édition... XX, p. 572.

(2) V. *Biographie universelle* (Michaud)... nouvelle édition, XX, p. 572, et Frantz Funck-Brentano, *La Mort de la Reine*... p. 207.

(3) V. *Biographie universelle* (Michaud)... nouvelle édition, XX, p. 572.

(4) M. de Berny était de la plus ancienne noblesse; « sa famille

quatre ans et quatre mois, la mariée quinze ans
et dix mois. Moins d'un an après, le beau-père, la
mère, le marié, la mariée, les témoins, tout le
monde était en prison. La délivrance ne vint
qu'au bout de neuf mois, après la chute de Robespierre[1].

De ce mariage, Mme de Berny n'eut pas moins de
neuf enfants. Cependant, le ménage ne fut pas
toujours heureux. Mme de Berny était une femme
instruite, intelligente, sentimentale; le mari était,
dit-on, capricieux et atrabilaire. Mme de Berny paraît avoir réalisé assez bien ce type, célèbre alors,
de la « femme incomprise ».

Une communication obligeante nous permet de
publier son portrait; elle était fine, souple, l'air
langoureux et volontaire pourtant. Quelque chose
rappelle, en elle, l'origine allemande : elle aussi,

primitive, les de Bernez, nous écrit M. Arthur Rhoné, est originaire de Vigon en Piémont et remonte au xie siècle. Une branche
de cette famille émigra en Picardie où le nom se transforma en de
Berny. Au commencement du xvie siècle, les deux branches se
fondirent par un mariage et désormais la famille prit le nom de
Bernez de Berny, avec le titre de comte et les armoiries réunies
des deux branches.

« Je possède ces armoiries dorées et enluminées par les dessi-
nateurs de la fonderie. Alexandre [de Berny] m'a prêté pendant
assez longtemps ses titres de noblesse. A sa mort, je les ai fait
réunir et porter au Cabinet des titres de la Bibliothèque nationale
où on peut les consulter. »

Les armes de Bernez de Berny sont : *D'azur à trois bandes de
gueules, celle du milieu chargée de trois roses d'or et les deux autres
de deux roses du même.*

[1] V. Appendice II, pièces n{os} 8 et 9.

est une *étrangère*. Comment ne pas remarquer la douceur pressante du regard, et le sourire voluptueux des lèvres ?

De son enfance passée à la cour, elle tenait un esprit cultivé, ouvert, un sens psychologique très fin, un art accompli dans la conduite de la vie, de la gaieté, de la vivacité, du scepticisme. Les temps où elle avait vécu lui avaient appris, comme à tant d'autres, la morale du « Point de lendemain ». Balzac, tout enfiévré d'un amour d'enfant, nous révèle, cependant, par ses fureurs jalouses, qu'elle avait eu, avant lui, un amant.

La première jeunesse était passée. L'âge venait. C'est alors qu'elle vit Balzac, camarade d'un de ses enfants. Elle découvrit, elle admira cette jeune et puissante nature. Elle était mariée depuis trente ans ; elle avait quarante-cinq ans, lui vingt-trois. Malgré de tels obstacles, les deux existences se rapprochèrent, et « la femme de quarante ans » devint, pour Balzac, l'amie et la compagne qui devait lui apprendre la vie.

Il est facile de deviner maintenant quelle influence dut exercer, sur l'imagination du jeune romancier, la femme, belle encore, qui se présentait à lui, accompagnée de l'admirable cortège de souvenirs que nous venons de rappeler.

Filleule du roi et filleule de la reine, belle-fille

du chevalier de Jarjayes, élevée dans les cercles intimes, témoin des dernières fêtes et des premières douleurs, ayant ressenti le choc de toutes les grandes crises, confidente des complots, dépositaire des secrets, ayant eu dans les mains les lettres, les anneaux, les mèches de cheveux, que d'événements dans une telle vie! Que d'émotions dans ce cœur blessé, quels drames lus et devinés, dans ce regard déjà lointain! Quel livre ouvert que cette mémoire vivante, et avec quelle passion le jeune interrogateur de la vie ne devait-il pas le feuilleter!

Il trouvait là les anecdotes inconnues, les faits typiques, les desseins ignorés, les détails révélateurs. C'était « l'envers de l'histoire contemporaine »; c'étaient les grands complots, *Les Chouans*, *Madame de la Chanterie*, *Un Épisode sous la Terreur*.

Madame de Berny savait tout par le menu. Et sa mère, la femme de chambre de la reine, la veuve du harpiste, Mme de Jarjayes vivait encore, elle qui avait été de tout! Elle ne mourut qu'en 1837[1].

C'était donc un monde qu'on eût cru disparu et qui était là, survivant. Et ce passé auquel on osait à peine faire allusion, tant son souvenir éveillait de cuisantes douleurs, il était là! Ces secrets qu'on

(1) V. *Mémoires inédits* de Paul Lacroix, dans *Le Livre*. 1882, p. 271.

disait à voix basse, dans les tête-à-tête aux portes closes et en ces heures rares où l'âme s'ouvre et se livre, on allait les entendre, tout frémissants et vivants, sur cette bouche délicieuse encore et encore prête aux baisers.

De tout ce qui avait été ces joies, ces fêtes, ce deuil, ces larmes, quelque chose restait. Un sentiment avait plané au-dessus des tempêtes, franchi les révolutions, attendu et retrouvé son heure : c'était la fidélité à la cause royale ou, mieux, c'était la fidélité au petit groupe qui avait été admis, jadis, dans les intimités et qui avait *su*.

Après l'orage, ceux qui avaient survécu s'étaient recherchés et s'étaient rapprochés. Entre ceux-là, (combien rares maintenant!) c'était à la vie à la mort.

Or, voilà l'initiation que la fille de la femme de chambre de la reine, la belle-fille du chevalier de Jarjayes, la prisonnière des Madelonnettes pouvait transmettre à son jeune disciple.

On a cherché les origines du royalisme de Balzac. On s'est demandé où il avait connu ces admirables figures de grandes dames qui apparaissent dans son œuvre. On s'est demandé où il avait recueilli ces principes de la pure doctrine qu'il développe si souvent et qui étonnent parfois sous la plume du roturier Balssa, petit-fils des paysans de

Nougarié en Albigeois, et dont les tendances eussent été, plutôt, révolutionnaires et bonapartistes.

Le secret est là. Le royalisme de Balzac, ses prétentions nobiliaires, ses relations avec un monde où il ne paraissait pas appelé à vivre, ne les doit-il pas, en grande partie, à l'affection, aux directions de l'amie qui veilla sur sa jeunesse et guida sa maturité ?

Du moins, on peut relever ici encore de précieux indices et de curieux rapprochements.

Quel est le grand patron politique du romancier, le chef dont il se réclame, l'homme dont il vante, sans cesse, l'autorité et les lumières ? c'est le duc de Fitz-James. C'est avec le duc de Fitz-James qu'il devait faire son voyage d'Italie, en 1833 : « Et moi aussi j'irai à Naples !... Cette année vers le mois de décembre, il y aura là *des âmes d'élite qui doivent s'y réunir* et, si vous parcourez ce pays à cette époque, grande sera ma joie de vous y voir. J'ai dû y aller avec M. le duc de Fitz-James et Mme la duchesse de Castries, mais les ennuis de la vie littéraire m'ont rappelé dans le grand bagne de Paris, où je suis trop souvent cloué sur un banc de forçat[1]. » Les « âmes d'élite », voilà le petit groupe !

(1) C'est d'une lettre adressée par Balzac à M. le docteur Ménière qu'est extrait ce passage sur le voyage projeté à Naples. Elle a été publiée dans *La Captivité de Madame la duchesse de Berry à Blaye. 1833. Journal du docteur P. Ménière, médecin envoyé par le gouver*

C'est le duc de Fitz-James qui, en 1832, avait fait entrer Balzac au *Rénovateur*, qui le chargea d'écrire une sorte de programme du parti royaliste et qui, en 1834, voulut, avec Berryer, faire de Balzac un député[1]. C'est pour complaire à « ces amis » que Balzac publie une admirable page sur la duchesse d'Angoulême où l'on dirait que l'on sent l'inspiration directe de « l'amie » plus intime encore[2]. Enfin, c'est à propos d'un discours où le duc de Fitz-James, dès 1836, réclame l'alliance russe

nement auprès de la princesse, publié par son fils le docteur E. Ménière, avec deux lettres inédites de Balzac et du maréchal Bugeaud. Paris, Calmann Lévy, 1882, 2 vol. in-8, t. 1, p. 331.

V. *Œuvres complètes... XXIV. Correspondance*, p. 142 (lettre LXXXVII, à Mme Laure Surville, datée d'Aix, 15 septembre 1832); p. 146 (lettre LXXXIX, à Mme de Balzac, datée d'Aix, 23 septembre 1832); p. 158 (lettre XCIV, à Mme de Balzac, datée de Genève, octobre 1832). — Le duc Édouard de Fitz-James, né à Versailles en 1776 et mort en novembre 1838, était le petit-fils du maréchal. Ancien aide de camp du maréchal de Castries, pair de France après la Révolution de 1830, il fut élu député de Toulouse en 1834. V. *Biographie universelle* (Michaud), XIV, p. 171.

(1) « MM. Berryer et Fitz-James veulent me faire nommer député, mais ils échoueront. Ce sera une question décidée dans un mois : vous saurez cela sans doute à Trieste. Mais, si j'étais nommé, je me ferais ordonner les eaux, car le portefeuille de premier ministre ne me ferait pas renoncer au cher usage du premier moment de liberté que j'aurai su conquérir dans ma vie. Permettez-moi de laisser cela encore... » *Lettres à l'Étrangère*, p. 162 (lettre LXI, 3 juin 1834).

(2) V. *Œuvres complètes*, XXIII, pp. 353-358 : *La vie d'une femme*. Parmi les écrits historiques et politiques d'Honoré de Balzac recueillis dans le tome XXIII des *Œuvres complètes* (œuvres diverses), nous citerons : *Du droit d'aînesse*, p. 1 ; *Une famille politique*, p. 217 ; *De l'indifférence en matière politique*, p. 237, *Enquête sur la politique des deux ministères*, p. 241 ; *Sur la situation du parti royaliste*, p. 359 ; *La France et l'Étranger*, p. 379 ; *Profession de foi politique*, p. 787, etc., etc.

que Balzac écrit ces lignes : « Depuis longtemps la tribune n'avait entendu de discours plus complet que ne l'a été celui du duc de Fitz-James. Ce sont de ces grands jalons posés par les hommes supérieurs, auxquels il faut un jour revenir et dont on se repent de ne pas avoir suivi les indications[1]. »

Ce chef du parti, ce patron, ce directeur de la conscience politique du débutant, ce duc de Fitz-James n'est autre que le *neveu* de la marraine de Mme de Berny.

Si Balzac est entré en relation avec de tels personnages, avec le prince Christian de Montmorency qui lui écrivait en 1832 et faisait des démarches pour soutenir sa candidature[2], avec les Duras, les Biencourt, c'est probablement à son amie qu'il dut, de si bonne heure, de si hautes relations[3].

(1) *Œuvres complètes...* XXIII, édition Lévy, p. 490.

(2) Sur les opinions royalistes de Balzac, consulter notamment l'intéressante étude de M. Edmond Biré : *Honoré de Balzac.* Paris, H. Champion, 1897, in-8, et un article de M. Gabriel Ferry, intitulé : *Balzac candidat à la députation, ses idées politiques, 1831-1848.* inséré dans la *Revue politique et parlementaire* du 10 décembre 1901. La lettre adressée à M. le docteur Ménière, que nous avons citée note 1, p. 67, a aussi une grande importance au point de vue des convictions monarchistes de Balzac.

(3) M. Edmond Biré, dans son *Honoré de Balzac.* p. 145. publie la lettre du prince de Montmorency qui lui a été communiquée par M. le Vte de Spoelberch de Lovenjoul. Le Prince de Montmorency dont il est ici question est, d'après les renseignements que nous donne obligeamment M. Frédéric Masson, Anne-Louis Christian. prince de Montmorency, grand d'Espagne, né le 27 mai 1769. troisième fils de Anne-Léon, duc de Montmorency et de Anne-Charlotte de Montmorency-Luxembourg, sa seconde femme. Marié le 6 septembre 1797 à Marie-Henriette de Becdelièvre de Cany. maré-

C'est par elle qu'il eut une ouverture sur ces hautes demeures si fermées du faubourg Saint-Germain et, pour hasarder une dernière hypothèse, c'est par elle que l'étudiant besoigneux du quartier de l'Arsenal et le pauvre imprimeur de la rue des Marais put, dès sa jeunesse, et alors qu'il n'avait ni célébrité, ni relations, entrevoir et dévoiler au public, avec une réalité si palpitante, les drames du grand monde et « les secrets de la princesse de Cadignan ».

Il ne nous appartient pas de lever tous les voiles. Notre cher ami et nous pourrions presque dire notre collaborateur, M. le vicomte de Spoelberch de Lovenjoul, publiera, peut-être, un jour, les documents si précieux qu'il réunit sur cette page, maintenant ouverte, de la vie du grand romancier.

Ajoutons toutefois, car c'est là ce qui importe, que l'influence littéraire de Mme de Berny sur le génie de son jeune ami paraît avoir été réelle et considérable. Elle avait une large instruction, un tact sûr, une grande expérience de la vie. Balzac reçut d'elle des leçons inoubliables.

Précisons encore. Balzac dédie à Mme de Berny

chal de camp en 1815, pair de France en 1827, il mourut le 25 décembre 1844. De lui viennent mesdames de Cossé-Brissac, de la Châtre et de Biencourt. Son fils, mort en 1853 sans alliance, s'est appelé le Prince de Robecq. Lui-même, bien que ne s'étant appelé que le prince de Montmorency, était, en réalité, le prince de Tancarville et était, en 1789, titré comte de Tancarville.

son roman *Louis Lambert*, qui n'était qu'une sorte d'autobiographie. Voici la délicieuse et remarquable lettre qu'elle lui écrivit à ce sujet :

[Juillet ou Août 1832.]

Quel lourd et pesant fardeau tu me donnes à porter, ami chéri ! Quoi, ne t'en rapporter qu'à moi pour ton *L[ouis] L[ambert]* [1], pour une œuvre à laquelle tu mets tant de prix ? Mais c'est une folie, mon bien cher, et si tu crois une femme capable de t'aider par ses jugements, pourquoi ne consultes-tu pas Mᵐᵉ Carraud ? Je te dis, en toute vérité, que, par les lettres que tu m'as lues d'elle, et par ce que tu m'en as dit, je la crois plus *capable* que moi, qui n'ai, comme tu sais, que mon sentiment, guidé par l'instinct du cœur.

Faut-il donc, Monsieur Minet, pour pouvoir profiter des conseils d'une femme que cette femme nous appartienne ? *Ce génie-femme, dont l'absence, dites-vous, vous jette dans une petite folie, s'évanouit-il donc tout à*

(1) *La Notice biographique sur Louis Lambert,* qui porte la dédicace : *Et nunc et semper dilectæ dicatum,* datée du château de Saché, juin-juillet 1832, parut, pour la première fois, datée et dédiée en octobre 1832 dans les *Nouveaux contes philosophiques* (Paris, Gosselin, 1832, in-8). En 1833, le livre parut séparément, chez le même éditeur, en un volume in-18, intitulé : *Histoire intellectuelle de Louis Lambert.* Réimprimé dans *Le Livre mystique* (Paris, Werdet, 1835, 2 vol. in-8) ; chez Charpentier, en 1842, puis dans les *Études philosophiques* (1ʳᵉ édition de la *Comédie humaine,* t. XVI), *Louis Lambert* a définitivement pris place dans le tome XVII des *Œuvres complètes de H. de Balzac* (Paris, Michel Lévy frères, 1878, in-8). V. *Histoire des œuvres de H. de Balzac...* par le Vᵗᵉ de Spoelberch de Lovenjoul, 3ᵉ édition, pp. 190-191.

fait quand les sens ne sont plus près de lui ? Ah ! mon *René*, quel arrêt pour ta nouvelle *Ève*[1] !

A propos de *René*, ne voilà-t-il pas ce nom qui se trouve écrit par nous deux, dans le même moment, et tu veux que le génie ne soit plus là ? Oh oui, tu as mieux dit ailleurs : nous sommes la *même substance*, et voilà pourquoi la plus légère parcelle séparée entre nous, produit un si vif déchirement. Oh, comme j'ai savouré ce bon et long et voluptueux *b — c*, que tu m'envoies ! Ami, à cette distance, l'enivrement qu'il cause n'est pas dangereux, et l'on peut s'y livrer ; aussi, je te le renvoie doublement chargé de tout ce que tu y as mis.

Monsieur, je veux savoir ce que vous avez écrit après le mot : dame ; il m'a été impossible de déchiffrer ce mot qui m'intéresse ; vous le transcrirez lisiblement, s. v. p., et me renverrez mon petit morceau de papier ; j'y tiens, attendu qu'il fait partie d'une collection de laquelle je n'ai pas encore égaré une seule syllabe[2].

Tu le vois bien que je ne suis que femme ! Cette lettre était destinée à ne te parler que de ton *L[ouis] L[ambert]*. Je voulais obéir à tes ordres, et m'affubler du masque

---

(1) M*me* de Castries ou peut-être M*me* Hanska, dont Balzac avait reçu la première lettre le 28 février 1832. Il devait, toutefois, ignorer son prénom : Eveline.

(2) Il se trouve joint, à cette page, un minuscule fragment de la lettre même de Balzac à laquelle répond celle-ci. Voici ce qu'il contient : « Faut-il donc aller à la dame d'Aix ? », c'est-à-dire, ainsi qu'il le fit, en effet, aller retrouver la marquise de Castries, qui l'attendait à Aix-les-Bains.

Malgré la demande de sa correspondante, Balzac ne lui retourna donc jamais cette petite relique, à laquelle elle semblait attacher tant de prix. Il pensa, probablement, que la fine mouche, un peu jalouse, n'avait pas voulu lire ou comprendre.

S. L.

de critique. Bah! j'ai enfilé une tout autre route, et je
m'y trouvais bien mieux que sur le sol rocailleux où tu
veux me faire marcher; tu ne sais donc pas que je m'y
blesserai, non les pieds, mais le cœur; car il s'agit de te
dire des vérités dures, puisque tu veux les entendre;
mais songe que je puis ne pas avoir le sens commun,
qu'un avis donné par sentiment sur un objet d'art peut
ne pas avoir le *sens commun*, et que là où une vue débile
n'aperçoit rien, un œil exercé y verra d'admirables
beautés.

Je viens de relire ce que j'ai de L[ouis] L[ambert],
c'est-à-dire le tout, moins la troisième et quatrième
feuille. Après avoir disséqué cette œuvre, je viens de
la revoir vivante, et je *crois* que tu as entrepris une
œuvre *impossible*. Ce qui me console, c'est que le
public ne verra pas ce que tu as espéré en faire, et ce
qui est la seule chose que je trouve impossible. Tu veux
faire le *fait vrai*, le saisir dans son *action même*. Si le
public devinait cela, tu serais perdu, car ce serait
vouloir poser une borne qu'il n'est permis qu'à Dieu
de toucher.

Goethe et Byron ont admirablement peint les désirs
d'un esprit supérieur ; en les lisant, on les grandit
de tout cet espace qu'ils ont aperçu ; on admire la
portée de leur vue ; on voudrait leur donner son
âme pour aider la leur à franchir la distance qui les
sépare de ce but où ils aspirent.

Mais, si un auteur vient me dire qu'il est parvenu à
ce but, tel grand qu'il soit, je ne vois plus en lui que le
présomptueux ; sa vanité me choque et je le rapetisse
de toute la hauteur où il a voulu s'élever.

La *perfection* est pour l'homme quelque chose d'autant plus précieux qu'elle est toujours accompagnée de

l'espérance; si un Dieu venait la lui offrir, peut-être n'en voudrait-il plus; mais bien certainement il croira toujours de mauvais aloi, ou, mieux encore il ne croira pas à celle qu'un homme viendra lui offrir, et il jettera sur cet homme un juste ridicule.

Voilà, chéri, mon avis, et d'après lequel je te supplierais de retrancher de ton *L[ambert]* tout ce qui pourrait faire deviner ces singulières pensées, dont je voudrais bien être seule dépositaire (et que j'ai transcrites de tes lettres). Ainsi ces phrases... « l'admirable combat de la pensée arrivé à sa *plus grande force,* à sa plus *vaste expression* » ... « le monde moral, dont il avait *reculé les limites pour lui...* » ne peuvent se tolérer, surtout les premières, car, enfin, reculer des limites, n'est pas atteindre un but, et celle-ci peut à la rigueur passer.

Oui, bien certainement, je blâme la *collusion,* car elle serait à ton préjudice. Fais, mon chéri, que toute la foule t'aperçoive, de partout, par la hauteur où tu te seras placé, mais ne lui crie pas de t'admirer, car, de toutes parts, les verres les plus grossissants seraient à l'instant dirigés sur toi, et que devient le plus délicieux objet vu au microscope[1] ?

Si l'on se souvient de la confuse philosophie et du prétentieux grossissement qui gâtent certaines pages de *Louis Lambert,* tel qu'il a été publié, même après les critiques de Mme de Berny, celles-ci paraissent singulièrement sages, hardies et justes.

---

(1) Cette lettre ne porte pas d'adresse, mais au moment où elle a été écrite, Balzac se trouvait chez Mme Zulma Carraud, à Angoulême. Elle appartient à M. de Lovenjoul.

Avec quel art, cette femme qui adorait ce « Monsieur Minet » glisse, dans ses caresses, cette forte leçon ! Avec quelle prudence elle procède ! Comme elle soigne ses travaux d'approche !

Elle arrive au but, cependant, et elle dit ce qu'elle pense. Elle avertit, en femme avisée et en penseur éclairé, le jeune orgueilleux. Elle lui signale les écueils où, plus d'une fois, il faillit sombrer : la vanité littéraire, l'essoufflante prétention philosophique, l'ambition maladive de « faire le Dieu ».

Qu'une femme de sens et de tact ait pu voir ainsi jusqu'au fond de l'âme qui s'ouvrait devant elle, à cela rien d'étonnant ; mais le miracle est dans le fait, qu'ayant vu, elle ait parlé.

Franchise, courage singuliers chez une femme que tout menace et qui ne craint pas, pour corriger et grandir l'objet de l'amour, de risquer l'amour lui-même.

Ici, le sentiment complexe et parfois inquiétant s'élargit et s'ennoblit jusqu'à devenir maternel.

Et comme il s'élève encore dans la phrase triomphale de la fin : « Fais, mon chéri, que toute la foule t'aperçoive, de partout, par la hauteur où tu te seras placé ! »

Cette page est décisive. Madame de Berny fut une éducatrice.

LES AFFAIRES

L'association entre Balzac et Barbier pour l'exploitation du fonds d'imprimerie de la rue des Marais-Saint-Germain dura depuis le 1er juin 1826 jusqu'au 3 février 1828[1].

M. d'Assonvillez, à qui Balzac devait déjà une somme assez ronde, avait pris ses précautions. Par acte passé le 16 mars 1826, quelques semaines avant la prise de possession de la maison par les deux associés, il s'était fait céder par eux, à titre de nantissement, la propriété du fonds et de tout le matériel. Si bien que Balzac et Barbier étaient, tout simplement, les locataires de M. d'Assonvillez. Ils lui devaient, de ce chef, un loyer annuel de cinq cent vingt-huit francs quatre-vingt-huit centimes. La charge était telle qu'on peut se demander comment des gens raisonnables, couverts de dettes, d'ailleurs, avaient pu l'assumer.

Dans l'association, Barbier s'occupait de la

partie technique ; Balzac avait gardé la signature ;
en outre, il s'était réservé toute la partie commerciale, la tenue de la caisse et la comptabilité.

Quoique Balzac eût alors vingt-sept ans, qu'il
eût passé plusieurs années chez un notaire et un
avoué, l'examen des papiers de la maison d'imprimerie suffit pour prouver qu'il fut, dans cette circonstance, ce qu'il demeura toute sa vie, le plus
déplorable des hommes d'affaires. Dans ses romans, il jouait admirablement avec les chiffres ;
dans la réalité, il était incapable de tenir un
compte.

Les faits parlent trop haut : en moins de deux
ans, la maison se trouva débitrice d'une somme
d'environ 113,000 francs, en présence d'un actif
évalué à 67,000 francs.

La légèreté qui avait présidé à l'installation de la
maison se manifesta dans l'exploitation. Elle se
résume en deux mots : désordre, coulage.

Les associés s'étaient établis avec des dettes.
Balzac avait déjà des engagements pour plus de
70 000 francs [1] quand il vint s'installer rue des
Marais. Son père, il est vrai, lui aurait avancé,
d'après ce que dit Mme Surville, une somme de
30 000 francs. Mais il ne semble pas que cette somme
ait été réellement versée ; car, nous voyons que, le

____

(1) V. ci-dessus, p. 29.

23 août 1826, Balzac père répond, pour son fils auprès d'une amie de la famille, Mme Delannoy : « Balzac (il s'agit du père) répond à Mme de Lanoy (*sic*) de tout ce qu'elle pourra faire pour son fils, à quelle somme que cela puisse se monter, et de la rembourser si l'emprunteur ne satisfait pas à ses engagements. Elle comprendra mieux que je pourais (*sic*) l'écrire que ceci doit rester dans le plus absolu secret. — Versailles, 23 août 1826 [1]. »

Donc, de ce côté, Balzac, le fils, devait encore. Il n'avait pas reçu de l'argent comptant, et son père ne lui avait donné rien autre chose que sa garantie.

Cependant, l'affaire du *Molière* et du *La Fontaine* était une perte sèche. Les livraisons ne se vendaient pas. On devait de l'argent à Canel. Celui-ci, qui était sur le point de tomber en faillite, devenait exigeant. Peut-être Mme de Berny avait-elle souscrit les billets sans l'aveu de son mari. Il fallait de l'argent à tout prix.

Balzac croit se tirer d'affaire en cédant tout le *La Fontaine* à un libraire nommé Alexandre Bau-

(1) Madame Joséphine Delannoy, née Doumerc. C'est à elle que Balzac a dédié *La Recherche de l'absolu*, (juin-septembre 1834). M. Hanotaux possède un exemplaire des *Romans et contes philosophiques, seconde édition*. Paris, Charles Gosselin. 1831, in-8°, qui porte sur le faux-titre du deuxième volume la dédicace suivante : *Offert à Madame Delannoy comme témoignage de reconnaissance de l'auteur : Balzac*. Balzac écrit à sa sœur, en septembre 1835 : « Dablin a été pour moi gracieux, obligeant et bon, comme le sont madame Delannoy, madame Carraud et l'*Alma soror* ». (*Œuvres complètes, XXIV. Correspondance*, p. 224).

douin. Il devient, alors, la victime d'une de ces
manœuvres que, par la suite, il s'entendra si bien à
raconter, et qui font tout le drame de *César Birotteau*.

Balzac, on s'en souvient, avait acheté, en 1825,
à Canel le *La Fontaine* en feuilles, et, comme nous
l'avons vu, il avait payé Urbain Canel en argent
ou en billets souscrits par Mme de Berny. Or,
maintenant, que fait-il? Il cède toute l'édition du
La Fontaine, en feuilles, non encore achevé, à
Alexandre Baudouin, en prenant l'engagement de
livrer l'ouvrage complet dans les deux mois.

En échange, que va-t-il recevoir de Baudouin?
D'abord, 2000 francs versés à Urbain Canel. Et, pour
le surplus, c'est-à-dire pour les 20 000 francs environ que représentent 2 500 exemplaires à 8 francs
le volume, Alexandre Baudouin lui écoule (sans
garantie d'aucune sorte) : 1° une créance sur le
sieur Frémeau, libraire à Reims, *actuellement en
état de faillite*, créance montant à la somme de
28 840 francs ; 2° une autre créance de 1 650 francs
sur le sieur Dabo jeune, *également en état de faillite;* 3° une autre créance de 1 335 francs sur une
maison Bouland et Tardieu qui ne paraît pas valoir beaucoup plus[1].

Nanti de ces rossignols, le pauvre Balzac se

<hr>

[1] V. Appendice V, pièce n° 36.

met en chasse pour obtenir pied ou aile des débiteurs du compère Alexandre Baudouin. Finalement, après des frais sans nombre et un échange de papiers — où le papier timbré domine, — le libraire de Reims, Frémeau, s'arrange pour glisser à Balzac, en paiement de ses vingt-huit mille francs, tout un stock de livres faisant le fonds de boutique de sa librairie de province : c'est-à-dire les *Œuvres complètes de Gessner* en nombre, les *Œuvres complètes de Florian*, les *Œuvres de Gilbert*, et puis des *Molière*, des *Fénelon*, des *Condillac*, des *Pausanias*, des *Colardeau*, des *Colin d'Harleville* et des *Parny !* Trop heureux que, dans cette étonnante nomenclature, il ne se trouve pas des squelettes anatomiques ou des lézards empaillés !

Balzac accepte tout, et, après ce détour aussi imprévu que compliqué, il se trouve à la tête d'un lot de vieux papier noirci, alors qu'au début de l'affaire, pour un premier lot de papier noirci, il avait déjà donné sa signature et son bel argent comptant[1].

Ainsi menée, la maison était vouée à une ruine prochaine. La clientèle ne venait pas. Une maison d'imprimerie ne s'achalande pas du jour au lendemain. L'affaire Laurens aîné était bien peu de chose quand celui-ci cédait son fonds. Balzac comp-

____

[1] V. APPENDICE V, pièces nᵒˢ 39 à 42.

tait sur ses propres relations. Il dut en rabattre.

L'un de nous, M. Georges Vicaire, a pris la peine de dresser la liste des impressions de H. Balzac mentionnées au *Journal de la Librairie* et ailleurs. Nous avons réuni un assez grand nombre de ces épaves. Tout compte fait, on arrive à un total d'environ cent cinquante articles, ce qui n'est guère, en deux ans, si l'on fait remarquer que, parmi ces travaux, il y en a la moitié au moins qui sont de très peu d'importance : de simples placards, des brochures, des factums, des livraisons[1].

La première des productions qui sort des presses de Balzac est un prospectus de pharmacie *Pilules anti-glaireuses de longue vie*, ou *Grains de vie*, de Cure, pharmacien à Paris, rue Saint-Antoine, n° 77, in-8° d'un quart de feuille, daté du 29 juillet 1826. C'est sur ce frêle esquif que s'embarque la gloire future du rival imaginaire des Estienne et des Didot. Et, sauf erreur, la dernière cartouche est tirée, le 4 octobre 1828, avec la *Princesse Christine*, de Henri Zschokke.

Cependant, dans l'intervalle, quelques livres intéressants et curieux ont été livrés par la maison Balzac :

Pour Baudouin, Balzac entreprit une série de petits classiques in-32, imprimés dans son fameux

(1) V. Appendice IX.

caractère *Mignone*, si fin qu'il casse les yeux ; il est vrai qu'en raison de leur petit format, ces livrets minuscules peuvent se glisser dans la poche : ce sont les œuvres de Volney, de Ducis, de La Harpe, de Colardeau, les contes de La Fontaine : on entreprend même les « Chansons de Béranger »[1].

Canel fait imprimer, par Balzac, nombre de livres dont les titres évoquent toute l'époque romantique : *Le duc de Guise à Naples, La Princesse Christine, Le Grison ou la Côte aux fées, Myriologies ou chants funèbres et élégiaques d'un Épirote, Tableaux poétiques*, par le comte Jules de Rességuier, les *Annales romantiques* pour 1828, et surtout un charmant et précieux livre, fort bien imprimé, en vérité, et orné de deux gravures en couleur par Henry Monnier : « *Scènes contemporaines laissées par feue Mme la vicomtesse de Chamilly, seconde édition augmentée du Dix-huit brumaire*. Paris, Urbain Canel, 1828 ».

Voici encore les *Proverbes romantiques* par Romieu, imprimés pour Ladvocat ; voici un gros livre

---

(1) *Chansons de P.-J. de* BÉRANGER. Paris, Baudouin frères, rue de Vaugirard, n° 17, 1829. In-32 de 2 ff et 484 pp.

Cette édition, bien que datée de 1829, est enregistrée dans la *Bibliographie de la France* du 22 novembre 1828, n° 6.773 ; elle porte comme nom d'imprimeur celui de Barbier seul. La composition en caractères *mignone*, de près de cinq cents pages, a dû exiger beaucoup de temps et, par conséquent, commencer avant que Balzac eût quitté son imprimerie. Or, un ouvrage enregistré dans la *Bibliographie de la France*, du 4 octobre 1828, *La Princesse Christine*, porte encore le nom de Balzac.

imprimé pour Baudouin : *Manuel géographique, historique et statistique des départements de la France et de ses colonies* ; voici des actualités : *La Petite Dragonnade du quai des Orfèvres, Le Féroce à Montrouge*, le *Testament des Ministres*, le *Discours de la Girafe au chef des six Osages (ou Indiens)*, l'*Ode sur la nouvelle loi contre la liberté de la Presse*.

Marco de Saint-Hilaire fait imprimer par Balzac une série de ses fantaisies dans le goût du temps : *L'Art de mettre sa cravate, L'Art de payer ses dettes et de satisfaire ses créanciers sans débourser un sou* ; on réimprime, de Mme de Genlis, le *La Bruyère des domestiques*.

Dans ce même genre, Balzac lui-même porte de l'eau au moulin et on lui attribue le *Petit dictionnaire critique et anecdotique des enseignes de Paris, par un Batteur de pavé*.

Voici deux livres dignes de survivre : les *Mélanges historiques et littéraires de M. Villemain*, imprimés pour Ladvocat ; et *La Jaquerie, scènes féodales, suivies de la famille de Carvajal, drame*, par l'auteur du théâtre de *Clara Gazul* (c'est-à-dire Mérimée), imprimée très élégamment pour Brissot-Thivars, en 1828.

Deux entreprises purement commerciales mais plus importantes fournissent un fonds de travail courant à l'imprimerie : c'est la collection des *Mémoires sur la Révolution*, de Barrière, pour laquelle

Balzac et Barbier impriment : les *Mémoires du baron de Besenval*, les *Mémoires de Mme Roland*, les *Mémoires du marquis de Bouillé*, les *Mémoires de Charles Barbaroux* ; et, d'autre part, le vaste recueil du *Corps du droit français* pour Malher et Cie, dont Balzac livre dix-neuf livraisons, du 9 février au 30 août 1828 [1].

Malgré ces efforts constants, les affaires vont mal. L'argent ne rentre pas. On est en discussion avec les clients. Balzac ne connaît pas, lui-même, exactement, les conditions auxquelles il travaille. Il consent des réductions impossibles. Les clients se renseignent, les uns les autres, et refusent de payer si on ne leur accorde pas sur les factures des diminutions énormes. C'est le gâchis [2].

Qu'est-ce que fait Balzac ? Déjà empêtré dans la direction d'une affaire restreinte qui tourne mal, il ne trouve rien de mieux que de s'enfoncer davantage ; il ne lui suffit plus d'être éditeur et imprimeur ensuite : il devient maintenant fondeur de caractères. Au moment où la ruine menace, Balzac, comme César Birotteau, croit que c'est le moment de frapper un grand coup, et il ne songe qu'à entrer, toute voile dehors, « dans la grande industrie parisienne » [3].

(1) V. Appendice IX.
(2) V. Appendice VIII, pièce n° 86.
(3) V. Appendice VII.

Le feuilleton de la *Bibliographie de la France*
du 8 septembre 1827 avait annoncé la mise en
vente, *après faillite* et décès du sieur Gillé fils, du
fonds d'imprimeur-fondeur de caractères exploité
par lui, rue Garancière, n° 4. C'est tout un attirail
de matrices, de lettres, de caractères, de moules,
de gravures, etc. Le liquidateur de la faillite est un
certain Laurent qui se déclare domicilié rue des
Marais-Saint-Germain, n° 17, c'est-à-dire dans la
même maison que Balzac. En effet, dès le mois de
juillet, ce Laurent (Jean-François) s'était associé à
Balzac et Barbier, en vue de se porter acquéreur
de l'entreprise Gillé [1].

C'est ce qu'ils font le 18 et 19 septembre. Ils
annoncent, le 29 septembre 1827, par des avis
insérés au *Journal de la Librairie*, qu'ils ont acquis,
conjointement avec M. Dumont, propriétaire-di-
recteur de la fonderie typographique royale de
Bruxelles, le fonds de feu Gillé fils. On va donc
pouvoir faire des affaires en grand.

En effet, le 6 décembre 1827, par une circulaire
envoyée à tous leurs clients, Laurent, Balzac et
Barbier annoncent qu'ils ont constitué une société
de douze années pour l'exploitation de la fonderie
de caractères d'imprimerie, la gravure sur acier,
sur cuivre et sur bois, la polytypie, etc. A cette

1) V. Appendice VII, pièce n° 67.

circulaire, ils joignent le curieux post-scriptum suivant : « MM. Balzac et Barbier saisissent cette occasion pour vous prévenir qu'ils ont acheté de M. Pierre Durouchail la communication de ses procédés de Fontéréotypie[1]. La Fontéréotypie est l'art d'obtenir les résultats de la stéréotypie sans avoir besoin de la chaudière à plonger les matrices ni de tourner, bizoter (*sic*) et corriger les pages. » Cette notice particulière parait être l'explication de l'opinion généralement répandue que Balzac fut l'inventeur d'un procédé de clicherie.

Ceci donc se passe en décembre 1827. On prépare un magnifique album in-folio oblong, devant contenir le spécimen de tous les caractères, vignettes et ornements typographiques de la maison, les caractères depuis la fameuse « mignone » jusqu'au « Gros-Canon », les Vignettes, les Tarots, les « Culs-de-Lampe du Berquin[2] », les sujets de mort, les signes du Zodiaque et sujets mythologiques gravés au trait. C'est là que le goût étriqué de l'époque se révèle dans sa mièvre et courte invention.

(1) V. APPENDICE VII, pièce n° 71.

(2) V. APPENDICE IX, article n° 153. — Le « Gros-Canon » comme le « Petit-Canon » et le « Double-Canon », sont des caractères pour affiches. — V. *Spécimen des divers caractères, vignettes... de la fonderie de Laurent et de Berny...* Paris, 1828, in-fol. oblong, 1re partie, pp. 19 à 23. Ce spécimen sort des presses de Balzac. V. dans ce même spécimen, 1re partie, les « Vignettes » de toutes sortes, pp. 76 à 85 et les « Tarots » pp. 86 et 87. Pour les « Culs-de-lampe du Berquin », les sujets de mort, etc., voir le même ouvrage, 2e partie, pp. 1 à 86.

Cet album si précieux et annoncé si solennellement, on n'a même pas le temps de le finir. Trois mois ne sont pas écoulés, (trois mois alors que l'on prévoyait douze années!) qu'un des associés, Barbier, sentant probablement que la barque fait eau de toutes parts, se retire.

C'est le prodrôme de la débâcle. Peut-on encore sauver la maison? A qui s'adresser?

Balzac n'a-t-il pas là, près de lui, l'amie qui l'a engagé, encouragé, soutenu? Elle veille; elle se dévoue; et, par un acte d'une hardiesse inouïe, après s'être fait donner une procuration générale par son mari, elle entre *en nom*, le 3 février 1828, dans l'association de Laurent et Balzac pour la fonderie de caractéres.

Ce sont encore les actes notariés qui nous révèlent cette péripétie du drame intime : « Il y a société entre les sieurs Jean-François Laurent, Honoré Balzac et madame de Berny pour l'exploitation de la fonderie des caractéres d'imprimerie et de tout ce qui dépend de cette branche de commerce. La société sera en nom collectif à l'égard de MM. Laurent et Balzac et en commandite seulement à l'égard de madame de Berny. La durée de la société sera de douze ans[1]. »

_____

(1) V. APPENDICE VII, pièce n° 73. C'est cet acte dans lequel figure Mme de Berny (qui signe *Hinner de Berny*, qui nous a mis sur la trace des relations de Balzac avec elle

Si Pergame eut pu être sauvée, c'est par cette intervention suprême qu'elle l'eût été ! L'apport de Laurent, tout en matériel, est estimé dix-huit mille francs. Balzac et Mme de Berny ont le leur, « tous deux ensemble », montant à la même somme. La maison nouvelle représente donc un capital de trente-six mille francs, où Mme de Berny se trouve engagée pour neuf mille francs. Balzac, seul, garde encore la signature sociale.

Nouvelle insertion au *Journal de la Librairie*. Dépôt légal des pièces de la Société au greffe du tribunal de commerce le 15 février 1828. Va-t-on marcher, cette fois ?

Hélas non ! tous les sacrifices ont été vains. Les clients ne sont pas venus. Les affaires ne vont plus du tout. Les ouvriers ne sont pas payés et envoient du papier timbré. Les créanciers assiègent la maison ; et, avant même qu'on ait pu tendre la voile, la fortune de Balzac, fondeur de caractères, chavire comme celle de Balzac éditeur et de Balzac imprimeur.

Le 16 avril 1828, c'est-à-dire après un nouveau laps « *de trois mois* », la société Laurent et Balzac est déclarée dissoute, et Laurent est chargé de la liquidation.

En présence du gouffre, l'homme d'affaires improvisé qu'est Balzac se sent pris de vertige. Il appelle au secours ; la faillite le menace ; l'honneur du nom peut être compromis.

Il se retourne, alors, vers les siens : sa mère, supplie un cousin, M. Sédillot, de se mettre à la tête de la manœuvre, de sauver, du moins, l'honneur : « ..... Je vous autorise, mon cher cousin, à prendre tous les engagements qui vous paraîtront nécessaires pour terminer l'affaire de mon fils aîné, comme vous le feriez pour vous-même ; m'engageant à reconnaître tout ce que vous ferez, m'en rapportant entièrement à vous... etc. faites tout votre possible pour que nous évitions que l'affaire arrive à la connaissance de mon pauvre mari. Faites valoir ses quatre-vingt-trois ans, qu'il ne peut se déplacer, etc., etc. ; j'ai une procuration générale un peu ancienne, mais je puis encore m'en servir pour signer, dans le cas, comme autorisée. Évitons à ce bon père le chagrin qu'il ressentirait de tout cela... Je m'en rapporte à vous, sur tout ce que vous ferez, je vous le répète[1]. »

Cet appel est entendu ; et M. Sédillot, — homme expérimenté et parent dévoué, — opère, au milieu des plus grandes difficultés, un véritable sauvetage, en procédant à une liquidation qui pèsera cependant sur toute la vie du fécond romancier.

[1] V. APPENDICE VIII, pièces nᵒˢ 78 et 79

LA CATASTROPHE

M. Sédillot, sur la prière de Mme Balzac mère. se décide à prendre en mains la liquidation des affaires de l'imprudent jeune homme. Tout d'abord, il obtient, de Mme Balzac, l'engagement de faire les sacrifices nécessaires pour désintéresser les créanciers. Ensuite, il dresse un état aussi complet que possible de la situation.

La troisième-partie de l'opération consistera à détacher Balzac des deux affaires distinctes où il est engagé, celle de l'imprimerie et celle de la fonderie de caractères, sans toutefois amener la ruine totale des deux entreprises.

Sur le premier point, on peut dire que l'intervention de Mme Balzac dégage le présent et sauve l'avenir.

La mère de Balzac, née Sallambier, parisienne, était une femme de tête. Sa ferme raison. son bon sens un peu sec se heurtèrent, souvent, à l'imagination débordante que le fils tenait de ses ancêtres gascons. Entre les deux originaux, le père et le fils, elle eut à souffrir.

Dans la *Correspondance* de Balzac, on voit qu'elle reçut de celui-ci, parmi des marques de tendresse toutes filiales, plus d'un coup de boutoir. Elle savait les rendre à sa façon : Mme Laure Surville exprime les choses finement, quoiqu'à mots couverts, dans un passage de la biographie de Balzac : « Ma mère riche, belle et beaucoup plus jeune que son mari, avait une rare vivacité d'esprit et d'imagination, une activité infatigable, une grande fermeté de décision et un dévouement sans bornes pour les siens. Son amour pour ses enfants planait sans cesse sur eux, mais elle l'exprimait *plutôt par des actions que par des paroles*[1]. »

Donc, femme d'action, elle agit : mère dévouée, elle se dévoua. Elle offrit tout son bien et donna, sans hésiter, son nom et sa fortune pour sauver son fils.

Parmi ses angoisses, elle n'avait qu'un désir, c'était d'éviter à son mari, âgé maintenant de quatre-vingt-trois ans, les tracas et les douleurs d'une telle catastrophe. Mais le secret ne put être gardé longtemps : en effet, dans une lettre adressée à M. Sédillot, le 18 août 1828, Balzac père s'exprime en ces termes : « Mon cher parent, Mme Bal-

___

[1] *Balzac, sa vie et ses œuvres*, par Mme L. Surville, p. 13.

zac ne m'a rien laissé ignorer de tout ce que vous
avez bien voulu faire pour nous; je vous en remercie bien sincèrement. J'approuve tout ce que vous
avez fait et ferez pour le complément de votre
œuvre. *Vous avez cicatrisé la plus grande de nos
plaies* et je serai bien heureux, lorsque je trouverai
l'occasion de vous en témoigner ou aux vôtres, la
profonde reconnaissance dont je suis pénétré[1]. »

Le coup fut terrible pour le vieillard. Malgré
la théorie qu'il professait, à savoir qu'on vit tant
qu'on a la volonté de vivre, malgré la conviction
où il était qu'il atteindrait cent ans, ses forces
commencèrent à décliner. Six mois après, en
avril 1829, Honoré Balzac écrit au même M. Sédillot : « Mon père est décidément entre la vie et
la mort... Il faut nécessairement, et sous peine de
mort, lui ouvrir le ventre. La crise commence[2]. »
Le vieillard mourait le 19 juin suivant.

Pour ce qui concerne les comptes, M. Sédillot
dut s'en rapporter souvent à la mémoire de Balzac. Celui-ci était, en effet, un pauvre comptable.
Il se trouvait en désaccord avec la plupart de ceux
à qui il avait eu affaire.

Il aida M. Sédillot par une correspondance où
respirent à la fois l'honnêteté et la lassitude[3]. Déjà,

---

[1] V. Appendice VIII, pièce nº 85.
[2] V. Appendice VIII, pièce nº 100.
[3] V. Appendice VIII, pièces nºˢ 86 à 92 et 100 à 108

il ne songeait plus qu'à ses travaux littéraires. Il
comptait sur sa plume pour réparer le désastre et
combler les vides. Les embarras d'une affaire
manquée lui devenaient odieux. M. Sédillot dut
donc se tirer d'affaires tout seul, ou peu s'en
faut.

Il commença par distinguer entre les deux entreprises, l'imprimerie et la fonderie de caractères ; de
l'une et de l'autre, il travailla à éliminer Balzac,
comme s'il avait le sentiment que la présence de
celui-ci était le seul obstacle à leur prospérité.

Il traita, d'une part, la question de l'imprimerie
avec l'associé A. Barbier. M. de Lovenjoul a bien
voulu nous communiquer le compte de liquidation
qui se rapporte à la maison d'imprimerie. Ce document est intitulé « État de la situation du sieur
Honoré Balzac, imprimeur, demeurant à Paris,
rue des Marais n° 17, faubourg Saint-Germain. »
Le passif, au 16 août 1828, monte à un total de
113 081 fr. 92 qui se décompose ainsi : dus par
billets et obligations, 71 659 fr. 82 ; dus sur factures, 3 822 fr. 10 ; avancés par Mme Balzac mère,
37 600 francs. Ce dernier chiffre indique le montant
des sacrifices qu'avait dû faire la famille pour répondre aux réclamations les plus pressantes. Il
résulte d'un compte à part que Balzac devait en
outre, à ses ouvriers, la somme relativement consi-

dérable de 4 895 fr. 30. On se demande vraiment
où avait passé l'argent[1].

Les principaux créanciers étaient le propriétaire
de la maison, M. Henri Prestat, Laurens aîné,
prédécesseur de Balzac, Barbier l'associé, et, en
outre, des fournisseurs : papetiers, marchands de
métal et de plâtre, d'autres imprimeurs comme
Didot, des serruriers, des mécaniciens. M. Sédillot
entreprit de leur faire comprendre qu'ils n'avaient
pas intérêt à ruiner complétement la maison. Il leur
démontra que Barbier avait toute compétence
pour continuer à la gérer. La plupart d'entre eux
adhérèrent à un arrangement dont il suffit d'indiquer les grandes lignes[2].

Barbier reprenait, pour lui seul, la maison Balzac
et Barbier, au prix auquel on estimait l'actif (brevet,
pas de porte, matériel, etc.) le tout montant à la
somme de 67 000 francs. Moyennant quoi, Barbier
s'engageait à désintéresser les créanciers de l'imprimerie jusqu'à concurrence de la même somme. Il
s'engageait, en outre, à solder le retard des ouvriers
contre l'abandon qui lui était fait des sommes dues
à l'Imprimerie.

Par contre, M. et Mme Balzac père et mère désin-
téressaient les créanciers pour le surplus, c'est-à-
dire pour 37 600 francs et, en outre, sur la somme

(1) V. Appendice VIII, pièces n°s 83 et 84.
(2) V. Appendice VIII, pièce n° 81.

de 30 000 francs due à Laurens pour l'achat de
l'imprimerie et du brevet, ils s'engageaient encore
jusqu'à concurrence de 7 200 francs[1].

En un mot, Balzac faisait, rien que dans l'affaire
de l'imprimerie une perte sèche de 15 000 francs
payée par sa mère, et l'associé qu'il avait appelé
devenait seul maître de la maison qui, d'ailleurs, à
partir de ce moment, prospéra.

En ce qui concerne l'affaire de la fonderie, nous
sommes moins bien renseignés. Dans sa courte
durée, du 1ᵉʳ août 1827 au 16 avril 1828, l'établissement avait subi deux ou trois transforma-
tions. Il y avait d'abord eu la maison Laurent
seul, puis la maison Laurent, Balzac et Barbier,
puis la maison Laurent, Balzac et Mᵐᵉ de Berny.
A la fin, Laurent avait encore repris, seul, l'affaire,
du moins en qualité de liquidateur. L'apport social
était estimé 36 000 francs, la part de Laurent étant
de 18 000 et celle de Balzac et de Mᵐᵉ de Berny,
ensemble, étant également de 18 000 francs.

Ici encore, M. Sédillot paraît s'être appliqué
uniquement à dégager et à éliminer Balzac. Ce qui
est certain, c'est que, au bout de quelques mois,
la maison apparaît sous la raison sociale : Laurent
et Alexandre de Berny. Or, cet Alexandre de
Berny est le fils de Mᵐᵉ de Berny. Agé seulement

1. V. Appendice VIII, pièce nº 81

de dix-neuf ans, il entre en nom dans l'affaire : un
fondé de pouvoirs tient sa place jusqu'à ce qu'il ait
atteint la majorité. Il est facile de reconstituer cette
phase de l'opération[1]. Nous savons, par divers
renseignements, que Mme de Berny avait avancé à
Balzac 45 000 francs. Il était hors d'état de les
payer. La famille Balzac avait fait de grands sacrifices pour liquider l'affaire de l'Imprimerie. Elle
était aussi dans l'impossibilité de désintéresser
Mme de Berny. Celle-ci eut donc l'idée d'établir son
fils dans la maison où Balzac avait échoué et de le
substituer, en quelque sorte à celui-ci. Alexandre
de Berny devint en conséquence l'associé de Laurent, et l'affaire continua à marcher comme aupa-
ravant.

Elle marcha beaucoup mieux; car le jeune associé de Laurent devint un négociant des plus
distingués. C'était un homme actif, vigilant, ingé-
nieux, élève pratique du Saint-Simonisme. Il
s'installa rue Visconti et donna à la fonderie de
caractères une vive impulsion. En 1840 (le 12 avril),
il racheta la part de Laurent et étendit encore ses
affaires.

L'ancienne fonderie de Balzac devint ainsi, assez
rapidement, un des établissements les plus impor-
tants de Paris. M. Alexandre de Berny fut un des

_____

[1] V. Appendice VII, pièce nº 76.

organisateurs des caisses de retraite ouvrière et il institua, l'un des premiers, après Leclaire, la participation du personnel aux bénéfices. Il mérita le beau nom de philanthrope. Il mourut, en 1881, entouré de l'estime universelle.

La maison existe toujours[1] ; elle est dirigée, actuellement, par un homme de toute distinction, M. Ch. Tuleu, « enfant d'élection » de M. Alexandre de Berny, d'après les principes de celui qui a déterminé son succès ; elle est en pleine prospérité.

Balzac la quittait, l'oreille basse, accablé du fardeau de ses dettes où figurent, en première ligne, les 45 000 francs avancés par les siens et les autres 45 000 francs dus à Mme de Berny.

Sa sœur, Mme Surville, dit que la famille de Balzac eut tort de ne pas le soutenir plus longtemps et que, si on eut persévéré, il se fût enrichi comme le firent ses successeurs. Rien n'est plus douteux. Il n'avait pas l'esprit des affaires... Quoi qu'il en soit, pour avoir un riche imprimeur de plus, nous

---

(1) V. la notice intitulée : *De Berny. Appréciation de son œuvre.* Paris, rue Visconti, 17, près le Palais des Beaux-Arts, 1882, in-4° (avec un portrait d'Alexandre de Berny, gravé sur bois par Huyot d'après Petot). Cette notice dédiée « A la mémoire d'Alexandre de Berny » et signée « son enfant d'élection, *Ch. Tuleu* » contient, après un avertissement signé : *Les Collaborateurs de M. de Berny,* une introduction signée de même, des renseignements sur la caisse et les comptes de l'atelier, et des « Jugements portés sur l'œuvre de M. de Berny », extraits de divers journaux.

aurions eu un admirable romancier de moins. La destinée était plus sage que tous les calculs.

Balzac, après cette courte expérience, se sentait libéré. Aussitôt qu'il le put, — c'est-à-dire bien avant l'arrangement définitif de février 1829, — il s'enfuit.

Dès le 1ᵉʳ septembre, — quinze jours après la crise, — il écrivait au général baron de Pommereul, vieil ami de la famille : « Ce que beaucoup de personnes pouvaient prévoir et ce que j'ai craint moi-même en commençant et soutenant avec courage un établissement *dont les proportions avaient quelque chose de colossal* (voilà bien l'imaginatif!) est enfin arrivé. J'ai été précipité, non sans les prévisions de ma conscience, de ma petite fortune... Depuis un mois, je travaille à des ouvrages historiques du plus haut intérêt et j'espère qu'à défaut d'un talent tout à fait problématique chez moi, les mœurs nationales me porteront peut-être bonheur. (Il avait conçu le plan des *Chouans*)... Ma première pensée a été pour vous et j'avais résolu d'aller vous demander asile pour une vingtaine de jours... Un lit de sangle et un seul matelas, une table, pourvu qu'elle soit comme les quadrupèdes et non invalide, une chaise et un toit sont tout ce que je réclame...[1] » Le général lui

____

(1) V. *Balzac en Bretagne.* pp. 10-12. Voici une autre lettre de

répondit : « Votre chambre vous attend ; venez vite ».

Et c'est alors que les Pommereul virent arriver, dans le vieux château de Fougères, le gros garçon joufflu et jovial, qui, à peine débarqué, illumina la maison de son rire opulent et de ses prodigieuses gasconnades.

Il avait laissé Paris et la débâcle derrière lui ; il n'y pensait plus. Il était tout à la rédaction de ce roman des *Chouans*, la première assise de la *Comédie humaine* et où il peignait, d'abord, ces

Balzac au général de Pommereul que nous a communiquée M. Th. Janvrais :

Fonderie de Laurent, Balzac et Barbier, rue des Marais S.-G., n. 17.

Polilypie.   *Paris, ce 23 octobre 1827.*

Gravure.
sur acier, cuivre,
   bois, etc.

Général, j'ai recours à vous pour l'affaire dont j'ai eu l'honneur de vous parler pendant votre séjour à Paris.

J'avais cru un moment avoir placé les 2.750 fr. dont je vous avais parlé ; mais la personne est tombée très dangereusement malade et je n'irai pas lui parler de longtemps de ce placement bien qu'elle me l'ait promis avant sa maladie.

L'affaire dont il s'agit est toute simple, c'est le placement de la somme de 2.750 fr à 6 0/0 pour le terme moyen de deux années — et cette somme est représentée entre les mains du prêteur par des effets de portefeuille de pareille somme, garantis par 3 signatures dont la mienne.

Et pour plus grande sûreté, lorsque les effets seront à *trois mois* de leur échéance, je les reprendrai moi-même *comme argent escompté balancé.*

Si vous pouviez me trouver dans le pays de Fougères quelqu'un à qui ce placement pourrait convenir, vous me rendriez un très

soldats de la cause royaliste dont les confidences
de l'amie lui avaient appris à connaître la gran-
deur.

Mais, s'il essayait de se détacher du passé, le
passé s'attachait à lui. Partout, à Fougères d'abord
et ensuite à Paris, au milieu de ses travaux, tout
le long d'une vie désormais serve, le poids mort du
passé l'entrava. Ces deux années s'imposèrent à
son existence. Jusqu'à la fin, sa dette le tint à la
gorge.

C'est un drame poignant, — qui contient une

grand service, car cet argent ne sera pas de trop pour ma fin d'année. Je ne sais, mais je me figure, que Madame votre mère pourrait peut-être me rendre ce service, il serait, je vous assure, sans
péril, et serait immense pour moi.

Au surplus, je me repose entièrement sur l'intérêt que vous avez
la bonté de me porter et dont je suis sincèrement reconnaissant,
pour essayer de me mener cette négociation à bien.

Vous excuserez, j'espère, Général, la franchise avec laquelle je
ne crains pas de vous demander ce service.

Quant aux livres que vous avez confiés à ma garde et, sur la
vente desquels, vous vous en êtes remis à mes soins, je vous dirai
que j'ai déjà vu bien des libraires et que tous m'ont promis de
venir chez moi ; mais aucun n'est encore venu.

Je ne doute pas que chacun d'entr'eux qui tiennent ce genre de
livres n'attende le placement certain avant de venir les chercher
chez moi — si ceci nous mène un peu loin, d'un autre côté ils
seront achetés plus cher.

Voulez-vous avoir la bonté de présenter mes respects à Madame
votre mère et mes hommages à Madame de Pommereul, et garder
pour vous, Général, les témoignages de ma sincère et amicale reconnaissance.

Je suis, avec respect, votre dévoué serviteur.

H. Balzac

Suscription de la lettre : Monsieur le Général, baron de Pommereul, Fougères (Ille-et-Vilaine).

terrible leçon : « Du travail, toujours du travail, écrit-il dix ans après, quand il est déjà devenu, comme il le disait, un « maréchal des lettres » ; des nuits embrasées succèdent à des nuits embrasées !...[1] De quelque côté que je me tourne, je ne vois que difficultés, travaux, espoir inutile. Je n'ai même pas la ressource des deux ans à Diodati[2] sur le lac de Genève, car je suis, maintenant, trop vieilli dans le travail pour en mourir et qui voudrait m'y aider ? Je suis comme un oiseau en cage, qui s'est heurté à tous les barreaux ; il reste immobile sur un bâton et une main blanche a étendu au-dessus le réseau vert qui lui défend de se casser la tête...[3] »

Et toujours, toujours cette plainte, ce cri de détresse. Toujours la dette. Toujours l'argent, toujours la lutte. Il fut, toute sa vie, le forçat évadé de la rue des Marais ; il traîna le boulet jusqu'à la fin.

Il traîna le boulet jusqu'à la fin ; il avait eu un faux départ ; il avait mal pris et mal appris la vie : « il n'avait jamais eu que la moitié du tout. » Il chercha toujours l'autre moitié qui lui échappa toujours.

<hr>

(1) *Lettres à l'Étrangère...* p. 269 (lettre XCVII, 11 août 1835).

(2) La villa Diodati, habitée jadis par lord Byron, est située à Cologny, sur le lac de Genève, près de Pré-l'Évêque.

(3) *Lettres à l'Étrangère...* p. 480 (lettre CXXXVII, 20 mai 1838)

Passionné de la femme, il manqua la femme.
La première gorgée qu'il avait savourée, avec ses
troublantes délices, lui laissa l'amertume à la
gorge. Il ne fut jamais jeune. Il garda toujours
la blessure secrète. L'expérience lui était venue
trop tôt. Il l'avait subie trop tôt... Trop tôt pour
son bonheur, sinon pour son génie. Car, ici encore,
la leçon de la vie, désastreuse pour l'homme, fut
féconde pour l'écrivain.

« Il faut blesser la vigne pour qu'elle produise »
disait, un jour, un vieux vigneron du Médoc qui
taillait le bois, le rognait de près et maniait le
sécateur avec rudesse. Balzac répandit, tout le
long de son œuvre, la sève de sa jeunesse navrée.

Lui qui avait tant besoin de luxe, d'amour et de
gloire, il courut en désespéré après la fortune, la
femme et la renommée. Tout lui fut disputé.

Après les quatorze années de la première intimité, il ne rencontra plus, sur sa route, que ces
passions littéraires où la vanité insinue son froid
calcul. Il éparpilla sa vie entre les diverses « Inconnues » qui se prirent à l'hameçon de sa gloire.
Il partagea l'illusion de ces fils de leurs œuvres qui
cherchent, dans la femme, un ennoblissement. Il
se consuma dans cette autre recherche.

Enfin, il crut avoir trouvé. Mme de Berny décli-
nait. Elle allait bientôt mourir. Il fit alors, par correspondance d'abord, la connaissance de cette

Polonaise, noble, jeune, belle, qui devint la Béatrice lointaine de ce grand imaginatif d'amour. Il l'attendit dix-sept ans, traversant l'Europe pour la rencontrer un jour[1]. Au bout de huit ans, le mari mourut.

Balzac avait eu, alors, un de ces avertissements qui bouleversaient son âme superstitieuse : « Laissez-moi vous dire, écrit-il à Mme Hanska, une petite superstition qui a fait sur moi la plus grande impression. Le 1er novembre ¡1811¡, j'ai perdu l'un des deux boutons de chemise que m'avait donnés madame de B.... et que je mettais un jour, et les vôtres le lendemain. Ayant perdu cela, je n'ai plus mis que les vôtres, et cette petite chose de hasard m'a troublé à un point que vous imaginerez quand je vous dirai que ma mère et tous ceux qui me connaissent s'en sont aperçus. J'ai dit : « Il y a là quelque avis du ciel !² »

Or, le 10 novembre, le mari de « l'Étrangère » mourut.

Mme Hanska était libre. Pour Balzac, c'était tout le passé enterré, le bonheur possible, le repos entrevu. C'était l'amour avec la fortune et la gloire. La vie lui devenait-elle indulgente ?

(1) Le mariage d'Honoré de Balzac avec Mme de Hanska, fut célébré, dans l'église Sainte-Berbe de Berditchef, le 14 mars 1850. V. *Œuvres complètes, XXIV, Correspondance*, p. 650-651 (lettres CCCLXXVI et CCCLXXVII à Mme de Balzac mère et à Mme Laure Surville). M. de Hanski était mort le 10 novembre 1811.

(2) *Lettres à l'Étrangère...* p. 573 (lettre CLVI, 5 janvier 1842).

La destinée se joua, une fois de plus, de son rêve. Par une intuition vraiment extraordinaire, il avait eu la vision de ce que devait être sa fin...., si triste.

En 1845, cinq ans avant sa mort, il terminait les *Petites Misères de la Vie Conjugale* par ces paroles prophétiques : « Qui n'a pas entendu, dans sa vie, un opéra italien quelconque ?... Vous avez dû, dès lors, remarquer l'abus musical du mot *felichittà* prodigué par le poète et par les chœurs, à l'heure où tout le monde s'élance hors de sa loge ou quitte sa stalle. Affreuse image de la vie. On en sort au moment où l'on entend la *felichittà*...[1] »

Après tant de peines, il croyait trouver le bonheur. Il ne trouva que le dégoût et la mort. Il partit et quitta la salle, au moment où, autour de lui, le chœur entonnait à tue-tête : *felichittà*.

(1) *Œuvres complètes*, XVII, p. 697.

CONCLUSION

On sait, maintenant, que Balzac, quoique né à Tours, n'est pas Tourangeau. Son père qui, d'après l'acte de naissance, relevé sur les registres de la paroisse de Canezac (hameau de la Nougarié) Tarn, s'appelait Bernard-François Balssa, fils de Bernard Balssa, laboureur, était originaire du Languedoc; sa mère, Anne-Charlotte-Laure Sallambier, était née à Paris et appartenait à une famille parisienne[1].

(1) Nous avons reçu de M. Alfred Caraven-Cachin, de Salvagnac (Tarn), de très intéressants détails sur les origines du père de Balzac.

« J'ai été à Castries, nous écrit notre obligeant correspondant, où l'on croyait qu'un descendant de Balzac avait été sergent de ville et, après quelques jours d'enquête à la police et au greffe du tribunal civil, il m'a fallu abandonner cette piste. De là, j'ai été à Montirat étudier les minutes du notaire Balzac. M. Camors, aujourd'hui notaire de cette localité, a bien voulu m'aider dans cette tâche; nous n'avons rien trouvé d'intéressant pour vos études.

« Alors, on m'a indiqué une famille Balzac qui habite Granette, par Auvillars (Tarn-et-Garonne). Je suis parti pour Granette où j'ai trouvé, en effet, Mme Georges Balsac, veuve d'un ancien magistrat, mais qui ignore si elle est parente avec le génial romancier... Le père de Balzac ayant quitté son pays à l'âge de 14 ans, ancien avocat aux Conseils du Roi, lié avec des notabilités que la

Le père de Balzac, homme de loi, commissaire aux vivres, royaliste déclaré, fonctionnaire de Bonaparte, Méridional, Tourangeau, Parisien, propriétaire, avocat, militaire, intendant, riche et

Révolution fit surgir tout à coup, écrivit Champfleury dans une brochure spéciale, avait été envoyé, en 1792, dans le nord de la France pour organiser le service des vivres de l'armée. Il se tira de ses fonctions avec assez d'habileté pour être envoyé, en 1799, à Tours, en qualité de directeur de la régie, chargé en même temps de l'administration du grand hôpital de cette ville. M. de Balzac était un réformateur de la classe de ceux qui, dans les époques suivantes, furent appelés économistes. Entre 1807 et 1809, le fonctionnaire publia deux brochures qui indiquent un administrateur préoccupé de philanthropie. L'une a pour titre : *Mémoire sur le scandaleux désordre causé par les jeunes filles trompées et abandonnées dans un complet dénuement et sur les moyens d'utiliser une portion de la population perdue par l'État et très funeste à l'ordre social.* L'autre est intitulée : *Mémoire sur les moyens de prévenir les vols et les assassinats et de ramener les hommes qui les commettent aux travaux de la Société et sur les moyens de simplifier l'ordre judiciaire.* Le père de Balzac fit encore imprimer, chez Mame, en 1809, un *Mémoire sur deux grandes obligations à remplir par les Français,* et, à en croire une note de M. de Monmerqué, l'idée première de l'érection de l'Arc de Triomphe de l'Étoile serait due à M. de Balzac père. Quand nous aurons mentionné une *Histoire de la rage et moyens d'en préserver comme autrefois les hommes, et de les délivrer de plusieurs autres malheurs qui attaquent leur existence,* édition faite par le Gouvernement, nous aurons à peu près catalogué la série de brochures de cet homme bizarre dont on retrouve tant de traits dans l'esprit de son illustre fils. Si Balzac est languedocien par son père, il demeure parisien par sa mère, Laure Sallambier, née à Paris d'un vieux parisien d'origine.

« La famille de Balzac n'est pas encore éteinte dans nos contrées. M. Jean Delmas, propriétaire à Carmaux (Tarn), possède un acte daté du 28 août 1840, prouvant qu'il existait à cette époque deux Balzac. Voici, en effet, les deux premières lignes de ce grimoire : *Pour Jean-Pierre Balzac, propriétaire de la Rigaudié, contre maître Jean-François Balzac, notaire, habitant de Montirat,* etc.

« Balzac était donc le fils d'un modeste paysan qui n'avait aucune prétention aristocratique. Le véritable nom de la famille semble avoir été Balssa, nom très commun dans notre région; mais je dois dire aussi qu'on trouve des Balsa, des Balsac et enfin un Balzac.

ruiné, est surtout un original. C'est sa propre fille qui dit de lui : « Il ne faisait et ne disait rien comme un autre; Hoffmann en eût fait un personnage de ses *Créations fantastiques*. [1] »

Il avait conçu un rêve — parmi tant d'autres, — celui de survivre à toute sa génération; il était convaincu qu'il serait le seul et unique bénéficiaire de la fameuse tontine Lafarge. Il affirmait qu'un homme pouvait, s'il le voulait, vivre cent ans. Il mourut à quatre-vingt-trois ans, contrairement à son système et à ses principes [2].

La mère de Balzac était une femme beaucoup plus jeune que son mari, fine, un peu sèche, serrée en affaires, active plutôt que tendre, dévouée

Balzac, le notaire de Montirat, qui a dû mourir peu de temps après 1859, avait-il modifié l'orthographe de son nom après que son glorieux cousin fut arrivé à la célébrité? Je ne saurais le dire, mais ce que je puis affirmer, c'est qu'aucun membre de la famille, y compris l'ancien notaire, n'a jamais prétendu à la particule... »

(1) *Balzac, sa vie et ses œuvres*, par Mme L. SURVILLE, p. 9.

(2) Le père de Balzac « avait calculé, d'après les années qu'il faut à l'homme pour arriver à l'*état parfait*, que sa vie devait aller à cent ans et plus; pour atteindre *le plus*, il prenait des soins extraordinaires et veillait sans cesse à établir ce qu'il appelait *l'équilibre des forces vitales*... A quarante-cinq ans, n'étant pas marié et ne comptant pas se marier, il avait placé une bonne partie de sa fortune en viager, moitié sur le grand-livre, moitié sur la caisse Lafarge, qu'on fondait alors et dont il était un des plus forts actionnaires: il touchait, en 1829, quand il mourut par accident, à l'âge de quatre-vingt-trois ans, douze mille francs d'intérêt. La réduction des rentes, les gaspillages qui eurent lieu dans l'administration de la tontine, diminuèrent ses revenus : mais sa belle et verte vieillesse lui donna l'espoir de partager un jour avec l'État, à l'extinction des concurrents de sa classe, l'immense capital de la tontine... » *Balzac, sa vie et ses œuvres*, par Mme L. SURVILLE, p. 8.

plutôt qu'aimante, pratique, comme on dit, ayant le sens des chiffres et passant sa vie à remettre de l'ordre dans le ménage que les fantaisies du père et des enfants ne cessaient de troubler : c'est la fourmi silencieuse parmi les bruyantes cigales.

La mère et le fils se heurtaient souvent. Dans les « notules » précieuses que vient de publier M. de Lovenjoul, Fessart, un ami de la famille, apporte ce témoignage : « M. de Balzac disait qu'il n'avait jamais pu entendre parler sa mère, sans éprouver un certain tremblement, qui lui ôtait toutes ses facultés lorsqu'il était en sa présence[1]. » Pourtant, la mère et le fils sont toujours restés étroitement unis. Dans toutes les crises, Balzac s'est retourné vers elle. Elle a été, pour lui, le soutien, le refuge, le réconfort : femme de charge ou homme d'affaires souvent, — mère dévouée toujours.

Voilà donc la double origine : le Nord et le Midi, la province et Paris; et la double nature : la fougue et la mesure, l'imagination et la réflexion. Le père et la mère prolongent les disparates du ménage dans le cerveau contrasté de leur prodigieux enfant.

Balzac fit ses études au collège de Vendôme : il est d'abord un écolier très ordinaire, ne se distin-

---

(1) *Une Page perdue de H. de Balzac.* p. 118.

guant de ses camarades que par la splendeur des joues et la grosseur des mollets.

Tout à coup, il pâlit, il maigrit; le front se bombe, les yeux se cernent. Sa mère, inquiète, s'écrie : « Voilà comme le collège nous renvoie les jolis enfants que nous lui envoyons![1] » Il est plongé dans une sorte de coma : c'est que, dans le gros garçon insouciant, la maturité a surgi tout à coup.

Sans que les autres le remarquassent, la personnalité s'est formée par un travail intime; elle apparaît, spontanée et autodidacte; le choc des deux natures s'est produit à la première étincelle de l'intellectualité éveillée[2]. L'enfant a dévoré toute la bibliothèque du collège; il a pensé par lui-même; il a pris une plume; il a écrit son premier ouvrage, et c'est, — admirez le titre, — une « Théorie de la volonté. »

Son génie naissant brise déjà les lisières; il est un grand homme avant d'être un homme. Son imagination puissante l'accable. A ces heures de formation, la lutte entre les deux natures juxtaposées, non combinées, déchire l'adolescence jusqu'à mettre l'existence elle-même en péril.

La vie, maintenant. Nous sommes en 1823. La vigueur native l'a emporté. Balzac est un garçon,

(1) V. *Balzac, sa vie et ses œuvres*, par Mme Laure Surville, p. 22.

(2) Il est inutile de rappeler que c'est là tout le sujet de l'autobiographie que Balzac a intitulée *Louis Lambert*.

à la figure ronde, au corps un peu bas, mais souple
et plein. L'œil est admirable, tout rempli d'étoiles
d'or; l'entrain, la gaiété, la verve, la bonne humeur
éclatent dans les mouvements et les gestes : une
vie exubérante et conquérante émane de lui. Il
aime déjà; il est aimé.

Dans le jeune homme, l'homme apparaît. Celui-ci veut être libre; il veut agir, il veut être *lui*.
L'imagination caresse et transforme un projet que
l'esprit réaliste a conçu. Balzac se croit né pour
les affaires. Il se propose, d'abord, la plus prompte
de toutes les conquêtes : la fortune. Il devient éditeur, imprimeur, fondeur de caractères. Précis et
imaginaire, il recherche des formats nouveaux,
des types, des procédés. Il prétend révolutionner la
librairie et l'imprimerie.

Le tourbillon des affaires le saisit. Il s'y jette à
corps perdu. Mais les tristes réalités se dressent
devant lui. La lutte est âpre, journalière, laide,
fastidieuse, pénible ou dégoûtante; le travail est
rare; la main-d'œuvre est exigeante; l'argent
manque. Bientôt ce sont les billets, les renouvel-
lements, les protêts : ce sont les courses désespérées pour faire face aux échéances, la rencontre
terrible des créanciers, les attentes chez l'usurier,
les contacts douteux, les compromissions, les men-
songes, enfin, la rentrée, le soir, dans l'atelier
muet et vide.

Mais, là, le rêve renaît. Dans la chambre étroite, l'amie, Mme de Berny, attend, le sourire sur les lèvres et les bras ouverts. D'un mot, d'un geste, elle écarte le souci, ramène la confiance et la sérénité. Elle a tant souffert, elle a vu des choses si cruelles! Elle a des consolations pour toutes les peines, des paroles douces pour toutes les tristesses, des caresses pour toutes les douleurs. Comme Schahrazade, elle parle; son récit met l'âme apaisée à la porte du palais des songes.

Elle raconte sa jeunesse, les temps qui sont passés, et dont elle a gardé le tendre et harmonieux secret : la cour, la reine, les fêtes, les joies, les musiques, Trianon, les bergerades, les bals champêtres, les fantaisies, les caprices, le mouvement brillant et fastueux d'une foule qui ne connaissait de la vie que la douceur de vivre.

Elle raconte aussi les heures terribles, les foules hideuses, les sans-culottes, le bonnet rouge, les palais envahis, le sang coulant à flot, la fusillade à bout portant, la guillotine, et elle dit la longue liste des morts.

Elle dit les fuites la nuit, les rencontres suspectes, l'apparition des falots, les réquisitions, les arrestations, les prisons, l'appel des victimes, l'habitude du péril et la familiarité prise avec le bourreau. Sa parole est une évocation où tous les drames se succèdent, où les ressorts de toutes les passions sont en jeu, où la réalité, elle-même, apparaît comme un rêve; et le regard du jeune homme avide plonge dans les prunelles qui ont vu ces choses et qui, pour les revivre, se posent sur le cher enfant.

L'œuvre naît de cette double et antinomique préparation. Un monde disparu, un siècle qui commence. D'une part, le passé auguste de la vieille France, la stabilité des cadres anciens, l'harmonie sociale; la religion, la monarchie, l'aristocratie, la famille, s'étageant comme les assises nécessaires de la société; l'onction des prêtres, le courage des soldats, l'autorité des magistrats, une majesté historique qui va de Catherine de Médicis à Bonaparte et qui réunit les Chouans à Robespierre.

A côté de cette légende et de cette épopée, voici, par un contraste inouï, l'activité mesquine de la vie journalière, le profil exact de chaque métier, les nuances psychologiques de chaque caractère, le détail précis de chaque affaire et de chaque dossier, le pli professionnel, le geste habituel, le tic familier.

Le temps où vit Balzac est l'aboutissant des grandes époques et des divers régimes qui se sont succédé si rapidement dans l'histoire de France : monarchie, république, empire, restauration. Ce temps se mire dans l'œuvre du romancier, et ici

encore, et surtout, le romancier est un historien.
Callot n'a été ni plus abondant, ni plus pitto-
resque, ni plus exact. La foule contemporaine,
— grands du monde ou miséreux — grouille dans
son œuvre. C'est par là qu'elle survivra.

Voici les grandes dames et les lorettes, le faubourg Saint-Germain et le faubourg Saint-Honoré,
le Palais-Royal et la rue Saint-Denis, le journalisme et la bourse, la pairie et la Chambre, Véfour
et Flicoteaux. D'une page à l'autre, la France
ancienne, la France moderne.

Cet homme qui se perd dans l'Empyrée à la suite
du « Philosophe inconnu » et de Swedenborg,
l'hagiographe de *Séraphitus-Séraphita*, écrit, aussi,
la *Physiologie du Mariage*, les *Contes Drôlatiques*
et s'attarde aux passions séniles du baron Hulot
poète pour Eugénie Grandet, avoué pour César
Birotteau, collectionneur et « chineur[1] » avec le
cousin Pons, naturaliste pour le bouquet de Mme de
Mortsauf, couturier pour habiller Mme Marneffe et
amoureux, au besoin, pour la déshabiller.

Il vit en plein romantisme, et rien n'est moins
romantique que son œuvre ; il rejette tout le bric-
à-brac sentimental et moyen-âgeux de l'École.

(1) M. Fessart rapporte que « M. de Balzac était connu pour un
chineur et un *bibloteur* de première classe. Par trop d'enthousiasme
pour les Antiquités, il se faisait parfaitement attraper, et il ne
voulait pas en convenir. » V. *Une page perdue de H. de Balzac*,
pp. 121-122.

Il échappe à l'hypocrisie ambiante. Les femmes, autour de lui, baissent les yeux : chez lui, elles les lèvent et regardent en face. Elles sont franches et saines ; elles avouent leurs passions, leurs vertus, même leur âge. « Nous voilà, disent-elles ; prenez-nous telles que nous sommes. » Et quel gré elles lui sauront, toujours, d'avoir dépeint, en elles, des êtres vivants, non des poncifs inanimés : vierges inconscientes, poupées fragiles, oies effarouchées. Il raye Indiana, Amélie, même Julie ; il remonte jusqu'à Manon et jusqu'à la princesse de Clèves.

Comme Balzac sait, par une trop dure expérience, que l'argent est le grand ressort de la vie moderne — étant la mesure des efforts humains — il fait, de la question d'argent, la trame solide de son épopée.

Ses personnages vivent, et ils comptent ; il y a des âmes pures, mais il y a des courtisanes : les pistolets qui arrêtent les diligences sur les grand'-routes ne sont pas plus dangereux que les beaux yeux qui subtilisent les portefeuilles et défoncent les coffres-forts.

On voit, pour la première fois, apparaître, dans son œuvre, le chaos immense, grouillant, agité, fécond, stérile, âpre, délicieux, et, somme toute, incompréhensible, qu'est la vie.

Est-ce bien la vie ? C'est plutôt le raccourci puissant de la vie. Le génie de Balzac tient à sa

double nature. Son imagination est un verre grossissant. Les objets ont, pour elle, des proportions
énormes. Elle ne saisit pas seulement les circonstances, mais les lois, **non** seulement les individus,
mais les types.

Tout être vivant sur lequel l'attention de Balzac
s'est portée, devient un objet exceptionnel, un phé-
nomène, et, comme disait la philosophie ancienne,
un « monstre. » Celui-ci est l'Usurier, celui-ci le
Soldat, celui-ci le Banquiste, celui-ci le Criminel,
celui-ci le Satyre. Cette déformation prodigieuse
impose ces types à l'esprit et les enfonce dans
la mémoire.

Mais l'abus du procédé conduirait à l'invraisem-
blance et à l'outrance. Ce sont les défauts habituels
du temps où vit Balzac. Il échappe, et comment?
Par le contrôle qu'exerce, sur lui, la qualité com-
plémentaire de son génie, la finesse, la justesse, le
tact, ou pour tout dire en un mot, le sens des réalités.

Le Méridional est corrigé par le Parisien. Ce
Bonaparte des Lettres trouve, en lui-même, son
Sieyès. Le verre grossissant, monté en lunette,
devient un instrument de précision.

Dans la vie de Balzac, ce contraste singulier,
cette antinomie, qui fait sa gloire et son tourment,
se retrouve jusqu'à la fin. Homme simple, droit,
laborieux et chaste, il laisse s'exercer sur lui la
fascination de tous les prestiges. Il galope à la

recherche de tous les absolus. Il a convoité la fortune, la renommée, le pouvoir, l'amour. Il ne
trouve que la désillusion : mais sa vigoureuse
nature se relève toujours, par le goût du travail, la
franchise du caractère et la probité des mœurs.

La sage vigilance de la mère veille sur le fils.
Un suprême essor de son imagination l'avait emporté, à travers l'Europe, à la suite de l'*Étrangère*.
Il revient, marié ; heureux d'abord, mais bientôt
cruellement meurtri. Quand l'heure dernière fut
arrivée, la mère était seule, près de son fils, dans
la maison abandonnée. De ses vieilles mains trem-
blantes, elle éteignit les étoiles d'or, en lui fermant
les yeux.

APPENDICES

APPENDICE I

LES BALZAC

[1]   ACTE DE NAISSANCE DU PÈRE DE BALZAC

22 juillet 1746.

Bernard-François Balssa, fils de Bernard Balssa, laboureur, et de Jeanne Granier, mariés de la Nougayrié, paroisse de Canezac, est né le 22 juillet mil sept cent quarante six, environ les six heures du soir, et batisé le même jour dans l'église dudit Canezac : parrain, François Granier, ayeul, et marraine, Jeanne Nouvialle, ayeule du batisé, de la Pradelle, illétrés (*sic*). Signé : VIALAR, prêtre.

(Extrait des Registres paroissiaux de baptêmes de la paroisse de Canezac, déposés à la Préfecture du Tarn[1]).

[2]   ACTE DE DÉCÈS DU PÈRE DE BALZAC

19 juin 1829.

Extrait du registre des actes de décès de l'an 1829, septième mairie.

Du samedi vingt juin, mil huit cent vingt-neuf, heure de midi, acte de décès de Bernard-François Balzac, âgé de quatre-vingt deux ans, né à Nougairié, département du Tarn, décédé à Paris le dix-neuf de ce mois, à quatre heures du soir, rue et quartier Ste-Avoie, n° 17, et demeurant habituellement à Ver-

---

(1) Nous devons la communication de cette copie à M. Alfred Caraven-Cachin, de Salvagnac (Tarn). Le hameau de la Nougarié se compose de quatre maisons et compte vingt-quatre habitants. Le père de Balzac est mort, à Paris, en 1829, dans sa 83e année.

sailles, département de Seine-et-Oise, rentier, marié à Anne-Charlotte-Laure Sallambier, demeurant au dit Versailles.

Sur la déclaration à moi faite par Henri-François Balzac, âgé de vingt un ans révolus, employé, demeurant audit Versailles, de présent à Paris, fils du défunt, et par Armand-Désiré Michaut de Saint-Pierre de Monzaigle, âgé de quarante-deux ans, employé supérieur des octrois de Paris, y demeurant, barrière de Ménilmontant, sixième arrondissement, gendre du défunt.

Constaté par moi faisant les fonctions d'officier public de l'état civil, et j'ai, ainsi que les témoins, signé le présent acte, le tout après lecture à eux faite. Signé : BALZAC, MICHAUT DE SAINT-PIERRE-DE-MONZAIGLE et TOURNAIRE, adjoint au maire.

Délivré par moi, adjoint au maire du septième arrondissement, Paris, ce vingt-quatre juin mil huit cent vingt-neuf. *Signé :* TOURNAIRE, adjoint.

---

3 NAISSANCE DE LA MÈRE DE BALZAC

Anne-Charlotte-Laure Sallambier, qui épousa Bernard-François Balzac, est née, à Paris, le 22 octobre 1778. Nous n'avons pu retrouver son acte de naissance, détruit probablement dans les incendies de la Commune.

---

4 ACTE DE DÉCÈS DE LA MÈRE DE BALZAC
1er avril 1854.

L'an mil huit cent cinquante-quatre, le premier avril, à midi, devant nous maire de la ville des Andelys, faisant les fonctions d'officier de l'état-civil, se sont présentés messieurs Jean-Charles-Raoul de la Barre, propriétaire, âgé de soixante-douze ans, et Pierre-Désiré Petit, âgé de soixante-trois ans, employé d'administration, demeurant au Petit-Andely, lesquels nous ont déclaré que dame Anne-Charlotte-Laure Sallambier, âgée de soixante-quinze ans cinq mois, rentière, demeurant au Petit-Andely, grande rue, veuve de monsieur Bernard-François de Balzac, née à Paris, le vingt-deux octobre mil sept cent soixante-dix-huit, fille de feu... Sallambier, administrateur des hôpitaux de Paris et président de l'administration des vivres militaires, et de feue Marie-Barbe-Sophie Chauvet, son épouse, est décédée en son domicile ce jour d'hui, à quatre heures du matin, et ont les déclarants, amis de la décédée, signé avec nous, maire, après lecture.

Signé : Cte DE LA BARRE, PETIT, et B. MOUTON, maire.

(Extrait du Registre des actes des décès, de la mairie des Andelys).

---

[5]   ACTE D'INHUMATION DE LA MÈRE DE BALZAC

2 avril 1854.

L'an de Jésus-Christ mil huit cent cinquante-quatre, le dimanche deuxième jour d'avril, vu le permis d'inhumer après le délai prescrit par la loi, délivré hier par l'officier civil des Andelys, le corps de Laure-Charlotte Sallambier, rentière, épouse de feu Bernard-François de Balzac, âgée de soixante-quinze ans cinq mois dix jours, née à Paris, le vingt-deux octobre mil sept cent soixante-dix-huit, décédée hier à quatre heures du matin, en son domicile au Petit-Andely, munie des sacrements de l'Église, a été inhumé dans le cimetière de ce lieu, par moi prêtre vicaire de cette paroisse soussigné, en présence des témoins soussignés : Cte DE LA BARRE, SURVILLE, DUBOIS, vicaire du Petit-Andely.

(Extrait des registres de l'église paroissiale Saint-Sauveur des Andelys).

---

[6]   ACTE DE NAISSANCE D'HONORÉ DE BALZAC

21 mai 1799.

Aujourd'huy, deux prairial an sept de la République française, a été présenté devant moi, Pierre-Jacques Duvivier, officier public soussigné, un enfant mâle, par le citoyen Bernard-François Balzac, propriétaire, demeurant en cette commune, rue de l'Armée d'Italie, section du Chardonnet, n° 25 ; lequel m'a déclaré que ledit enfant s'appelle Honoré Balzac, né d'hier à onze heures du matin, au domicille du déclarant ; qu'il est son fils et celui de citoyenne Anne-Charlotte-Laure Sallambier, son épouse, mariés en la commune de Paris, huitième arrondissement, département de la Seine, le onze pluviôse, an cinq ; ce qui a été enregistré en présence des citoyennes Magdelaine Robin, épouse de Marc Bodin (sic), employé à l'administration départementale d'Indre-et-Loire, demeurant rue de la Caserne, n° 13, section de l'Arsenal, et Jeanne Vaillant, sage-femme, veuve de Jean Rougen, drapier, demeurant rue de Loches, n° 8, section de la Belle-Fontaine, témoins majeurs, à ce requis.

Le déclarant et la femme Boivin (sic) ont signé avec nous. La citoyenne Rougen a déclaré ne le savoir de ce interpellée.

BALZAC, femme BODOIN (sic), DUVIVIER, officier public.

(Extrait des Archives de la mairie de Tours, registre des actes de naissance pour l'an sept). — Communiqué par M. de Grandmaison, archiviste du département d'Indre-et-Loire.

APPENDICE II

LES DE BERNY

[7] MARIAGE DE M. GABRIEL DE BERNY
AVEC Mlle LAURE HINNER
8 avril 1793.

L'an deuxième de la République française, quatre-vingt-treize, le huit du
mois d'avril, en la commune de cette paroisse, après la publication d'un ban
faite à la porte de la dite commune le trente et un du mois de mars, après
avoir pris le consentement d'Adrien-Jules Gaultier de Bésigny, représentant
le père de l'époux ainsi qu'il nous a paru par la procuration à lui adressée
par les père et mère du dit époux passée à Gien, département du Loiret, par
devant le citoyen Bazin, notaire, le dix-huit mars dernier, à l'effet du dit mariage, et celui de Marguerite-Louise-Emélie Quelpée de La Borde, mère de
l'épouse, en présence des cy après nommés : Augustin-Jean-Charles Clément,
citoyen, Pierre-Samson de Lagarde, citoyen, Nicolas-Antoine Alizon, Louis-
Mathieu Quelpée de La Borde, grand-père de l'épouse, tous les susdits témoins
domiciliés en cette commune de Livry, majeurs, et de Pierre-Marcel Cottereau,
homme de loi, résident à Noisi-le-sec, district de St-Denis, département de
Paris, ont été déclarés unis en mariage par nous Antoine Clavières, officier
public de la dite commune de Livry, Etienne-Charles-Gabriel Berny, citoyen,
âgé de vingt-quatre ans et quatre mois, fils de Gabriel Berny et de Jeanne
Lascases, domiciliés au dit Gien, et Louise-Antoinette-Laure Hinner, âgée de
quinze ans et dix mois, fille de feu Philippe-Joseph Hinner, et de Margueritte-
Louise Quelpée de La Borde, maintenant épouse d'Augustin Renier Jar-
gayes (sic), maréchal des camp et armées de la République française, qui
ont tous signé les jours, mois et an ci-dessus [1] : Etienne-Charles-Gabriel

(1) M. l'abbé Genty, qui nous a communiqué cette pièce nous écrit : « Augustin
Clément était prêtre. Il avait acheté l'abbaye de Livry vendue comme bien national.
Il devint évêque constitutionnel de Seine-et-Oise vers 1798. Il était intimement lié
avec Grégoire. Antoine Clavières était curé de Livry et officier public ». Le contrat

Berny, Louise-Antoinette-Laure Hinner, Gaultier de Bésigny, Quelpée de La Borde, Pecquet-Delaborde, Clément-Pierre Samson de Lagarde. N.-A. Alizon, Thérèse Hinner, Louise Hinner, Mélanie Quelpée de La Borde, Cottereau, Clavières.

(Extrait des Registres de l'Etat-civil de la mairie de Livry, canton du Raincy, département de Seine-et-Oise).

---

[8] ## EXTRAIT DE L'ÉCROU DES NOMMÉS LABORDE, BÉZIGNI ET BERNY

25 février 1794.

Le citoyens Bertrand, concierge de la maisons d'arrêt des Anglaise de la rüe de Loursine à Paris, recevra les nommés La Borde, Berny, Bézigni, lequel avons mis sous la responsabilité des citoyens Gout, Henriot et Jamain lequel se sont chargé, et ont signé, arrêté par ordre du Comité de sûreté général de la Convention national, dont étoient porteurs les citoyens Deschamps, aide-de-camp du général de Larmée parisienne, Preslin, juré du tribunal révolutionnaire, et Dumoutier, membre du Comité révolutionnaire de la sections de l'Observatoire.

Fait à Livry, ce 7 ventose, l'an 2ᵐᵉ de la République française une et indivisible.

Signé : Deschamps, Preslin, Dumoutier.

Bibliothèque nationale. Département des manuscrits. Papiers de Berny. 3ᵉ carton.

---

[9] ## CERTIFICAT DE MISE EN LIBERTÉ DU CITOYEN GABRIEL BERNY

1794, août 20.

Je soussigné certifie que le Cⁿ Etⁿ-Charles-Gabriel Berny, âgé de vingt-cinq ans, et détenu dans la maison d'arrêt des Anglaises, rue de Loursine, depuis

de mariage de M. de Berny avec Mᵗˡᵉ Hinner a été passé le 6 avril 1793 devant Mᵉ Cottereau, notaire à Noisy-le-Sec. canton de Pantin. arrondissement de St Denis. département de la Seine. Ce contrat se trouve à la Bibliothèque nationale. département des manuscrits. dans les Papiers de Berny. 4ᵐᵉ carton. Dans ce même carton. se trouve l'acte de baptême, en date du 26 novembre 1768. de M. de Berny. fils de messire Gabriel de Berny. chevalier. gouverneur pour le Roi de la ville de Marsigny en Bourgogne, et de dame Jeanne, marquise de Lascases. son épouse; il est extrait du Registre de l'église paroissiale de Saint-Germain les Couilly en Brie. diocèse de Meaux. L'acte de décès de M. de Berny. décédé à Paris. rue Castex n 18. le 2 mars 1851. à 5 heures du matin. âgé de 82 ans et 4 mois, se trouve également dans ce carton.

le 8 ventôse par ordre du Comité de sûreté générale de la Convention nationale, je certifie aussy qu'il a été mis en liberté le trente thermidor par ordre du même Comité. Fait en la d^{te} maison des Anglaises, rue de Loursine, faubourg Marceau, ce trois fructidor, l'an 2ème de la République une et indivisible.

BROSSIER   RIVOIRE

concierge.   greffier

Cachet à la cire portant autour : *Maison d'arrêt des Angloises, rue de Loursinne* et, dans le bas : *République française.*

Bibliothèque nationale, Département des manuscrits, Papiers de Berny, 3e carton

---

¦10   ÉTATS DE SERVICE DE M. GABRIEL DE BERNY

31 décembre 1799.

LIBERTÉ, ÉGALITÉ

Paris, le 10 nivose an 8 de la République française une et indivisible.

Le Ministre de l'Intérieur,

Nomme le citoyen Berny, demeurant à Issy, employé de première classe dans le Bureau particulier du Ministre, et aux appointements de 2 400 livres.

Le C. Berny aura un logement dans la Maison Conti.

Il entrera en fonctions demain et il se rendra à cet effet chez le ministre à midi [1].

LUCIEN BONAPARTE.

Bibliothèque nationale, Département des manuscrits, Papiers de Berny, 3e carton

---

(1) Dans les Papiers de Berny, 3e carton, conservés à la Bibliothèque nationale, département des manuscrits, une note, datée du 15 décembre 1826, fournit, à cette date, l'état des services de M. Étienne-Charles-Gabriel de Berny. Le 10 mai 1799, il est nommé chef de comptabilité des subsistances, dans la 9e division militaire; le 1er janvier 1800, sous-chef du personnel au Ministère de l'Intérieur, le 6 janvier 1811, conseiller à la Cour de Paris; le 3 décembre 1832, M. de Berny est nommé officier de la Légion d'honneur.

APPENDICE III

LES HINNER

---

[11] ## SENTENCE DU BAILLAGE DE VERSAILLES

Relative au mariage de Philippe-Joseph Hinner avec Marguerite-Louise-Émélie Quelpée de La Borde.

24 décembre 1775.

Par sentence du Baillage de Versailles du vingt-trois décembre mil sept cent soixante-quinze, duement scellée homologative de l'avis des parents et amis du sieur Philippe-Joseph Hinner, ordinaire de la musique du Roy, et maître de harpe de la Reine, fils de défunts sieur Jean Hinner, musicien, et de sa femme qui portoit le nom de Catherine, morts l'un et l'autre à Cayenne.

Il paroit que sieur Louis-Charles Demignaux, ordinaire de la musique du Roy, a été nommé tuteur du dit sieur Philippe-Joseph Hinner, à l'effet de l'assister à la célébration de son mariage, avec demoiselle Marguerite-Louise-Émélie Quelpée de la Borde, femme de chambre de la Reine, fille de sieur Louis-Mathieu Quelpée-Delaborde, écuyer huissier du cabinet de la Reine, et chef du gobelet du Roy, et, à l'effet du dit mariage, prêter tous consentemens nécessaires, et par la même sentence le dit sieur de Mignaux a accepté la dite charge.

Extrait par les notaires au Baillage royal de Versailles soussignés, ce jour d'hui vingt-quatre décembre mil sept cent soixante-quinze, sur la grosse de la dite sentence représentée et rendue. Signé DUCRO, BAUX, RACLAND, notaires, controlé à Versailles ce vingt-neuf décembre 1775. Reçu sept sols. Signé LIÉNARD.

(La copie de cette sentence a été déposée aux Mariages de la paroisse de Saint-Louis de Versailles).

|12| MARIAGE DE PHILIPPE-JOSEPH HINNER
AVEC MARGUERITE LOUISE-ÉMÉLIE QUELPÉE DE LA BORDE

30 décembre 1775.

L'an mil sept cent soixante-quinze, le trente décembre, ont été unis en mariage par nous soussigné Germain de la Chateigner De la Chatagneraye, évêque de Saintes, avons du consentement de Monsieur Baret, curé de cette paroisse, fiancé et uni en légitime mariage, de leur mutuel consentement et de celui de leurs principaux parents, Philippe-Joseph Hinner, musicien ordinaire du Roy et de la Chambre de la Reine, âgé de vingt-un ans, fils de défunts Jean Hinner et de Catherine, ci-devant de fait et de droit de la paroisse de Notre-Dame de cette ville, rue de la Pompe, de présent de fait et de droit de cette paroisse, rue Satory, d'une part.

Et Marguerite Louise Émélie Quelpée de La Borde, femme de chambre de la Reine, âgée de quinze ans, fille de Louis Mathieu Quelpée de La Borde, écuyer, huissier ordinaire du Cabinet de la Reine, et chef du Gobelet du Roy, et de Marie Louise Pecquet, de fait et de droit de cette paroisse, rue Satory, d'autre part.

En présence, du côté de l'époux : de M' Demignaux, ordinaire de la musique du Roy, son tuteur, de la paroisse de Notre-Dame de cette ville, rue de la Pompe, de M' Defougères, maréchal des camps et armées du Roy, commandant de la province du Bourbonnais, et de M' Marsollier, maître des comptes à Paris — ; du côté de l'épouse, de ses père et mère, de Pierre Louis Pecquet, chef du Gobelet du Roy, son grand père et grand oncle, de maître Adrien Gautier de Bésigny, de Bellegarde, Président du Parlement de Paris, de M. de Saint-Aubin, huissier du cabinet de Monsieur Dartois, et autres amis qui ont signé avec les époux et nous ont certifié la liberté, le domicile, et la catholicité des contractants. Signé : HINNER, QUELPÉE DE LA BORDE, DE MIGNAUX, DEFOUGÈRES, DE MARSOLLIER, QUELPÉE LA BORDE, PECQUET, DE ST-AUBIN, PECQUET, DELABORDE, GAUTIER DE BÉSIGNY, PECQUET ✝ G. ÉV. DE SAINTES.

Délivré le présent extrait par moi, secrétaire de la mairie.

Versailles, ce six juin de l'an mil huit cent sept

GUILLEMOT.

(Extrait du Registre des actes de mariages de la paroisse de Saint-Louis, de Versailles).

Bibliothèque nationale, département des manuscrits. Papiers de Berny. 3e carton.

[13] ACTE DE BAPTÊME DE LOUISE-ANTOINETTE-LAURE HINNER

24 mai 1777.

L'an mil sept cent soixante-dix-sept, le vingt quatre may, Louise-Antoinette-Laure, née hier, fille légitime de Philippe-Joseph Hinner, musicien ordinaire du Roy et de la Chambre de la Reine, et de Marguerite-Louise-Émélie Quetpée (*sic* pour Quelpée) de Laborde, a été baptisée par nous, prêtre curé de cette paroisse; le parein très haut, très puissant, très illustre Prince, Louis Seize, Roy de France, et la mareine, très haute, très puissante, très illustre Princesse la Reine de France, le Parein représenté par très haut, très puissant seigneur Louis-Sophie-Antoine Duplessis de Richelieu, duc de Fronsac [1], pair de France, premier gentilhomme de la Chambre du Roy, maréchal des camps et armées de Sa Majesté, noble génois, la mareine représentée par très haute, très puissante dame Laure-Auguste de Fitz-James, princesse de Chimay et du Saint-Empire Romain, grande d'Espagne de la première classe et dame d'honneur de la Reine [2], lesquels et le père ont signé avec nous.

Le duc de Fronsac, Fitz-James P^{sse} de Chimay, Hinner, Jacob, curé.

(État civil de Versailles, GG 375, Registre des naissances de la Paroisse Saint-Louis — 1777, fol. 35).

---

[14] ACTE D'INHUMATION DE PHILIPPE-JOSEPH HINNER

14 avril 1784.

L'an mil sept cent quatre-vingt-quatre, le quatorze avril, s^r Philippe-Joseph Hinner, ordinaire de la musique du Roi et garçon de la Chambre de la Reine, décédé hier, âgé de trente ans, a été inhumé par nous soussigné prêtre de la Mission, faisant les fonctions curiales, en présence de s^r Charles

---

(1) Le duc de Fronsac, né le 4 février 1736, avait épousé en premières noces, le 25 février 1764, Adélaïde-Gabrielle de Hautefort. Veuf le 3 février 1767, il se remaria en avril 1776, avec demoiselle N... de Galliffet. Il était le fils de Louis-François-Armand du Plessis, duc de Richelieu en Poitou et de Fronsac en Guyenne, maréchal de France, petit neveu du Cardinal, né à Paris le 13 mars 1696, mort dans la même ville le 8 août 1788.

(2) Laure-Auguste de Fitz-James, fille du duc Charles de Fitz-James, qui avait épousé la fille ainée du marquis de Matignon, était née le 7 décembre 1744. Le 25 septembre 1762, elle s'était mariée avec Philippe-Gabriel-Maurice d'Alsace-Hennin-Liétard, prince de Chimay et d'Empire, grand d'Espagne de la première classe. Elle fut nommée dame d'honneur de la Reine en 1775.

de St-Aubin, huissier du Cabinet de Monseigneur, comte d'Artois, et de messire Joseph-Paul-Guiol, prêtre chapelain de la Reine et de Madame Adélaïde de France, et autres qui ont signé avec nous [1].

GUIOL, DE St-AUBIN, HENRY, prêtre

(Registre des décès de la Paroisse St-Louis de Versailles, 1781, fol. 18)

[15] ACTE DE DÉCÈS DE LOUISE-ANTOINETTE-LAURE HINNER, ÉPOUSE DE BERNY

27 juillet 1836

L'an mil huit cent trente-six, le vingt-sept juillet, une heure du soir, devant nous adjoint de la commune de Gretz, officier de l'État civil spécialement délégué, sont comparus les sieurs Lucien-Charles-Alexandre de Berny, négociant, âgé de vingt-sept ans, demeurant à Paris, rue des Marais-Saint-Germain, nᵒ 17, et Louis Périchon, vigneron, âgé de quarante ans, demeurant à Gretz, tous deux témoins majeurs, lesquels nous ont déclaré que dame Louise-Antoinette-Laure Hinner, âgée de cinquante-neuf ans, née à Versailles, département de Seine-et-Oise, demeurant momentanément au pavillon de la Boulonnière, hameau de cette commune, maison appartenant à son fils aîné déclarant, fille de Philippe-Joseph Hinner, décédé, et de dame Marguerite-Louise-Émélie Quelpet (sic pour Quelpée) de Laborde, sa femme, demeurant à Paris, rue de l'Arcade, nᵒ 38, épouse d'Étienne-Charles-Gabriel de Berny, âgé de soixante-huit ans, chevalier, conseiller de Sa Majesté dans la Cour Royale de Paris, officier de l'ordre royal de la Légion d'honneur, demeurant à Paris, rue de la Chaussée des Minimes, nᵒ 2, décédée au pavillon de la dite Boulonnière cejourd'hui à neuf heures du matin, et ont les déclarans signé avec nous le présent acte, excepté le témoin Louis Périchon qui a déclaré ne savoir signer, de ce requis après lecture faite. Signé au registre : Al. DE BERNY et BRIARD.

(Extrait du Registre des actes de l'État civil de la commune de Gretz, canton de Nemours, année 1836).

Bibliothèque nationale, département des manuscrits, Papiers de Berny, 4ᵉ carton

---

[1] Dans un extrait de cet acte d'inhumation, délivré le 2 juin 1807, et qui se trouve à la Bibliothèque nationale, dans les Papiers de Berny, 3ᵉ carton, Philippe-Joseph Hinner est qualifié « ordinaire de la musique de la chapelle ».

APPENDICE IV

REINIER DE JARJAYES

[16] ACTE DE MARIAGE DE MESSIRE FRANÇOIS-AUGUSTIN REI
NIER DE JARJAYE AVEC LOUISE-MARGUERITE-ÉMÉLIE QUEL
PÉE DE LA BORDE, VEUVE DE PHILIPPE-JOSEPH HINNER

26 septembre 1787.

L'an 1787, le 26 du mois de septembre, après la publication d'un ban faite
en l'église St-Louis ainsi qu'en celle de Notre-Dame de Versailles, le 23 de ce
mois, ainsi qu'il nous a paru par les certificats des sieurs Gruyer et Colli
gnon, prêtres de la mission, faisant les fonctions curiales des susdites pa-
roisses, délivrés le 24 du présent ; vu la publication d'un ban faite en la paroisse du Paix, diocèse de Gap, et dûment légalisée, en date du 27 août dernier, signé Brun, curé du Paix ; pareillement vu l'extrait mortuaire de
Marie-Anne-Louise de Bourcet de Lacassagne, épouse de François-Augustin
de Jarjaïe, délivré par le sieur Rambaud, vicaire de St-Hugues de Grenoble,
en date du 1er septembre de cette année, légalisé par le lieutenant général de
Grenoble, signé Sadin, en date du 3 septembre de la présente année ; vu aussi
l'extrait mortuaire de Philippe-Joseph Hinner, délivré par le sieur Titeux,
prêtre de la mission, de la paroisse St-Louis de Versailles ; vu la dispense
accordée par Monseigneur l'évêque de Gap, en date du 27 août dernier ; vu la
dispense de deux bans accordée par Monseigneur l'Archevêque ; vu la permission à nous adressée de célébrer le mariage par le sieur Gruyer, prêtre de la
mission, faisant les fonctions curiales dans la paroisse St-Louis de Versailles
les fiançailles célébrées la veille, après avoir pris leur mutuel consentement,
ont été mariés et ont reçu la bénédiction nuptiale messire François-Augustin
Reinier de Jarjaye, aide-major général de l'armée, major d'infanterie, veuf
majeur de dame Marie-Anne-Louise de Bourcet, de la paroisse Notre-Dame
de Versailles, rue Neuve, l'époux, et dame Louise-Marguerite-Émélie Quelpée
de La Borde, femme de chambre de la Reine, veuve majeure de Philippe

Joseph Hinner, ordinaire de la musique du Roi et garçon de chambre de la
Reine, de la paroisse St-Louis de Versailles, rue Royale, l'épouse. Ils ont eu
pour témoins Adrien-Jules-Gaultier de Bésigny, conseiller du Roi en ses
conseils, président honoraire au Parlement; Louis-Mathieu Quelpée de La
Borde, écuyer, huissier ordinaire du Cabinet de la Reine, Charles St-Aubin,
écuyer, huissier de Mᵍʳ le comte d'Artois, Pierre-Jean de Bourcet, premier
valet de chambre de Mᵍʳ le Dauphin, ancien conseiller au Parlement de Grenoble et autres qui ont signé :

> GAULTIER DE BÉSIGNY, REINIER DE JARJAYES, QUELPÉE DELABORDE,
> (*sic*), QUELPÉE DE LABORDE, PECQUET-DELABORDE, DE St-AUBIN, DE
> BOURCET, MONTAUBAN, MONCHOREIL, DELON, CLAVIÈRES, curé.

(Registres de la paroisse de Livry, année 1787). Communiqué par M. l'abbé
A. Genty, vicaire général à Versailles.

APPENDICE V

BALZAC LIBRAIRE
LE LA FONTAINE ET LE MOLIÈRE

ÉDITION DU LA FONTAINE

BIBLIOGRAPHIE

Avant de publier les pièces relatives à l'opération des Œuvres de La Fontaine, complètes en un volume, nous donnons la description bibliographique de ce tome :

Œuvres complètes de La Fontaine, ornées de trente vignettes dessinées par Devéria et gravées par Thompson. *Paris. A. Sautelet et C.ⁱᵉ, place de la Bourse. Imprimerie de Rignoux, rue des Francs-Bourgeois-S.-Michel,* MDCCCXXVI. In-8°.

1 f. (faux-titre au vᵉ duquel on lit : *H. Balzac, éditeur-propriétaire, rue des Marais-S.-Germain, n° 17*): 1 f. (titre, orné d'un portrait de La Fontaine): 2 ff. (Notice sur la vie de La Fontaine par H. Balzac): VIII-493 pp.; et 1 f. n. chiffré (table).

Nous n'avons pas vu d'exemplaire muni de sa couverture. M. le Vᵗᵉ de Spoelberch de Lovenjoul nous communique la description de cette couverture, telle que la lui a envoyée M. Mathias, libraire. La couverture porte comme adresse : *Paris. H. Balzac, éditeur propriétaire, rue des Marais. n° 17, A. Sautelet et Cⁱᵒ, place de la Bourse Imprimerie de Rignoux, rue des Francs Bourgeois. Sᵗ Michel, 1826.*

Les vignettes sont dans le texte, imprimé sur deux colonnes (sauf la notice de Balzac qui est à longues lignes).

Il existe des exemplaires portant sur le titre le nom et l'adresse de *Baudouin frères, rue de Vaugirard,* au lieu de ceux de *Sautelet et Cⁱᵒ.*

Le prospectus et spécimen de cette édition (in-8 d'un quart de feuille, imprimé par Tilliard, est enregistré dans la *Bibliographie de la France,* du 14 mai 1825, n° 2799. Ce prospectus annonce l'ouvrage comme devant paraître chez Urbain Canel et Baudouin frères, en huit livraisons à 2 fr. 50 l'une.

Toutes les livraisons sont imprimées par Rignoux. Les six premières, annoncées avec les noms d'Urbain Canel et Baudouin frères, sont enregistrées dans la *Bibliographie de la France* des 4 juin 1825 (n° 3067), 27 août 1825 (n° 4793), 1ᵉʳ octobre 1825 (n° 5483), 29 octobre 1825 (n° 5996), 15 mars 1826 (n° 1485), 5 avril 1826 (n° 1998).

Les 7ᵉ et 8ᵉ livraisons, qui terminent l'ouvrage, sont enregistrées dans la *Bibliographie de la France* du 29 juillet 1826 (nᵒ 4901) de la façon suivante :

« — Œuvres complètes de La Fontaine. VIIᵉ et VIIIᵉ livraisons. Un seul cahier in-8 de 31 demi-feuilles avec vignettes. Imp. de Rignoux à Paris. — *A Paris, chez H. Balzac, rue des Marais, faubourg Saint-Germain, n. 17 ; chez Sautelet.*

« Prix de chaque livraison, 2.50. L'ouvrage complet en un seul volume in-8ᵒ : 20.00 »

Il a été tiré un exemplaire sur papier de Chine qui figure au *Catalogue Pixérécourt*, sous le nᵒ 1658.

---

[17]   LETTRE DE HONORÉ BALZAC A URBAIN CANEL

13 mai 1825.

A M. Urbain Canel, libraire, place St-André-des-Arts, nᵒ 30, à Paris.

Villeparisis

Mon cher Monsieur Urbain,

J'irai sans faute vous voir dimanche matin pour échanger nos billets sur papier mort en billets faits sur papier timbré. Ayez la complaisance, je vous prie, de ne pas sortir ou de ne pas vous éloigner avant que je ne sois venu, et je n'arriverai pas avant midi.

Si vous avez besoin d'argent pour le *Lafontaine* avant dimanche, écrivez-moi ; mais, dimanche, munissez-vous de timbres pour terminer cette affaire là aussi.

J'ai rétabli la fin du troisième volume de *Wann-Chlore* et je suis en train de corriger le quatrième volume. Lundi, Rignoux aura toute la copie, et vous n'aurez plus de reproches à me faire.

Attendez-moi bien dimanche, car le jeune homme qui réclame mes billets part pour l'Angleterre.

Mes compliments à vos dames et recevez, je vous prie, l'assurance de mon sincère attachement,

H. BALZAC.

La lettre n'est pas datée, mais le timbre de la poste porte la date du 13 mai 1825.

(Collection de M. le Vᵗᵉ de Spœlberch de Lovenjoul.)

---

[18] TRAITÉ ENTRE PIERRE-FRANÇOIS GODARD, URBAIN CANEL
ET HONORÉ BALZAC

17 avril 1825.

Entre M. Pierre-François Godard, graveur sur bois, demeurant à Alençon, rue Aucieux (sic), nᵒ 16, d'une part,

Et M. Urbain Canel, libraire, demeurant à Paris, place St-André-des-Arcs, n° 30, et M. Honoré Balzac, demeurant à Paris, rue de Tournon, n° 2.

Ce dernier étant pour le présent à Alençon, fondé de pouvoirs de M. Urbain Canel en ce qui le concerne et promettant d'envoyer la ratification du présent traité — d'autre part,

A été fait et convenu ce qui suit :

Article 1. — M. Godard s'engage à graver sur bois un certain nombre de vignettes d'après les dessins de M. Devéria ou tout autre dessinateur, destinées à une édition in-octavo en un seul volume des œuvres complètes de Lafontaine que M** Urbain Canel et Balzac se proposent de publier.

Article 2. — M. Godard s'engage à travailler à ces vignettes préférablement à toutes autres, à moins qu'il ne soit dérogé par écrit, tel qu'une simple lettre, à la présente convention.

Article 3. — M** Urbain Canel et Balzac s'engagent à payer comptant à Monsieur Godard la somme de soixante-dix francs par bois de vignette gravé, et ce, entre les mains et sur la quittance de M. Roret, libraire à Paris.

Néanmoins, M** Urbain Canel et Balzac se regarderont comme obligés à augmenter ce prix de dix francs en sus si les soins donnés par M. Godard étaient tels que les vignettes fussent appréciées par M. Devéria mériter cette augmentation.

Article 4. — M. Godard s'engage, par ces présentes, à faire les vignettes des éditions de Racine et de Corneille exclusivement à tout autre ouvrage, si, après les vignettes de Lafontaine exécutées, M** Urbain Canel et Balzac entreprenaient les susdites éditions de Racine et de Corneille ou tout autre.

Mais alors, si M** Urbain Canel et Balzac avaient accordé quatre-vingt francs par vignette du Lafontaine, ce prix de quatre-vingt francs serait alloué à M. Godard par chaque vignette des éditions projetées — sauf à Messieurs Urbain Canel et Balzac à augmenter encore de dix francs ce nouveau prix, si M. Godard, par son travail, et au dire de M. Devéria, le méritait encore.

Article 5. — Si par cas fortuit et qu'on ne saurait prévoir, l'édition de Lafontaine n'avait pas lieu, le présent traité serait nul de plein droit, mais les parties contractantes seront engagées par la gravure d'une seule vignette, et il demeurera bien entendu que M** Urbain Canel et Balzac peuvent seuls profiter du droit accordé par le présent article.

Article 6. — Si les deux premiers bois gravés ne convenaient pas à M** Urbain Canel et Balzac, ils auraient la faculté de résilier le présent traité, en désintéressant M. Godard par une somme de cent francs payée entre les mains de M. Roret, libraire, dont la quittance libérera M** Urbain Canel et Balzac de toutes sommes dues à M. Godard, et ce, dans tous les cas du présent traité.

Article 7. — Les vignettes une fois approuvées de M** Urbain Canel et Balzac, le présent traité aura son exécution pleine et entière, M. Godard s'engageant, dans l'intérêt de son talent même, à graver les vignettes suivantes comme il aura gravé les premières.

Article 8. — Les vignettes des éditions postérieures à celle du Lafontaine devront avoir les mêmes dimensions que les vignettes de la susdite édition de Lafontaine, sinon, Mrs Urbain Canel et Godard feraient un nouveau prix de gré à gré.

Fait double à Alençon le dix-sept avril mil huit cent vingt-cinq.

Il est entendu par les parties qu'une simple lettre de M. Urbain Canel suffira pour ratifier le présent traité et, au refus de M. Urbain Canel d'y donner sa ratification, M. Godard ne serait plus engagé que par M. Balzac.

Les frais d'envoi et de retour des bois seront au compte de Mrs Urbain Canel et Balzac.

Alençon, 17 avril 1825.

HONORÉ BALZAC.

GODARD.

Si le libraire Delongchamps demande à M. Godard des vignettes pour l'édition de Molière, imprimée en un volume in-8º chez Rignoux, à Paris, M. Honoré Balzac consent par ces présentes à ce que M. Godard donne à Mrs Urbain Canel et Delongchamps une vignette pour le Molière sur trois vignettes exécutées, à savoir deux pour le Lafontaine et une pour le Molière.

H. BALZAC.

M. Balzac soussigné s'engage à payer comptant M. Godard par deux vignettes livrées; ainsi M. Roret recevra à chaque remise cent quarante francs pour le compte de M. Godard.

H. BALZAC.

Les parties contractantes, afin d'éviter toute contestation dans le précédent traité, ajoutent, pour expliquer les mots de l'article premier *un certain nombre de vignettes*, que M. Godard fera exclusivement à toutes autres les vignettes qui lui seront données par MM. Urbain Canel et Balzac pour la collection des classiques français qu'ils entreprennent, en commençant par les éditions de Molière et de Lafontaine.

À Alençon, ce 17 avril 1825.

Approuvé l'écriture ci-dessus,

GODARD.

HONORÉ BALZAC [1].

Ce fut au numéro 16 de la rue aux Sieurs, alors habituellement orthographiée rue aux Cieux, que Balzac se rendit, à son arrivée à Alençon. Là se trouvait, ajoute M. le comte G. de Contades, la librairie Godard, à laquelle était joint un cabinet de lecture, où l'on venait chercher les *Mystères d'Udolphe*, d'Anne Radcliffe, et les *Barons de Felsheim*, de Pigault-Lebrun. Ce magasin, à l'apparence vulgaire, était la demeure de véritables artistes, le père et le fils

____

(1) Ce traité, qui fait partie de la collection de feu M. de La Sicotière, léguée par lui à la ville d'Alençon, a été publié, pour la première fois, par M. le comte G. de Contades dans un article inséré dans le *Bulletin de la Société historique et archéologique de l'Orne*, intitulé : *Balzac alençonnais*, et tiré à part à 70 ex. dont 10 sur Japon, sous ce titre : *Balzac alençonnais*. Alençon, E. Renaut-De Broise, 1888. in-8º. p. 19 à 23.

Godard, graveurs sur bois, qui s'étaient fait un nom même en dehors de leur province. V. *Balzac alençonnais*, p. 6.

Le séjour de Balzac à Alençon ne fut que de courte durée. Rentré à Paris, Balzac communique le traité du 17 avril à Urbain Canel qui le ratifie ; le 19, il en informe M. Godard par une lettre qui est publiée *in-extenso* dans la *Correspondance* (tome XXIV des *Œuvres complètes*, p. 50).

A cette lettre qu'a également publiée M. le comte de Contades, d'après la pièce autographe conservée dans la collection de M. de La Sicotière, et qui offre quelques variantes avec le texte imprimé, était jointe l'adhésion suivante d'Urbain Canel, également adressée à Godard :

> Monsieur,
>
> J'adhère aux sentiments que vient de vous exprimer M. Balzac et je ratifie pleinement et entièrement le marché que vous avez conclu et arrêté avec lui sous la date du dix-sept de ce mois et, conformément à l'article spécial de ce traité concernant la ratification, cette simple lettre doit équivaloir à ma signature sur le dit traité. Je vous prie, en conséquence, de m'en accuser réception.
>
> J'ai vu les vignettes que vous avez confiées à M. Balzac, elles m'ont paru fort bien et je conçois de votre talent la plus haute opinion.
>
> Agréez, Monsieur, l'assurance de ma parfaite considération,
>
> Votre très humble serviteur,
> Urb Canel.

Paris, 19 avril 1825.

---

[19] DISSOLUTION DE LA SOCIÉTÉ FORMÉE ENTRE MM. CHARLES CARRON, HONORÉ BALZAC, BENET DE MONTCARVILLE ET URBAIN CANEL, POUR L'ENTREPRISE DU LA FONTAINE.

1er mai 1826.

Entre les soussignés :

Charles Carron, médecin, demeurant à Paris, rue de l'Odéon, n 17, d'une part,

Honoré Balzac, homme de lettres, demeurant à Paris, rue de Berry, n° 7, d'une part,

Jacques-Édouard Benet de Montcarville, officier en réforme, demeurant à Paris, rue Meslay, n° 41, encore d'une part,

Et Urbain Canel, libraire, demeurant à Paris, rue St-Germain-des-Prés, n° 9, d'autre part,

A été dit et convenu ce qui suit

Art. 1er.

La Société qui existait entre les soussignés pour l'entreprise des *Œuvres complètes* de Lafontaine en un volume in-octavo est et demeure dès à présent dissoute, d'un consentement unanime.

Art. 2.

En ce qui touche la liquidation de la dite entreprise, les sieurs Carron et Montcarville seulement se reconnaissent satisfaits et quittent le sieur Urbain Canel de toute obligation envers eux quant à la dite entreprise, pour prix de la renonciation que font les s^{rs} Balzac et Urbain Canel du droit qu'ils auraient de les forcer à continuer la publication des dites œuvres de Lafontaine.

Fait quadruple à Paris, le premier mai mil huit cent vingt-six.

H. BALZAC.

Approuvé l'écriture ci-dessus,   Approuvé l'écriture ci-dessus,
    U. CANEL.   J.-E.-B. DE MONTCARVILLE.

Approuvé l'écriture ci-dessus,
    CARRON.

En marge : Enreg^é à Paris, le cinq mai 1826. fol. 8 v. Reçu cinq francs cinquante c. plus cinquante cent. pour le D. de Société.

(Coll. de M. le Vte de Sp. de L.)

---

[20] CESSION A H. BALZAC PAR MM. URBAIN CANEL, CH. CARRON ET DE MONTCARVILLE DE LA PROPRIÉTÉ DE LA FONTAINE

1er mai 1826.

Entre les soussignés :

Charles Carron, médecin, demeurant à Paris, rue de l'Odéon, n° 17, d'une part,

Jacques-Édouard Benet de Montcarville, officier en réforme, demeurant à Paris, rue Meslay, n° 41, d'une part,

Urbain Canel, libraire, demeurant à Paris, rue St-Germain-des-Prés, n° 9, d'une part,

Et Honoré Balzac, homme de lettres, demeurant à Paris, rue de Berry, n° 7, d'une autre part,

A été dit et convenu ce qui suit :

Art. 1.

Les s^{rs} Urbain Canel, Charles Carron et de Montcarville cèdent, transportent et abandonnent au s^r Honoré Balzac, ce acceptant, tous leurs droits de propriété sur : 1° les six premières livraisons qui ont été faites d'une édition des Œuvres complettes (sic) de Lafontaine, en un seul volume in-octavo, imprimé à deux colonnes, en caractère dit *mignone*, tiré sur papier cavalier vélin de la fabrique de M. Montgolfier, d'Annonay, orné de trente vignettes environ, dessinées par Devéria, gravées par Thompson, la dite édition tirée à trois mille exemplaires et mains de passe. — 2° sur tous les bois des vignettes dont il est parlé ci-dessus ainsi que sur toutes les listes de souscripteurs, sommes à recevoir pour souscriptions et pour les livraisons futures et précédentes en tant que ce jourd'huy des souscripteurs n'auraient encore rien payé au s⁷ Urbain Canel. — 3° sur dix-sept rames de papier dont il a été parlé ci-dessus et qui se trouvent chez le s⁷ Rignoux, imprimeur à Paris, enfin sur les trois mille exemplaires qui ont été tirés de la seizième feuille du dit volume et sur la composition des formes qui suivent la dite seizième feuille jusqu'à la fin du Théâtre de Lafontaine, ainsi que le tout se poursuit et comporte sans en rien réserver ni excepter.

A la charge par le s⁷ Balzac de terminer les dites Œuvres de Lafontaine, de tenir tous marchés faits avec des tiers, souscripteurs et autres, quant à la continuation de la dite édition. La présente cession est faite, en outre, pour indemniser le s⁷ Honoré Balzac de toutes sommes servies par lui au s⁷ Urbain Canel pour l'entreprise des dites œuvres de Lafontaine que le s⁷ Urbain Canel est dans l'impossibilité de continuer, sous tels noms que ce soit et à la charge pour le s⁷ Balzac de remettre au s⁷ Urbain Canel tous titres et billets ou reconnaissances des dites sommes.

Art. 2.

Le s⁷ Urbain Canel ayant dirigé l'entreprise et les objets présentement cédés étant en sa possession, il est seul chargé de leur livraison au s⁷ Balzac et il est spécialement convenu entre les soussignés que les objets présentement cédés seront livrés au s⁷ Balzac indemnes de toutes sommes à payer pour leur confection et sans autres déductions que, quant aux exemplaires, de ceux donnés aux journaux et livrés aux acheteurs et souscripteurs.

Fait quadruple à Paris, ce premier mai mil huit cent vingt-six.

U. CANEL.

Approuvé l'écriture ci-dessus.   Approuvé l'écriture cy-dessus,
H. BALZAC.   J.-E.-B. DE MONTCARVILLE

Approuvé l'écriture ci-dessus,
CARRON.

Je déclare, pour satisfaire aux droits d'enregistrement, que les sommes versées au s⁷ U. Canel s'élèvent à la somme de cinq mille francs, sauf erreur des comptes courans.

H. BALZAC.

En marge de ce traité, enregistré le 5 mai 1826, Rignoux a écrit la déclaration suivante : *Je déclare avoir pris connaissance du dit traité. Paris, 5 mai 1826. Rignoux*

(Coll. de M. le V⁷ de Sp. de L.)

[21] TRAITÉ ENTRE ALEXANDRE BAUDOUIN ET HONORÉ BALZAC

3 mai 1826.

Entre les soussignés :

Alexandre Baudouin, libraire, demeurant rue de Vaugirard, n° 17, à Paris, d'une part,

Et Honoré Balzac, demeurant à Paris, rue de Berry, n° 7, d'autre part.

A été dit et convenu ce qui suit :

Art. 1.

M. Honoré Balzac vend à M. Alexandre Baudouin, ce acceptant, cinq cents exemplaires des Œuvres complètes de La Fontaine en un seul volume in-8°, précédemment publié par le s^r Urbain Canel, au prix de huit francs l'exemplaire.

Art. 2.

Mr Alexandre Baudouin reconnaît que moitié seulement des Œuvres complètes de La Fontaine lui a été fournie par le s^r Urbain Canel et que moitié dudit ouvrage reste à fournir.

M. Honoré Balzac reconnaît de son côté que deux mille francs ont été payés par M. Alexandre Baudouin au s^r Urbain Canel pour la moitié déjà publiée du dit ouvrage.

Art. 3.

Mr Honoré Balzac s'engage à continuer les dites Œuvres de Lafontaine et à les achever au plus tard au trente juillet prochain avec le même caractère, le même papier et la même justification employés jusqu'à ce jour.

Art. 4.

A défaut d'achèvement du dit ouvrage par le s^r Balzac au trente juillet prochain, le s^r Balzac s'engage à reprendre tous les exemplaires complets ou incomplets que le s^r Alexandre Baudouin aurait en magasin, sauf à lui tenir compte de ce qu'il aurait reçu pour la partie vendue des exemplaires incomplets.

Art. 5.

Mr Alexandre Baudouin continuera à tirer cinq cents exemplaires in-8 sur la composition du dit ouvrage, en payant à l'imprimeur le tirage et fournissant le papier, sans que M. Honoré Balzac puisse prétendre à aucune indemnité pour la composition.

Art. 6.

Les bois des vignettes qui auront servi à l'ornement de la dite édition de Lafontaine seront remis au s^r Alexandre Baudouin, sans aucune indemnité, et, de son côté, le s^r Alexandre Baudouin renonce à toutes sommes qu'il pourrait prétendre pour le retard apporté par le s^r Urbain Canel dans la publication des dites Œuvres de Lafontaine.

Art. 7.

Le prix de la moitié du volume in-8 (formant les Œuvres de Lafontaine) à
fournir à M. Alexandre Baudouin par M. H. Balzac sera soldé par M. Alexandre
Baudouin en 12 billets à onze mois et M. H. Balzac fournira le treizième.

Art. 8.

Au moyen des présentes, toutes conventions antérieures relatives à la dite
édition des Œuvres complètes de Lafontaine seront regardées comme nulles
et non avenues et M. Alexandre Baudouin s'engage à ne rien payer au s' Urbain Canel pour cet objet.

Fait à Paris, ce trois mai mil huit cent vingt-six, en double expédition.

Approuvé l'écriture ci-dessus et cinq mots nuls,

A. BAUDOUIN.

Approuvé cinq mots nuls,

H. BALZAC.

(Coll. de M. le Vte de Sp de L.

---

[22] LETTRE DE RIGNOUX A BALZAC

Paris, le 6 mai 1826

Monsieur Balsac (*sic*),

J'accepte les conditions spécifiées dans votre lettre de ce jour pour le trans-
fert de l'impression des Œuvres de Lafontaine en un seul volume in-8°,
tirées à trois mille exemplaires et la passe, dont Monsieur Urbain Canel
m'avait chargé et ce aux mêmes conditions que j'étais convenu envers le dit
sieur Urbain Canel, savoir : deux cent soixante-quinze francs par feuille
comptant et sur bonnes feuilles, et je vous reconnais en même temps, à dater
de ce jour, propriétaire de tout ce qui concerne le dit ouvrage.

J'ai l'honneur de vous saluer.

RIGNOUX.

*Suscription de la lettre : Monsieur Balsac (sic), homme de lettres, rue de Berry n° 7,
au Marais, Paris.*

(Coll. de M. le Vte de Sp de L.

---

[23] REÇUS DE NAUDOT, ASSEMBLEUR

7 mai 1826.

Je reconnais avoir reçu de Mons.[1]   la quantité de six livraisons de La
Fontaine.

[1] Le nom est resté en blanc dans l'original.

Savoir :

Cent trente-cinq exemplaires de la 1re livraison.
Cent soixante et douze exemplaires de la 2e livraison.
Cent soixante-dix exemplaires de la 3e livraison.
Cent soixante-neuf exemplaires de la 4e livraison.
Cent quatre-vingt exemplaires de la 5e livraison.
Deux cent quarante-deux exemplaires de la 6e livraison.

    Paris, ce sept mai 1826.

NAUDOT.

Coll. de M. le Vte de Sp. de L.)

---

[24]   *11 mai 1826.*

Je reconnais avoir reçu de Mr [1] deux mille exemplaires des feuilles 1, 2, 3, 4, 5, 6, 7, 8, 9, 10, 11, 12, 13, 14, 15 des Œuvres complètes de Lafontaine en un volume in-8, imprimées par Rignoux sur papier cavalier vélin de Montgolfier et dont je suis responsable envers lui.

Le présent reçu est en outre de celui donné précédemment pour les livraisons séparées.

Paris, ce onze mai 1826.

Deux mots rayés nuls, approuvé l'écriture ci-dessus.

NAUDOT.

Coll. de M. le Vte de Sp. de L.

---

[25]   **REÇU D'URBAIN CANEL DÉLIVRÉ A BALZAC**

9 mai 1826.

Je soussigné reconnais avoir reçu en exécution du traité passé le premier mai courant la somme de neuf mille deux cent cinquante francs en mes trois billets, savoir :

    fr. 2 250 du 15 mai 1825 O /madlle Berny   au 31
    fr. 3 000 du 15 mai 1825 O /madlle Berny   août
    fr. 4 000 du 15 mai 1825 O   d   1826.
    ―――――
    9 250

de M. H. Balzac et ce pour prix de la vente à lui faite par le susdit traité.

Paris, ce 9 mai 1826.

U. CANEL.

Coll. de M. le Vte de Sp. de L.

---

1. Le nom est resté en blanc dans l'original.

[26] VENTE DE PAPIER FAITE PAR RIGNOUX A BALZAC

17 mai 1826.

Paris, le 16 mai 1826

Imprimerie de Rignoux
rue des Francs-Bourgeois-
St Michel, n° 8.

Vendu à Monsieur Honoré Balsac (*sic*) quarante rames de cavalier vélin d'Annonay, à 38 francs la rame payable comptant en espèces pour la somme de 1 520 fr.

Reçu le montant de la facture ci-dessus de quinze cent vingt francs.
Paris, 17 mai 1826.

Au bas de cette facture, Rignoux a écrit :

Je reconnais avoir gardé les quarante rames de papier ci-dessus pour l'impression des Œuvres de Lafontaine, 1 vol. in-8°, à dater de la 37° forme.

(*Coll. de M. le V° de Sp. de L.*)

----

[27] LETTRE DU Dr CARRON A H. BALZAC

1826.

Monsieur,

Comme vous, je suis ennemi des injures et je n'aime ni en dire ni en recevoir ; mais aussi je suis las de supporter des injustices. Si dans la vive discussion que nous avons eue mercredi dernier, je me suis écarté des règles de la politesse, j'y ai été poussé et par le bon droit de ma réclamation et surtout par le ton hautain que vous avez pris avec moi et auquel je ne suis point habitué. L'expression de menteur dont je me suis servi est, je l'avoue, trop énergique et doit être réprouvée par la bienséance, mais j'ai voulu dire par là que vous aviez avancé un fait erroné en m'annonçant que M. Tiercelin, votre ancien commis, avait les suites du Lafontaine et était chargé de me les remettre. Au surplus, bien qu'il me soit pennible (*sic*) d'être en guerre ouverte avec un homme dont j'ai toujours estimé le caractère, je ne puis, vu la justice de ma cause, vous donner une plus ample rétractation.

Votre serviteur,
Dr CARRON.

(*Coll. de M. le V° de Sp. de L.*)

Cette lettre n'est pas datée, mais comme elle est adressée à « Monsieur Balzac imprimeur, rue du [sic] Marais, à Paris », sa date ne peut être antérieure au mois de mars 1826, époque à laquelle un acte du 16 de ce mois, indique Balzac comme domicilié rue des Marais-St Germain V. APPENDICE VI, pièce n° 45.

[28] LETTRE DE M. D'ASSONVILLEZ A H. BALZAC

21 juin 1826.

A Monsieur Honoré Balzac, rue des Marais, nᵒ 17, faubourg St-Germain,
à Paris.

Montglas, ce 21 juin 1826.

Mon cher Honoré,

Je vous avais demandé deux jours pour réfléchir à la proposition qui m'a
été faite par le sieur Urbain Canel. Voici le résultat auquel je m'arrête définitivement. Je signerai l'acte que j'ai lu, qui fait remise de soixante-quinze
pour cent, sous la modification de quelques expressions qui ne peuvent me
convenir, en ce sens que n'ayant jamais examiné les registres de mon débiteur, il me paraît un peu hasardé de certifier des faits et des conséquences
qui, véritablement, ne sont pas à ma connaissance. Vous voyez que ceci est
peu de chose, et qu'un acte séparé pour moi répondrait à tout.

Ce qui m'embarrasse le plus, c'est que je ne puis arriver à Paris, comme
je vous l'avais promis, pour l'exécution de cette clause, qui ne donne que
huit jours à notre débiteur pour rapporter toutes les signatures. Les ouvriers
que vous avez vus chez moi et quelques personnes qui me sont arrivées et
avec lesquelles je serai obligé de *voisiner*, me retiendront ici jusqu'au cinq
juillet. Je ne puis donc accepter un rendez-vous que pour le six, le retard,
jusqu'à un certain point, me sourit même, car ce serait une consolation pour
moi que vous réfléchissassiez mûrement à l'acte que vous me faites signer, et
aux conséquences que je vous soumets.

Vous savez que je n'ai jamais connu Mʳ Urbain Canel, que je n'ai jamais
eu confiance en lui, que je n'ai jamais fait d'affaires avec lui, et, dès lors, que jamais je n'ai été à même de faire avec lui des *gains*, qui pourraient aujourd'hui
me consoler de la perte énorme que l'on me propose. Dans cette affaire, c'est
vous seul que j'ai désiré obliger; c'est une entrée dans les affaires que je voulais vous procurer. C'est donc à vous que je demande sécurité pour mon
avenir. Cette sécurité ne peut plus résulter pour moi de la connaissance que
j'ai de votre extrême délicatesse; vos nouveaux engagements, votre nouvelle
position sociale, vous font une loi de me rassurer autrement.

Je verrais aussi avec plaisir que tous les créanciers eussent signé avant
moi. Ce serait pour moi une espèce de conviction que les affaires de votre
ancien associé ne sont que malheureuses.

J'oubliais aussi de vous dire que je ne puis pas remettre le titre de Urbain
Canel, mais seulement donner quittance du dividende, car ce titre porte
votre endos, endos que vous ne devez plus signer aujourd'hui sans la participation de votre associé.

Je n'en suis pas moins votre ami.

D'ASSONVILLEZ.

Coll. de M. le Vᵗᵉ de Sp. de L.

FACTURES ET REÇUS DE RIGNOUX
POUR L'IMPRESSION DU LA FONTAINE

[29]   *12 mai — 30 juin 1826.*

Reçu de Monsieur Balsac (*sic*) la somme de cinq cents francs à valoir sur mes impressions du Lafontaine in-8°, de la signature 33 et suivantes.
Paris, 12 mai 1826.

RIGNOUX.

[30]

Reçu de Monsieur Balsac (*sic*) la somme de cinq cents francs à valoir sur mes impressions du Lafontaine in-8°.
Paris, 27 mai 1826.

RIGNOUX

[31]

Reçu de Monsieur Balsac (*sic*) la somme de quinze cents francs à valoir sur mes impressions et fournitures de vingt rames de cavalier vélin pour le Lafontaine.
Paris, 10 juin 1826.

RIGNOUX.

[32]

Imprimerie de Rignoux
rue des Francs-Bourgeois-
St-Michel, n° 8.

Paris, le 30 juin 1826

Doit Monsieur H. Balzac fr[ancs] pour l'impression seulement des 1/2 feuilles portant les signatures 33, 34, 35, 36, 37, 38 et 39 des Œuvres de Lafontaine en un seul volume, tirées à 3.000 exempl sur cavalier vélin et quatre feuilles de papier de Chine, à 85 fr. la 1/2 feuille. 595

Composition et tirage au même nombre des 1/2 feuilles portant les signatures 40 à 62 inclusivement, formant 11 f^{lles} 1/2 à 275 fr. 3162 50

Composition et tirage de la *Vie d'Ésope* formant une 1/2 feuille. 137 50

Surcharge pour vers et préface en caractère n° 6 1/2. 75

fr. 3970

Pour fourniture de quarante-neuf rames de cavalier vélin, à raison de 38 fr. la rame . . . . 1862)
Plus 128 f^{lles} papier de Chine à 1 fr. la feuille . . . . 128 } 1990

Sur quoi j'ai reçu en trois fois 2500

Reste à me solder ce jour 3160

fr. 5960

10

Reçu la somme de trois mille quatre cent soixante francs pour solde de la présente facture.

Paris, 30 juin 1826.   RIGNOUX.

[33]

Imprimerie de Rignoux
rue des Francs-Bourgeois-
    St-Michel, n° 8.

                                                Paris, le 30 juin 1826.

Doit Monsieur H. Balzac fr[ancs] pour l'impression des titres des Œuvres complètes du Lafontaine en un seul volume in-8°, formant un quart de feuille d'impression. . .   un 1/4 ⎫
                                                            ⎬ 1/2 f^lle   137.50
plus la notice dudit ouvrage formant . . .   un 1/4 ⎭

   Tirage de mille couvertures 12.00
   Fourniture de quinze mains de papier de couverture 33.50
                                                              ─────────
                                                               183 00

Reçu comptant la somme de cent quatre-vingt-trois francs.

Paris, 30 juin 1826.   RIGNOUX.

Rignoux a ajouté au bas de cette facture : *Je garde les mains de passe pour les remettre à M. Balzac. R.*

Le 30 juin 1826, Rignoux signe encore la déclaration suivante :

Je déclare avoir entre les mains les vignettes des Œuvres complètes de Lafontaine en un volume in-8° que je lui représenterai soit en nature, soit en un reçu de Monsieur Alexandre Baudouin au nom de Mr Balzac.

Paris, 30 juin 1826.   RIGNOUX.

                                    (Coll. de M. le Vte de Sp. de L.)

---

[34] LETTRE DE BALZAC A UN IMPRIMEUR-LIBRAIRE D'AGEN

2 juillet 1826.

    Imprimerie   Paris, ce 2 juillet 1826.
de H. Balzac et A. Barbier,
   rue des Marais-S.-G. n. 17.

            Monsieur Vaubel, imprimeur-libraire, à Agen.

        Monsieur,

   Devenu propriétaire du Lafontaine in-8°, que publiait M. Urbain Canel et sachant que vous êtes souscripteur à cet ouvrage pour 1 exemplaire, je vous engage à compléter votre douzaine, ce qui serait d'autant mieux dans vos intérêts que vous obtiendriez double Treizième. Je désire que cette proposition puisse vous être agréable.

Veuillez, je vous prie, me faire connaître votre intention à cet égard. Comme je me propose de publier plusieurs autres ouvrages, je vous les offrirai en temps. Disposez entièrement de moi et soyez assuré de mon entier dévoûment.

H. Balzac

P.-S. — Si vous aviez besoin de caractères, comme confrère je me chargerais de vous en faire la commission.

Si vous prenez la douzaine, je vous passerai l'exemplaire à 13 fr., ce qui est un prix fort doux; dans le cas contraire, je ne pourrai vous donner l'exemplaire que vous avez à moins de 15 fr.

(Coll. de M. le Vte de Sp. de L.

|35   AFFAIRE BAUDOUIN-FRÉMEAU-BALZAC

Compte envoyé par Baudouin en sa lettre du 10 juin 1826

1825 *Doit Frémeau.*			*Avoir Frémeau.*	
Oct. 26. 37/34 Conseils aux jeunes filles.	68 »		Walter Scott	171
Nov. 9. 13/12 Histoire de Paris, 17 liv^{ons}.	36 »		Remises	5000
— 17. *Id.* Gaule poétique	108 »		60/52 Rousseau	936
Déc. 16. Facture	294.75		40 Voltaire	1680
— 24. *Id.*	2402.90		Buffon	252
1826.			Effets renouvelés	2924
Fév. 4. 27/24 Buffon	168.70			10963.73
— 16. 1 Annuaire.	75		Remises	900 »
— 28. 69/63 Esquisses.	141.75			11863.73
13/12 Histoire naturelle	112 »			
Mars 9. 13/12 Molière.	72 »			
Avril 9. Balot contesté [1].	33.60			
100 Voltaire	1800 »			
100 Rousseau	900 »			
	6137.75			

Effets en souffrance	28 285.38
Balance	28 285.38
	11 863.73
	16 421.65

(Coll. de M. le Vte de Sp. de L.

(1) Sur ce compte, la somme de 33 fr. 60 a été barrée de deux traits de plume.

[36] *Cession par Alexandre Baudouin à Balzac de diverses créances.*

30 août 1826.

Entre les soussignés :

M. Alexandre Baudouin, lib^re, demeurant à Paris, d'une part,

M. Honoré Balzac, imprimeur, demeurant à Paris, rue des Marais, n° 17 (St-Germain), d'autre part.

A été dit et convenu ce qui suit :

1° M. Alexandre Baudouin vend, cède et transporte sans aucune garantie que celle des faits et promesses à M. Balzac acceptant :

1° Une créance sur le s^r Frémeau, lib^re à Rheims, actuellement en état de faillite, la dite créance montant environ à la somme de vingt mille huit cent quarante-sept francs, telle qu'elle se poursuit et comporte, sans en rien réserver ni excepter, entendant purement et simplement la mettre à son lieu et place, sans entrer dans les discussions ou diminutions qui pourraient résulter de la dite créance, mais promettant l'aider par tous les renseignemens désirables à l'effet de rentrer dans la dite créance; 2° une autre créance sur le s^r Dabo jeune, en état de faillite, montant à la somme de seize cent cinquante et un francs, aux mêmes charges et conditions que celles stipulées ci-dessus; 3° une autre créance sur le s^r Boulland et Tardieu, montant à treize cent cinq francs, aux mêmes charges et conditions que celles ci-dessus stipulées.

2° Le présent transport est fait moyennant un transport d'égale somme en marchandises de librairie, se composant des Œuvres complètes de Lafontaine en un volume in-8 au nombre de deux mille et quelques exemplaires sans en rien relever ou rabattre, dont Mr Baudouin se reconnaît satisfait et dont le s. Balzac lui garantit la possession de tout trouble et évictions et payement sur le pied de ce qu'il auroit reçu sur le montant des créances ci-dessus transportées.

Tous pouvoirs sont donnés au porteur des présentes pour faire signifier partout où besoin sera.

Reconnaît M. Balzac avoir reçu de Mr Baudouin tous les titres de créances sus énoncées dont décharge.

Reconnaît M. Baudouin avoir reçu de M. Balzac un bon pour prendre chez le s^r Naudot, son assembleur, tous les exemplaires existant de Lafontaine et un bon par M. Rignoux pour les mains de passe; son reçu de l'assembleur servira de décharge.

Fait double, à Paris, le trente août mil huit cent vingt-six.

Approuvé l'écriture

A. BAUDOUIN.   H. BALZAC.

Je déclare garder en ma possession les pièces relatives aux affaires Dabo et Tardieu et Boulland que je remettrai à M. Balzac à sa première réquisition.

Paris, 30 août 1826.   A. BAUDOUIN.

Le dossier Baudouin-Frémeau-Balzac, que possède M. le Vte de Spoelberch de Lovenjoul, contient un certain nombre de lettres du dit Frémeau, des lettres de Balzac et diverses conventions passées entre eux. La plupart de ces lettres, sauf celles de Balzac que nous publions *in extenso*, n'offrent qu'un intérêt très relatif; nous avons donc estimé qu'il était suffisant d'en donner une analyse succincte.

[37]

1º Lettre de Frémeau à Honoré Balzac, datée de Reims, le 2 septembre 1826. — Il repousse la prétention de MM. Baudouin frères qui lui réclament une somme de 16 421 fr. 65 cent.; il ne doit, écrit-il, que 14 533 fr. 30 cent. « sans préjudice aux articles à livrer quoique réglés et à ceux dont ces messieurs se sont reconnus dépositaires. »

[38]

2º Lettre de Frémeau à Honoré Balzac, datée de Reims, le 7 novembre 1826. Il annonce que le traité aux débats duquel Balzac a pris « une part de bienveillance » a été homologué le 30 octobre dernier et il en donne les clauses substantielles :

1º Je payerai, écrit-il, quarante pour cent des créances en deux années, date de mars prochain, par quarts, de 6 mois en 6 mois et sans intérêts. On a refusé l'abandon que j'avais offert, faute de savoir qui mettre à ma place pour la liquidation, qui, faite par des syndics étrangers à notre commerce et aux habitudes de ma maison, n'eût probablement pas amené vingt-cinq pour cent en un an ou deux.

2º J'ai repris la suite de mes affaires sous la surveillance de trois commissaires qui, jusqu'après l'entier payement des quarante pour cent fixés par le concordat, contrôleront mes opérations et encaisseront mes recettes hebdomadaires dont il ne sera par moi distrait que ce qui sera strictement nécessaire au payement de la suite de mes souscriptions, que je ne prendrai qu'au comptant et sans escompte, et à mes frais de maison fixés à 200 francs par mois. Il me sera loisible d'avancer les termes du payement mais non de les reculer...

3º Pour ce qui vous regarde personnellement, vous avez été admis pour 15 037 fr. 30 c. comme cessionnaire de la créance de Mrs Baudouin frères; sous la réserve de la livraison à effectuer à ces messieurs.

Frémeau énumère la nature de la livraison qui doit lui être faite; il s'agit de treizièmes des *Voltaire* qui lui étaient acquis avant sa faillite et du restant de ses *Leber*.

« Bien certainement, ajoute-t-il, on ne pourra payer de dividende à Mrs Baudouin ou à leur cessionnaire que quand ils auront effectué livraison des articles dont l'achat m'a rendu leur débiteur, ou plutôt qui ne se trouvent chez eux qu'à titre de dépôt... et la cession qu'ils vous ont faite ne les affranchit envers moi d'aucune des obligations inhérentes au titre de leur créance ».

Frémeau tient à terminer cette affaire à l'amiable; il demande à Balzac de lui envoyer un catalogue ou une notice de ses livres de fonds ou en nombre pour faire « une affaire, change ou même argent » si les articles et les prix lui conviennent.

[39]

    3° Lettre de Balzac à Frémeau. Nous la reproduisons *in extenso* :

Paris, ce quatorze décembre 1826.

Imprimerie
de H. Balzac et A. Barbier
rue des Marais-S'-G., n° 17

    Monsieur Frémeau, libraire à Rheims.

Je vous adresse, conformément à nos conventions faites à Rheims, la nomenclature des livres dont vous pourriez me faire la vente jusqu'à concurrence de mon dividende :

. . . .

2 Eyriés	84 fr.
1 Cervantès, complet, gr. papier fin, fig. avant la lettre . . .	140 —
2 Poètes français jusqu'à Malherbe	64 —
1 — — gr. papier.	50 —

Art. ajoutés.

2 Voltaire (Renouard), pap. ordinaire à 170 fr.	340 —
2 Voltaire — pap. vélin à 240 fr.	480 —
3 ex. de Chayne (?) résumé à 1 fr. 50 le vol.	
70 ex. Collection Debure, in-32 à 1 fr. 50.	
Je présume que ces deux articles monteront à la somme de . . .	300 —
75/80 Gessner (édition Renouard, 4 vol.), 8° vélin, 49 gravures	
dont on donnera 20 ex. avant la lettre à 36 fr., net	2570 —
	6094 fr.

Il y aurait encore une différence de fr. 693 que nous pourrions balancer ainsi :

11 Gessner	396	
1 Voltaire (Renouard), pap. vélin.	240	676 fr.
2 Bertin, pap. vélin.	40	

La différence que j'ai mise sur les 75/80 ex. de Gessner vient : 1° de ce qu'il faut en déposer 7 à la Direction, faire des couvertures, des titres, etc.

Enfin, vous songerez que j'ai à supporter le port, la brochure, etc., que l'emmagasinage et le temps à réaliser est trop long.

En m'expédiant, répondez-moi, je vous prie, sur ces points et mettez, je vous prie, l'activité que je vous connais à cette affaire toute à votre décharge, vous voyez que j'ai tout concilié.

H. Balzac.

40]

Monsieur Frémeau, libraire à Rheims.

Suivant votre concordat, ma créance a été admise à votre passif pour la somme de quinze mille trente-sept francs cinquante centimes, vous m'avez fait observer, que, pour que la créance reconnue s'élever par vous à cette somme fût maintenue, il y avait entre vous et la maison Baudouin frères deux discussions à terminer. Sur la 1re, relative aux 13es de Voltaire, une lettre de vous à ces messieurs, du 14 novembre dernier, a transigé à l'amiable cet article. Sur la 2e relative aux exempl'aires, de Leber que la maison Baudouin frères garde en ses magasins, elle se trouve résolue par mon fait en sa faveur. puisque je m'engage à vous envoyer sous huitaine le récépissé de M. Ducollet, aussitôt que vous m'aurez mandé par votre réponse à cette lettre que vous l'autorisez à les recevoir et que son reçu me déchargera de cette obligation. Ainsi, le dividende de ma créance sera, suivant votre concordat, de la somme de 6767 fr. 50 c. Je vous ai proposé à Rheims de prendre, à des prix débattus entre nous, des livres de votre fonds pour ce dividende même, ce qui constituerait une véritable vente très profitable à vos intérêts, vous avez accepté et, de mon côté, j'ai mis la condition que cette vente n'atteindrait que mon dividende et que *au cas où vous donneriez un plus fort dividende, chose à laquelle vous n'êtes, je le sais, engagé que d'honneur, vous ne m'opposeriez pas cette transaction.*

2° Que je ne renoncerais pas à l'obligation que vous vouliez aussi me souscrire pour les 1 300 d'argent que vous ont prêté Messieurs Baudouin frères et que vous restreignez à mille francs (cette restriction étant en dehors de mes créances, je l'accepte sans y rien trouver que de louable pour vous). Voici donc, en dernier lieu, la nomenclature des livres que je consens à prendre avec leurs prix, elle est exacte sauf un dernier article que j'ai ajouté et deux observations dont vous jugerez le mérite.

7/6 Cambiste (Bossange, 2 vol. in-8°)	180 fr.
1 Choix de rapports (21 vol. avec portraits) . . .	100 —
3 Boileau (Desoër) 1 vol. in-8.	45 —
2 Annuaire nécrologique complet.	35 —
3 Thomas Belin complet.	
3 Barthelemy complet	
3 Dalembert complet	262 —
3 Marmontel complet	
3 Diderot complet.	
1 Diderot (Brou ?) complet, 25 vol.	88
3 Hamilton complet (Renouard).	60
Art. forcé : 7/6 Florian complet (Renouard) .	200
1 Gilbert (Dalibon) gr. pap. fin, avant la lettre	20
3 La Rochefoucault complet. de Ponthieu . . .	15
1 Rabelais (Dalibon)	70
1 Rotrou (Desoër).	20

```
1 Molière (Desoër) gr. pap. fin, avant la lettre . .   200 fr.
3 Bertin . . . . . . . . . . . . . . . . . . . .        15
1 Bernard, gr. pap. fin avant lettre                     8 —
1 Condillac complet . . . . . . . . . . . . . .         45 —
1 Marmontel (Verdière) . . . . . . . . . . . .          75
1 Millevoye de choix. . . . . . . . . . . . .           60 —
3 J.-B. Rousseau complet . . . . . . . . . . .          60
1 Théâtre étranger  )
1 Schiller          (  vélin . .  . . . . . . .        100 —
1 Sakespeare (sic)  )
2 Collin d'Harleville . . . . . . . . . .               34 —
3 Colardeau, vélin, fig. avant la lettre               21 —
Art. forcé : 2 Fénelon complet . . . . . . .            50 —
```

H. Balzac.

4° Lettre de Frémeau fils à Balzac, datée de Reims, le 31 janvier 1827. — C'est une réponse à la lettre de Balzac, datée du 14 décembre 1826.

---

[41]   5° *Traité entre Frémeau fils et Honoré Balzac.*

29 mars 1827.

Entre les soussignés :

Charles-François Frémeau fils, libraire, demeurant ordinairement à Rheims, de présent à Paris, rue S¹-Germain l'Auxerrois, nᵒ 84, d'une part,

Et Honoré Balzac, imprimeur, demeurant à Paris, rue des Marais S.-Germain, nᵒ 17, d'autre part.

A été dit et convenu ce qui suit :

Au mois d'août 1826, M. Alexandre Baudouin, libraire à Paris, créancier du sieur Frémeau soussigné, libraire à Rheims, et alors en faillite, fit à M. Balzac le transport des créances, comptes courans, etc., qu'il pouvait avoir à répéter du sʳ Frémeau. La somme à laquelle M. Baudouin prétendait fut réduite par l'examen des comptes et des syndics de la faillite à la somme de quinze mille trente-sept francs cinquante centimes pour laquelle M. Balzac, cessionnaire de M. Baudouin, fut admis au passif du bilan de la dite faillite par les syndics et le juge commissaire de la faillite.

Suivant lettre de M. Baudouin, adressée à M. Frémeau, le onze novembre dernier, et postérieurement au transport fait par M. Baudouin à M. Balzac, M. Baudouin reconnut que sa créance ne se montait effectivement qu'à la somme de quatorze mille huit cents francs.

Un concordat ayant été passé entre M. Frémeau et ses créanciers, il fut fait par ces derniers remise au sʳ Frémeau de soixante pour cent sur le montant de leurs créances, à la charge par le sʳ Frémeau de payer les quarante pour cent restant dans l'espace de deux années qui commencent à courir du présent mois et en quatre paiemens égaux qui doivent s'effectuer de six mois en six mois.

Dans ces circonstances, les soussignés, dans le but d'appurer leurs comptes et pour faciliter au sieur Frémeau l'acquittement de ses dettes, ont arrêté les conventions suivantes :

Art. 1.

M. Balzac, bien que sa créance eût été admise pour une somme de 15,037 fr. 50 c., adhère par ces présentes à la réduction consentie par la lettre de M. Baudouin ; mais toutes fois sans que cette adhésion qui n'a de valeur qu'envers le s^r Frémeau puisse lui être opposée contre le recours qu'il doit exercer à l'égard de M. Baudouin et au cas où il serait obligé d'agir envers ce dernier, le s^r Frémeau soussigné s'engage par ces présentes à lui communiquer la lettre écrite à lui par M. Baudouin le onze novembre dernier, et ce, à sa première réquisition.

Reconnaît M. Balzac que la dite créance de 14 800 fr. est grevée de l'obligation de remettre au s^r Frémeau les exemplaires par lui déposés à MM. Baudouin d'un ouvrage intitulé : Leber, *Cérémonies du sacre*, in-8, un volume avec figures, lequel ouvrage resté dans les magasins de MM. Baudouin devra être rendu dans le nombre intégral désigné au reçu que MM. Baudouin en ont donné à MM. Frémeau, dont la quittance libérera M. Balzac de cette obligation.

Art. 2.

M. Frémeau vend, cède, transporte et abandonne à M. Balzac ce acceptant : 1° trente exemplaires en feuille des *Œuvres complettes* de Gessner, édition Renouard, avec les figures avant le numéro ; trois exemplaires des Œuvres complètes de 1° Thomas, 2° Barthelemy, 3° d'Alembert, 4° Marmontel, 5° Diderot ; 2° trois exemplaires des *Œuvres complètes* de Florian en 16 volumes, in-18, édition Renouard ; 3° trois exemplaires des *Œuvres* de Boileau en un seul volume in-8°, édition Desoër ; 4° un exemplaire des *Œuvres* de Gilbert publiées par Dalibon en un volume grand papier vélin, figures avant la lettre : 5° les *Œuvres complètes* de Molière en neuf volumes in-8, grand papier vélin, gravures avant la lettre, publiés par Desoër ; 6° un exemplaire de la collection des Théâtres étrangers publiés par Ladvocat y compris un exemplaire des *Œuvres* de Schiller et un exemplaire des *Œuvres* de Shakespeare, grand papier vélin, figures avant la lettre, dont moitié publiés par Belin ; 7° un exemplaire des *Œuvres complètes* de Fénelon, in-8° ; 8° deux exemplaires du Supplément à l'histoire des voyages publiés par Eyriés, in-8 ; 9° deux exemplaires des *Œuvres complètes* de Condillac en 16 volumes in-8 ; 10° deux exemplaires des *Œuvres complètes* de Marmontel, in-8, publiées par Verdière ; 11° trois exemplaires des *Œuvres complètes* de J.-Bapt. Rousseau, en 3 volumes, in-8, édition Renouard ; 12° un exemplaire de l'édition de Pausanias, en papier vélin, publiée par Bobée ; 13° trois exemplaires des *Œuvres* de Colardeau sur cavalier vélin, in-8° ; 14° un exemplaire des *Œuvres complètes* de Collin d'Harleville, in-8° ; 15° un exemplaire des *Œuvres complètes* de Millevoye sur grand papier vélin, figures avant la lettre ; 16° cinq-quatre exemplaires du *Cambiste universel*, publié par Bossange ; 17° deux exemplaires de la Collection des poëtes français avant Malherbe, in-8, imprimés par Crapelet, 18° deux exemplaires de quatre années de l'*Annuaire nécrologique* publié par Malher (?) ; 19° un exemplaire du choix de rapports publié par Eymery ; 20° trois exemplaires des *Œuvres* de Bertin en 1 vol. in-8, plus un exemplaire des *Œuvres* de Bernard, 1 vol. in-8, grand papier, fig. avant la lettre ; 21° et enfin un exemplaire du susdit *Molière* Desoër en neuf volumes, papier carré vélin.

La présente vente est faite moyennant la somme à revenir à M. Balzac pour le payement des deux derniers dividendes qu'il doit toucher par suite du concordat passé entre Frémeau et ses créanciers et dont M. Balzac donne quittance au s^r Frémeau, par ces présentes, entendant le mettre à son lieu et place purement et simplement.

Il est bien entendu entre les soussignés que l'on ne pourra, en aucun cas, opposer la présente vente à M. Balzac, lors du payement des deux premiers dividendes à la délivrance desquels il n'est rien changé par ces présentes et le s^r Frémeau s'engage à faire ratifier le présent traité par les commissaires de la faillite, par un simple approuvé sur la lettre d'envoi des objets présente‑ ment vendus qu'il s'engage à livrer à M. Balzac dans le courant du mois d'avril prochain, faute de quoi la présente vente serait nulle à l'égard de M. Balzac si bon lui semblait.

Fait double, à Paris, le vingt-neuf mars mil huit cent vingt-sept.

H. Balzac.

Approuvé l'écriture ci-dessus et d'autre part

Frémeau fils.

6° Lettre de Frémeau fils à Balzac, datée de Vitry-le-François, le 30 mai 1827. — Il réclame livraison des figures de 396 exemplaires du *Leber* qui « doit être un objet de, papier et tirage, 1 000 francs au moins... »

7° Lettre de Frémeau fils à Balzac, datée de Reims, le 23 août 1827. — C'est la réponse à une lettre de Balzac, datée du 21 août, mais que nous ne con‑ naissons pas. Il y est question d'un traité passé entre lui et Mrs Baudouin frères, le 24 juin 1825, au sujet des exemplaires du *Leber*. Frémeau souhaite un arrangement amiable pour éviter l'intervention des tribunaux.

8° Lettre de Frémeau fils à Balzac, datée de Reims, le 18 septembre 1827. — Confirme sa précédente lettre du 23 août.

[42]

9° Lettre de Frémeau fils à Balzac, datée de Reims le 1 octobre 1827. — Frémeau déclare n'être plus débiteur de Balzac que pour une somme de 3 007 fr. 50 centimes, pour les deux derniers dividendes dont Balzac a promis de se « remplir en livres », si ces articles et prix lui convenaient. Il lui pro‑ pose de solder ces deux dividendes par l'envoi des ouvrages suivants :

33.30 Gessner. Paris, 1799, en feuilles, figures avant les numéros à 72 fr. 30 fr. . . . . 900 fr.

11/10 Numismatique. J.-V. (à voir chez M. Ducollet). 2 vol. in-8. sat.,
  pl. à 15 fr., 7 fr. 50 . . . . 75 fr.
1 Théâtre étranger. 25 vol. in-8 gr. r., vélin. sat. portr., à 250 fr   250 —
1 Shakespeare, 13 vol. in-8. d° à 130 fr. . . . . } 160 fr. 400 —
7 Schiller. 6 vol..   d° d° à 60 fr.. . . . .
11/10 Cambiste universel, 2 vol. in-4°. cartonnés, à 42 fr., 21 fr. . . . 210 —
4 Poëtes français, 6 vol. in-8, à 48 fr. 30 fr.. 120
1 Molière (Desoër), 9 vol. in-8. gr. raisin vélin. cart., sat., fig. avant la
  lettre, ... 200 —
1 Millevoye, 5 vol. in-8. gr. raisin vélin. sat., portr., 100 fr. . 50 —
10 Lycée de Laharpe (Dupont). 18 vol. in-8. sat., à 54 fr . . . 540
20 Boileau, de Dupont, 4 vol. in-8, sat. à 12 fr 240
10 La Fontaine, d° 6 vol. d°   à 18 fr. . . . . 180 —

Frémeau estime que l'envoi de ces livres à Balzac est le meilleur moyen de
régler sûrement l'affaire. C'est sa dernière proposition « qu'il faut accepter
ou rejetter ».

———

ÉDITION DU MOLIÈRE

BIBLIOGRAPHIE

Comme pour le « La Fontaine », avant de publier les pièces relatives à l'opération
des Œuvres de Molière, complètes en un volume. nous donnons la description bibliographique de ce tome :

Œuvres complètes de Molière, ornées de trente vignettes dessinées par
Devéria et gravées par Thompson. *Paris. Delongchamps. boulevard Bonne
Nouvelle, Urbain Canel, rue Saint-Germain-des-Prés, Baudouin frères, rue
de Vaugirard, MDCCC XXVI. In-8.*

1 f. (faux-titre : au v° : *Paris. — de l'imprimerie Rignoux. rue des Francs-Bour
geois S.-Michel*) : 1 f. (titre, orné d'un portrait de Molière) ; IV pp. (Vie de Molière.
non signée [1]) : 553 pp. : 1 p. blanche et 1 f. n. chiffré (table).
Les vignettes sont dans le texte. imprimé sur deux colonnes : elles sont placées en
tête de *L'Étourdi, Le Dépit amoureux. Les Précieuses ridicules. Sganarelle. Don Garcie
de Navarre. L'École des maris, Les Fâcheux. L'École des femmes, La Critique de
l'École des femmes, L'Impromptu de Versailles. Le Mariage forcé. La Princesse
d'Élide. Don Juan. L'Amour médecin. Le Misanthrope. Le Médecin malgré lui, Méli
certe, Le Sicilien. Le Tartufe. Amphitryon. L'Avare. George Dandin. M. de Pourceau
gnac, Les Amants magnifiques. Le Bourgeois gentilhomme. Psyché. Les Fourberies de
Scapin. La Comtesse d'Escarbagnas. Les Femmes savantes* et *Le Malade imaginaire*
Le prospectus et spécimen de cette édition (in-8° d'un quart de feuille. imprimé
par Rignoux. enregistré dans la *Bibliographie de la France*. du 23 avril 1825. n° 2123.

———

(1) La notice sur la *Vie de Molière*. non signée. est de Balzac. Elle a été im
primée dans le tome XXII des *Œuvres complètes de H. de Balzac*. p. 1 à 8. V *Histoire des œuvres de Balzac* par le Vte DE SPOELBERCH DE LOVENJOUL, 2e édition. p. 245

annonce que « ce volume paraîtra en 4 livraisons de 8 à 9 feuilles ». La 1re livraison
était promise pour le 1er mai, les autres de mois en mois. Elles sont enregistrées dans
la *Bibliographie de la France* des 28 mai 1825 (no 2928), 10 septembre 1825 (no 5049),
5 novembre 1825 (no 6208) et 31 décembre 1825 (no 7524).

---

[43] TRAITÉ ENTRE URBAIN CANEL ET HONORÉ BALZAC

14 avril 1825.

Entre les soussignés, Urbain Canel, libraire, demeurant à Paris, place St-
André-des-Arts, no 30, d'une part, et Honoré Balzac, demeurant à Paris, rue
de Tournon, no 2, d'autre part, a été fait et convenu ce qui suit :

M. Urbain Canel s'engage à partager avec Mr Honoré Balzac ce acceptant,
les profits, bénéfices, charges et périls, d'une édition de Molière en un volume
in octavo, entreprise par Delongchamps et Urbain Canel, collectivement chacun pour la moitié, par traité fait le trente et un mars mil huit cent vingt
cinq.

Le traité signé par Mr Urbain Canel et Delongchamps est accepté par
Mr Balzac pour base de la présente convention et M. Balzac aura les mêmes
droits que M. Urbain Canel dans l'exécution de ce traitté (*sic*).

Si, par un cas fortuit, M. Urbain Canel ou M. Balzac venaient à être représentés par des tiers ou ayant cause, Mr Urbain Canel et Mr Balzac se réservent mutuellement le droit purement facultatif de rembourser à quarante
pour cent des bénéfices les ayant cause ou les tiers, de manière cependant
que ce droit ne soit exercé que par celui des deux contractants qui restera
seul dans l'entreprise, les tiers ou les ayant cause n'ayant aucune qualité
pour l'y contraindre.

Pour l'exécution entière de cette convention, Mrs Balzac et Urbain Canel
se ressaisissent, même dès ce moment, en tant que de besoin de leurs droits
de propriété au dit cas, en faisant l'abandon pur et simple de celui des deux
qui serait appelé à exercer ce droit.

Mr Urbain Canel reconnaît par ces présentes avoir reçu des mains de
Mr Balzac la somme de six mille francs en espèces ayant cours, montant du
quart des dépenses présumées de la dite édition de Molière, s'engageant à en
fournir le compte, dont quittance.

Ces six mille francs proviennent d'un prêt fait à Mr Balzac par M. Jean-
Louis-Henri Dassonvillez sur deux lettres de change tirées par M. Balzac sur
Mr Urbain Canel et acceptées par lui. En considération du présent traité,
Mr Balzac a prêté à Mr Urbain Canel, ce acceptant, la somme de trois mille
francs formant la moitié de la quote part des dépenses de Molière dont quittance, attendu que les neuf mille francs dont il est question ont été prêtés
par Mr Dassonvillez à Mr Urbain Canel et Balzac, il demeure bien attendu
(*sic*) que le payement des lettres de change qui se trouvent au nombre de
trois plus un billet de cent vingt-deux francs formant ensemble dix mille cent

vingt-deux francs y compris les intérêts, sera fait par les contractants au prorata de leur prise de fonds.

Fait double, à Paris, le quatorze avril mil huit cent vingt-cinq.

Approuvé le mot deux en surcharge
U. CANEL.

Approuvé l'écriture ci-dessus
H. BALZAC.

(Coll. de M. le Vte de Sp. de L.)

|44| RECU DE THOUVENIN, RELIEUR

1er septembre 1827.

Reçu de Monsieur Balsac (*sic*) soixante-quinze francs p^r livraison d'un exemplaire *Amours des Dieux*, reliure comprise.

Paris, 1er septembre 1827.

A. DELTUT.
Commissaire gérant.

M. Thouvenin s'était trompé de fr. 4. Nous ne pouvons céder qu'au comptant.

A. D.

(Coll. de M. le Vte de Sp. de L.)

APPENDICE VI

L'IMPRIMERIE

---

[45] TRAITÉ ENTRE MM. D'ASSONVILLEZ, HONORÉ BALZAC ET ANDRÉ BARBIER

16 mars 1826.

Entre les soussignés M. Jean-Louis-Henri d'Assonvillez, propriétaire, demeurant au château de Montglas, arrond¹ de la Ferté-Gaucher, de présent à Paris, rue du Foin-St-Jacques, nᵒ 15, d'une part. et MM. Honoré Balzac et André Barbier, imprimeurs, demeurant à Paris, rue des Marais-St-Germain, nᵒ 17, a été dit et convenu ce qui suit :

Au 15 juillet dernier, M. H. Balzac était débiteur de M. d'Assonvillez pour une somme de dix mille francs due par lettres de change à M. d'Assonvillez par le sʳ Urbain Canel, libraire, et endossées par M. Balzac. Le sʳ Urbain Canel étant tombé en faillite et M. Balzac n'ayant pu acquitter les lettres de change, elles furent protestées et la dette totale de M. Balzac envers M. d'Assonvillez a été depuis reconnue par eux soussignés s'élever à la somme de dix mille sept cent quinze francs sur laquelle somme M. Honoré Balzac, ayant payé huit cent quatre-vingt francs quarante-cinq centimes, la somme dont il reste débiteur est de neuf mille huit cent trente-quatre francs cinquante-cinq centimes.

M. Balzac ayant formé avec M. A. Barbier un établissement d'imprimerie à Paris dont M. d'Assonvillez aurait pu entraver les opérations s'il avait dirigé des poursuites contre M. Balzac, à raison de cette dette, il y renonça afin de faciliter cet établissement mais à la condition verbalement acceptée de régler cette dette d'une manière satisfaisante.

A cet effet, M. A. Barbier a consenti à cautionner cette dette et à entrer dans le payement aux clauses et conditions suivantes :

ART. 1.

Pour payer M. d'Assonvillez des neuf mille huit cent trente-quatre francs cinquante centimes à lui dus comme dit est ci-dessus, MM. H. Balzac et

André Barbier lui cèdent, vendent et transportent, ce qui est accepté par lui, sous les réserves ci-dessous :

1° Sept presses à la Stanhope en fer, l'une d'une valeur de neuf cents francs et les six autres d'une valeur de douze cents francs chacune, ci . . . . 8 100 fr.

2° Une presse à satiner d'une valeur de quatre cents francs, ci. 400 fr.

3° Et deux corps de fonte dont l'un pesant six cents livres, caractère dit cicero, provenant de l'acquisition faite par MM. Balzac et Barbier du fonds de M. Laurens, leur prédécesseur, et l'autre pesant quatre cents livres, caractère dit petit texte, venant également de M. Laurens, le tout d'une valeur de quinze cent cinquante francs, ci. . . . . 1 550 fr.

4° Onze cents livres de petit romain achetées à MM. Henri Didot, Legrand et Cⁱᵉ, estimées deux mille quatre-vingt-dix francs, ci. 2 090 fr. formant en tout une valeur de douze mille cent quarante francs, prix d'acquisition et présentement vendue moyennant la dite somme de neuf mille huit cent trente-quatre francs cinquante-cinq centimes. . . . . 12 140 fr.

Art. 2.

Cependant, la présente vente pourra, pendant quatre années qui commenceront à courir de ce jour, être résolue de plein droit si M. Balzac rachète les droits de M. d'Assonvillez en lui remboursant intégralement les neuf mille huit cent trente-quatre francs cinquante-cinq centimes pour le paiement desquels la présente vente a lieu ; et, à cet effet, il suffira de la quittance de la dite somme pour accomplir le réméré.

Art. 3.

Attendu que les objets présentement vendus par MM. Balzac et Barbier à M. d'Assonvillez sont indispensables à MM. Balzac et Barbier pour l'exploitation de leur imprimerie, M. d'Assonvillez les a donnés, par ces présentes, à bail à MM. Balzac et André Barbier moyennant la somme de cinq cents quatre-vingt huit francs quatre-vingt huit centimes de loyer annuel, payable aux quatre termes accoutumés de l'année et qui commenceront à courir du premier avril de la présente année et dont le premier terme écherra le premier juillet et sera de la somme de cent quarante-sept francs vingt centimes.

Le présent bail est fait pour l'espace de quatre années consécutives qui commenceront à courir du premier avril de cette année et le bail des dits objets cessera de plein droit du jour où M. Balzac aura satisfait aux conditions du réméré stipulées en l'article précédent.

Art. 4.

Il demeure convenu entre MM. Balzac et Barbier que M. Balzac sera personnellement chargé d'acquitter le loyer des dits objets présentement donnés à bail et M. d'Assonvillez consent par ces présentes à ne regarder MM. Balzac et Barbier comme solidaires du paiement du loyer que faute par M. Balzac de payer deux termes du loyer.

Art. 5.

Il n'a pas été fait plus ample désignation des objets présentement vendus à M. d'Assonvillez et donnés à bail par lui aux vendeurs, attendu l'entière connaissance qu'en avaient les soussignés et les objets ayant été livrés ce jour à M. d'Assonvillez et les a rendus aux preneurs à condition qu'ils en jouiraient en bons pères de famille.

Fait double, à Paris, le 16 mars mil huit cent vingt-six.

H. Balzac.

Approuvé l'écriture ci-dessus comme caution et vente.

A. Barbier.

(Coll. de M. le Vte de Sp. de L.)

---

[46] SUITE DE L'AFFAIRE D'ASSONVILLEZ, BALZAC ET BARBIER
16 mars 1827.

N/S. Balzac, S/Cte particulier
à d'Assonvillez.   F. 9834, 55.

pour ce qu'il a reconnu devoir personnellement à ce dernier, par acte en date de ce jour et suivant compte arrêté entre eux, pour raison de lettres de change acceptées par Urbain Canel endossées par n/s. Balzac et impayées le 15 juillet 1826, laquelle dette, par le susdit acte, a été cautionnée par n/s. Barbier et réglée par la Société Balzac et Barbier, ainsi qu'il sera dit dans l'article ci-après, ci . . . . F. 9834,55

Dans le haut de cette pièce on lit : *Bon à passer écriture.* H. Balzac.

[47] J^{al}
f° 58

Les suivans à matériel d'imprimerie d'Assonvillez.

A lui vendu par réméré, en paiement de 9834,55 mentionnés dans l'article précédent, les objets suivans avec la faculté réservée à n/s. Balzac de les racheter dans l'espace de 4 années en remboursant à M. d'Assonvillez la susdite somme, lesquels objets ce dernier nous donne à bail pendant l'espace de 4 années à raison de 588,88 de loyer annuel qui seront payés par trimestre par n/s. Balzac personnellement.

Désignation des objets.

f. »» = vendus pour la somme de . . . . fr. 9 834 55

12 140

N/S. Balzac, S/Cte particulier.

Pour différence de la susdite vente dont il s'engage à rendre la Société indemne. . . . . fr. 2 305 45

fr. 12 140 »»

(Coll. de M. le Vte de Sp. de L.)

[48   *19 mars 1827.*

Au vingt juillet prochain, je paierai à Monsieur d'Assonvillez ou ordre la somme de mille francs valeur reçue comptant.
Paris, ce 19 mars 1827.

H. Balzac.

H^é Balzac, imprimeur, rue des Marais S.-G., n° 17, f^g S^t-Gⁱⁿ.

(Coll. de M. le Vte de Sp. de L.

[49   *13 juin 1828.*

Reçu de M. Honoré Balzac la somme de dix mille soixante-dix-neuf francs pour solde en principal et location échue des sommes et objets détaillés au réméré ci-dessus dont quittance, au moyen de quoi je remets de ce jour en la possession et propriété de M. Honoré Balzac les objets ci-dessus, détaillés et formant l'objet de la vente à réméré ci-dessus.
A Monglas, ce treize juin mil huit cent vingt huit.

D'Assonvillez.

(Coll. de M. le Vte de Sp. de L.

DOSSIER D'HONORÉ BALZAC

RELATIF A L'OBTENTION D'UN BREVET D'IMPRIMEUR

12 avril 1826-4 juin 1826.

Ce dossier, déposé au Ministère de l'Intérieur où il est resté jusqu'en 1877, a été versé, à cette époque, aux Archives Nationales ; il y est conservé sous la cote F¹⁸ 71 094 ; il renferme quatorze pièces numérotées au crayon. La première de ces pièces est la chemise qui recouvre le dossier et qui porte les indications suivantes :

Seine

—

Paris

BALZAC Honoré

Imprimeur.

Breveté le 1er juin 1826, n° 2 354, en remplacement du s^r Jean Joseph Laurens, démissionnaire
Démissionnaire, remplacé le 26 septembre 1828 par le s^r André Barbier

[50] DEMANDE DE BALZAC A M. LE MINISTRE DE L'INTÉRIEUR

Monseigneur,

Honoré Balzac a l'honneur de faire connaître à Votre Excellence qu'il vient de traiter[1] avec le sr J.-J. Laurens aîné de son fonds d'imprimeur à Paris. Il supplie Votre Excellence de daigner accorder sa sanction à ce traité, en lui faisant délivrer le brevet personnel dont il a besoin pour exercer cette profession.

Il a l'honneur d'être, avec un profond respect, Monseigneur, de Votre Excellence le très humble et très obéissant serviteur

HONORÉ BALZAC

Paris, le 12 avril 1826.

M. Honoré Balzac, rue de Tournon, n° 2.

Pièce n° 10 du dossier des Archives Nationales.

[51]

La demande de Balzac a été remise au Directeur général de la police par M. de Berny, qui l'avait accompagnée des deux lettres suivantes destinées l'une au Ministre de l'Intérieur[2], l'autre au Directeur général de la Police[3] :

Monseigneur,

Permettez-moi de faire connaître à Votre Excellence l'intérêt vif que je porte à Mr Honoré Balzac qui désire obtenir l'autorisation nécessaire pour

(1) C'est avant le 16 mars 1826 que Balzac a traité avec Laurens ; cela résulte d'un arrangement passé à cette date entre MM. d'Assonvillez, Balzac et son associé André Barbier ; Balzac et Barbier y sont qualifiés « imprimeurs demeurant à Paris, rue des Marais-St-Germain, n. 17 ». Malgré toutes nos recherches, nous n'avons pu jusqu'ici rencontrer l'acte de vente.

M. Paul Delalain, dans sa *Liste des imprimeurs typographes de Paris du 1er avril 1811 au 10 septembre 1870 sous le régime du Brevet* (extraits de la *Bibliographie de la France*, septembre-octobre 1899), donne la nomenclature suivante des typographes qui ont précédé ou suivi Balzac : 1er avril 1811, Laurens aîné (Jean Joseph) ; 1er juin 1826, Balzac (Honoré de [sic]) ; 26 septembre 1828, Barbier (André) ; 7 octobre 1833, Joly (Jacques-Louis) ; 3 mai 1834, Beaulé (Pierre-François) ; 20 novembre 1816, Beaulé (Jean-Baptiste-Prosper), fils du précédent. Jean-Joseph Laurens aîné exerçait déjà en 1798 ; quand vint le régime du brevet, il fut inscrit en 1811, mais les brevets ne furent pas alors délivrés aux titulaires. L'Empire s'écroula et la Restauration crut nécessaire de renouveler lesdits brevets, et c'est pour cette raison que celui du prédécesseur de Balzac ne porte que la date de 1816, comme on le verra plus loin.

(2) M. le comte Corbière.

(3) M. Franchet-Desperey, conseiller d'État, directeur général de la Police.

exercer la profession d'imprimeur. Je connais depuis longtemps ce jeune homme ; la droiture de son cœur, ses connaissances en littérature me persuadent qu'il s'est convaincu préalablement des devoirs qu'impose une pareille profession.

La sévérité de mes fonctions ne me permettrait pas d'élever la voix en faveur de M' H. Balzac si je n'avais une intime conviction que Votre Excellence n'aura jamais à se repentir d'avoir favorablement accueilli sa demande.

J'ai l'honneur d'être, avec un profond respect, Monseigneur, de Votre Excellence le très humble et très obéissant serviteur

De Berny,
Conseiller à la Cour Royale
rue d'Enfer, n° 55.

Paris, le 12 avril 1826.

Pièce n° 11 du dossier des Archives Nationales.

[52]

Monsieur le Directeur général,

Pour ne pas vous ennuyer, j'aurai l'honneur de vous prier de jetter les yeux sur la lettre ci-jointe avant de la remettre à Son Excellence et d'être persuadé que je vous aurai une vive et personnelle reconnaissance si vous pouvez, et promptement, faire réussir la demande de mon jeune protégé.

J'ai l'honneur d'être, avec la plus haute considération, monsieur le Directeur général, votre très humble et très obéissant serviteur

De Berny,
Conseiller à la Cour Royale,
rue d'Enfer, n 55.

Paris, le 12 avril 1826.

Le Directeur de la police a écrit de sa main, dans le haut de la lettre, la note suivante : *Presse. Remis par M' Berny* (sic), *conseiller, qui y prend le plus vif intérêt. 12 avril.*

Pièce n° 9 du dossier des Archives Nationales.

[53]   LETTRE DE DÉMISSION DE LAURENS

A Son Excellence le Ministre Secrétaire d'État au Département de l'Intérieur.

Monseigneur,

J'ai l'honneur d'annoncer à Votre Excellence que je donne ma démission de mon brevet d'imprimeur à la résidence de Paris en faveur de M Honoré Balzac que je supplie humblement Votre Excellence d'agréer comme mon successeur, lui ayant cédé mon établissement.

J'ai l'honneur d'être, avec respect, de Votre Excellence le très humble et obéissant serviteur

LAURENS aîné,
imprimeur.

Pièce n° 12 du dossier des Archives nationales.

----

[54]   CERTIFICAT DE CAPACITÉ

Nous soussignés, imprimeurs à Paris, déclarons que M. Honoré Balzac possède toutes les connaissances requises pour exercer la profession d'imprimeur.

Paris, ce onze avril mil huit cent vingt-six.

DIDOT le jeune, GRATIOT, HUZARD-COURCIER.

Pièce n° 13 du dossier des Archives Nationales.

----

[55] LETTRE DU DIRECTEUR GÉNÉRAL DE LA POLICE AU PRÉFET
DE POLICE

15 avril 1826

A M. le Conseiller d'État, Préfet de police à Paris [1].

M. le Préfet, je vous prie de vouloir bien recueillir et me transmettre des renseignemens sur la moralité et les dispositions politiques du s' Honoré Balzac, domicilié rue de Tournon, n° 2, qui demande à remplacer un imprimeur de la Capitale.....

Pièce n° 8 du dossier des Archives Nationales.

[1] M. O. Delavau.

----

[56]   LETTRE DE M. DE CASTELBAJAC AU DIRECTEUR

                        DE LA POLICE

Administration   Paris, le 22 avril 1826
      des
   Douanes
   Cabinet
      du
Directeur général.

Un brevet d'imprimeur a été promis à M. Honoré Balzac. Je viens réclamer, mon cher collègue, votre intervention pour que ce brevet lui soit expédié le plus tôt possible.

M. Balzac m'est recommandé par une personne que je désire obliger et je serai très reconnaissant si vous voulez bien m'en fournir les moyens en rendant à M. Balzac le service que je vous demande pour lui.

Recevez, mon cher collègue, la nouvelle assurance de ma considération très distinguée et de mon sincère attachement

Le Conseiller d'État, directeur général,

CASTELBAJAC

A M. Franchet-Desperey, directeur de la police.

M. le vicomte de Castelbajac, qui était aussi membre de la Chambre des députés, a ajouté de sa main sur cette lettre ces quelques mots : *Je vous recommande instamment Mᵉ Balzac, mon ami ; je le connais personnellement ainsi que sa famille qui mérite toute confiance.* En marge de la lettre, M. Franchet-Desperey a écrit : *Librairie. Qu'est-ce que c'est que cette demande ?*

Pièce n° 7 du dossier des Archives Nationales.

———— ————

[57]   RÉPONSE DU DIRECTEUR DE LA POLICE

                    A M. DE CASTELBAJAC

                              27 avril 1826,

A M. le Directeur gᵘ des Douanes.

M. le Vicomte, vous m'avez fait l'honneur de me recommander le sʳ Balzac, qui sollicite un brevet d'imprimeur à Paris, en remplacement du sʳ Laurens, démissionnaire. Le témoignage honorable que vous rendez à ce jeune homme et l'intérêt que vous paraissez lui porter ne me laissent pas douter qu'il

réunisse les garanties que le gouv^nt a le droit d'exiger d'un imprimeur.
Mais la demande du s^r Balzac est très récente et quelques formalités indispensables doivent précéder la délivrance des brevets. Je ne puis que vous
promettre de hâter l'instruction de cette affaire, et j'espère vous en annoncer
bientôt l'heureuse expédition.

Cette réponse est, dans le dossier, à l'état de brouillon ; elle porte
beaucoup de ratures et de corrections.

Pièce n° 6 du dossier des Archives Nationales.

———————

[58]   LETTRE DU PRÉFET DE POLICE AU MINISTRE
DE L'INTÉRIEUR

Préfecture de police   Paris, le 8 mai 1826.
—

   1re division
   3me bureau.

Monseigneur,

Votre Excellence, par sa lettre du 15 avril dernier, m'a invité à recueillir
des renseignements sur la moralité et les dispositions politiques du sieur Balzac
qui demande à remplacer un imprimeur de la Capitale.....

J'ai l'honneur de lui transmettre le résultat des informations que j'ai fait
prendre.....

Le s^r Balzac, âgé de vingt-sept ans, est né à Paris. Ce jeune homme qui a
fait ses études et son droit, qui même est homme de lettres, appartient, suivant ce qu'on rapporte, à une famille estimable et très aisée de la Capitale.
On a reconnu qu'il n'a jamais fait aucun apprentissage, ni travaillé matériel-
lement dans l'imprimerie ; mais on convient en même tems qu'il connaît bien
le mécanisme de cet art. Du reste, on annonce que la conduite du s^r Balzac
est régulière et qu'il professe de bons principes. On ajoute qu'il est particulièrement recommandé par M. De Berny, conseiller à la Cour Royale, qui
lui sert de guide et de conseil et qui garantit l'honnêteté du s^r Balzac.

J'ai l'honneur d'être, avec respect, Monseigneur, votre très humble et très
obéissant serviteur

Le Conseiller d'État, préfet de police,

O. DELAVAU.

A S. Ex. le Ministre secrétaire d'État au Dép^nt de l'Intérieur.

Pièce n° 5 du dossier des Archives Nationales.

———————

[59]   LETTRE DE M. DE BERNY AU DIRECTEUR DE LA POLICE

Monsieur le Directeur général,

Je connais trop combien les momens d'un homme public sont précieux pour user légèrement de l'aimable permission que vous m'avez donnée de me présenter chez vous à tout (*sic*) heure, surtout lorsqu'il s'agit d'une affaire qui me devient personnelle par l'intérêt que je porte à celui qu'elle concerne. Malgré ma réserve, si je n'étais retenu chez moi par une indisposition, heureusement peu grave, je ne me serais pas refusé au plaisir de passer quelques minutes avec vous pour avoir l'honneur de rappeler à vos souvenirs mon jeune protégé, Honoré Balzac. Ce n'est pas à lui que son tems d'épreuve paraît long ; je l'apprends à se soumettre à tout et à s'y soumettre avec reconnaissance. S'il y a un impatient dans l'affaire, et veuillez me le pardonner, Monsieur le Directeur général, c'est un vieux conseiller qui désire vivement le bonheur de ceux auxquels il s'intéresse et qui ne cesse de le faire que lorsqu'il lui est démontré qu'ils n'en sont pas dignes.

Hâtez donc, s'il vous est possible, Monsieur le Directeur général, le moment où je pourrai joindre, pour vous, le sentiment de reconnaissance à ceux de haute considération avec lesquels j'ai l'honneur d'être, Monsieur le Directeur général,

Votre très humble et très obéissant serviteur

DE BERNY

Paris, 27 mai 1826.

Cette lettre est écrite de la main de Balzac, M. de Berny n'a fait que la signer.

Pièce n° 4 du dossier des Archives Nationales.

---

[60]   RAPPORT DU DIRECTEUR GÉNÉRAL DE LA POLICE

Ministère de l'Intérieur

Direction de la Police.

—

Librairie.

Paris, le   182

RAPPORT

Le s' Laurens, imprimeur du *Constitutionnel*, s'est démis en faveur du s' Balzac (Honoré) recommandé comme digne de toute confiance par M. le vicomte de Castelbajac, directeur général des Douanes, et par M. de Berny conseiller à la Cour Royale.

Le s' Balzac a produit un certificat de capacité, signé de 3 imprimeurs à Paris.

Il annonce que l'impression du *Constitutionnel* ne sera point faite par lui. Elle a passé, en effet, chez le sʳ Chaignieau jeune, qui en a fait la déclaration.

D'après les renseignemens recueillis auprès de M. le Préfet de police, il paraît que le sʳ Balzac, natif de Paris et âgé de 27 ans, a fait ses études et son droit, qu'il appartient à une famille estimable et aisée, que sa conduite est régulière et qu'il professe de bons principes.

Il n'a fait aucun apprentissage dans l'imprimerie, mais on convient qu'il en connaît bien le méchanisme (*sic*).

D'après ces diverses considérations, je crois devoir présenter à la signature le brevet du sʳ Balzac, en remplacement du sᵗ Laurens.

Pièce nᵒ 3 du dossier des Archives Nationales.

Ce rapport n'est ni signé ni daté, mais Balzac obtint son brevet d'imprimeur le 1ᵉʳ juin, ainsi que le constatent deux mentions, l'une ainsi libellée et écrite sur le rapport : *Breveté le 1ᵉʳ juin 1826, nᵒ 2354*, l'autre insérée comme suit dans la *Bibliographie de la France* du samedi 12 août 1826 :

— M. Balzac (Honoré) a obtenu, le 1ᵉʳ juin 1826, un brevet d'imprimeur à la résidence de Paris, en remplacement de M. Laurens aîné, démissionnaire.

Quatre jours après l'obtention de son brevet, Balzac déposait au Ministère de l'Intérieur la déclaration suivante :

61 DÉCLARATION DE CHANGEMENT DE DOMICILE

Imprimerie de H. Balzac.

Je soussigné, imprimeur à Paris, déclare transporter mon domicile et mon établissement rue des Marais, nᵒ 17, faubourg Saint-Germain.

Paris, 1 juin 1826.

H. BALZAC.

Pièce nᵒ 2 du dossier des Archives Nationales.

La quatorzième et dernière pièce du dossier est le brevet d'imprimeur de Jean-Joseph Laurens, à lui accordé le 15 octobre 1816, et enregistré au greffe du tribunal de 1ʳᵉ instance de la Seine le 31 décembre 1816. Il est signé par le comte de Cazes, ministre secrétaire d'État au département de la police; par M. Bertin-de-Vaux, secrétaire général du ministre, et par M. Villemain, directeur de la division de l'Imprimerie et de la Librairie.

[62] FORMATION DE LA SOCIÉTÉ H. BALZAC ET A. BARBIER

1er juillet 1826.

D'un acte de société passé sous signature privée, à Paris, le premier juillet mil huit cent vingt-six, enregistré le quatre du même mois par Labouret, qui a reçu huit francs quatre-vingts centimes décimes compris.

Il appert :

Que Mr Honoré Balzac, imprimeur, demeurant à Paris, rue des Marais-Saint-Germain, numéro dix-sept, d'une part,

Et Mr André Barbier, prote d'imprimerie, demeurant à Paris, rue de Vaugirard, numéro trente-huit, d'autre part,

Ont formé, pour l'exploitation d'un brevet d'imprimerie, une société dont la durée sera de quinze années à partir du premier juillet mil huit cent vingt-six.

Les effets de commerce, traites, obligations de toute espèce ne font obligation pour la Société qu'en tant qu'ils seront souscrits de la signature individuelle de chacun des associés.

Le fonds social est de soixante mille francs.

La raison de commerce est « Balzac et Barbier ».

Signé : H. BALZAC.

Signé : A. BARBIER.

Le dit acte enregistré, à Paris, le sept juillet mil huit cent vingt-six, folio cent quatre-vingt-dix-sept recto, case quatrième, par le receveur qui a perçu un franc dix centimes décimes compris, et déposé au greffe de ce tribunal suivant procès-verbal en date du six juillet mil huit cent vingt-six enregistré.

(Archives du Greffe du tribunal de commerce de la Seine.)

V. à l'APPENDICE VIII, pièce n° 81, l'acte de vente de l'imprimerie à André Barbier.

---

[63] LETTRE DE BALZAC A M. GILLÉ

Paris, ce 8 août 1826.

Imprimerie
de H. Balzac et A. Barbier,
rue des Marais S. G. n. 17.

Monsieur,

Nous adhérons pleinement aux propositions contenues dans votre lettre, quant à la transmission de votre brevet de libraire, sous la modification suivante :

La rente viagère que nous vous servirons sera de cent quatre-vingts francs par année; elle sera payée par trimestre et constituée par un acte sous seing privé qui vous offrira, outre la responsabilité du titulaire, la nôtre solidairement.

Nous sommes dans l'impossibilité d'ajouter aux sacrifices que nous ferions par ce traité.

Telle est, Monsieur, la base de ce traité pour lequel nous réclamons de votre part une célérité qui devient indispensable par le tems nécessaire à son accomplissement; un plus long retard compromettrait nos opérations et une fois que nous aurions été forcés de nous servir du nom d'un libraire, tout serait ajourné indéfiniment.

Nous avons l'honneur de vous saluer avec la plus haute considération

H. BALZAC.

M. GILLÉ, typographe.

Suscription de la lettre : Monsieur Gillé, rue Saint-Jean-de-Beauvais, n° 16, ou aux Feuillantines, rue S.-Jacques, entre le n° 261 et 263.

(Coll. de M. le Vte de Sp. de L.)

---

64. LETTRE DU PÈRE DE BALZAC A MADAME DELANNOY

23 août 1826.

A Madame de Lanoy (sic), rue Basse-du-Rempart, à Paris.

Versailles, 23 août 1826.

Balzac apprend avec satisfaction que Madame de Lanoy (sic) vient au secours de son fils Honoré; il lui en fait mille remercîments, avec d'autant plus de plaisir que des changements coûteux, et encore plus indispensables, ne lui permettent pas de faire ce qui convient; et que d'ailleurs les secours auront plus d'effet venant de la simple bonté d'un tiers. Mais Balzac répond à Madame de Lanoy de tout ce qu'elle pourra faire pour son fils, à quelle somme que cela puisse se monter, et de la rembourser si l'emprunteur ne satisfait pas à ses engagements. Elle comprendra mieux que je pourais (sic) l'écrire que ceci doit rester dans le plus absolu secret.

Balzac espère être assez heureux pour trouver des occasions de manifester?| sa sensibilité à Madame de Lanoy. Elles ne sauraient trop se multiplier. Il la prie d'agréer l'hommage de son profond respect.

BALZAC.

(Coll. de M. le Vte de Sp. de L.)

---

[65]   LETTRE DE H. BALZAC A M. DE LA PILAYE

27 août 1827.

M. Balzac a l'honneur de saluer Monsieur de la Pilaye et il le prévient afin d'éviter toute surprise,

1° Que des deux effets qu'il a à payer du mois, vendredi prochain, *l'un est de 1437 fr. 20 cent. et qu'il est causé payable chez M. Boulanger.*

2° Celui de 1000 fr. est au domicile de M. de La Pilaye, rue de Madame.

Il a l'honneur de lui présenter ses affectueuses civilités.

H. B.

Suscription de la lettre : Monsieur de la Pilaye, impasse de Madame, n° 4, f. s. G.

(Collection de M. Georges Cain.)

---

[66] DISSOLUTION DE LA SOCIÉTÉ H. BALZAC ET A. BARBIER

3 février 1828.

D'un acte sous signatures privées en date du trois février présent mois, enregistré le six du même mois, folio cinquante recto, case première, par Labourey (*sic*) qui a reçu cinq francs cinquante centimes décimes compris.

Il appert :

Que la Société formée entre Messieurs H. Balzac et A. Barbier, demeurant tous deux, rue des Marais-Saint-Germain, numéro dix-sept, pour l'exploitation d'un brevet d'imprimeur, par acte en date du premier juillet mil huit cent vingt-six, est dissoute.

M. Balzac est nommé liquidateur et reste seul possesseur de l'établissement d'imprimerie.

Paris, ce quatre février mil huit cent-vingt-huit.

Signé : H. Balzac.

Signé : Barbier

Le dit acte enregistré, à Paris, le six février mil huit cent vingt-huit, folio cinquante, case deuxième, par le receveur qui a perçu un franc dix centimes décimes compris, et déposé au Greffe du tribunal de Commerce de la Seine, suivant procès-verbal en date du quatorze février mil huit cent vingt-huit, enregistré.

(Archives du Greffe du tribunal de commerce de la Seine.)

APPENDICE VII

LA FONDERIE BALZAC ET Cie

67! FORMATION DE LA SOCIÉTÉ LAURENT, BALZAC
ET BARBIER
15 juillet 1827

D'un acte de société passé sous signature privée, à Paris, le quinze juillet mil huit cent vingt-sept, enregistré le dix-neuf du même mois, folio soixante-cinq recto, case sixième, par De Pilez qui a reçu cinq francs cinquante centimes, subvention comprise,

Il appert :

Que Messieurs Honoré Balzac et André Barbier, imprimeurs, demeurant à Paris, rue des Marais-Saint-Germain, numéro dix-sept, et Monsieur Jean-François Laurent, fondeur, demeurant à Paris, rue des Fossés-Saint-Germain, numéro onze, ont formé, pour l'exploitation de la fonderie des caractères d'imprimerie, une Société dont la durée sera de douze années à partir du premier août mil huit cent vingt-sept.

La raison sociale est « Laurent, Balzac et Barbier ».

Monsieur Balzac aura seul la signature sociale.

Neuf mille francs ont été fournis par un associé commanditaire indépendamment de l'apport des gérants.

La Société sera gérée par Messieurs Laurent, Balzac et Barbier.

Pour extrait. Paris, ce trente juillet mil huit cent vingt-sept.

Signé : BALZAC.

Signé : LAURENT.

Signé : BARBIER

Le dit acte enregistré, à Paris, le trente juillet mil huit cent vingt-sept, folio cent six recto, case cinquième, par le receveur qui a perçu un franc dix

centimes décimes compris et déposé au Greffe de ce tribunal suivant procès-
verbal en date du trente juillet mil huit cent vingt-sept enregistré

Archives du Greffe du tribunal de commerce de la Seine

---

[68] LETTRE DE J.-F. LAURENT A BALZAC ET BARBIER

Fonderie
en caractères, gravure
et polytypage de J.-F. Laurent,
rue du Four,
faubourg Saint-Germain, n. 11.

Paris, le 16 juillet 1827

Messieurs,

Je vous envoie la facture des objets qui n'ont pu être compris dans
les feuilles qui ont servi à évaluer mon apport social, vous la compa-
rerez à ces feuilles, en faisant l'inventaire régulier : là, vous recon-
naîtrez encore un nouvel abandon de ma part, *d'objets* qui seraient
peut-être évalués deux mille francs, s'il fallaient (*sic*) les acquérir : par
là vous pouvez juger de ma confiance dans votre manière de traiter
les affaires futures, car les prérogatives que vous conservez dans l'acte
à signer, sont de nature à effrayer tout autre que moi : j'espère que
vous réaliserez par la suite la haute opinion que j'ai conçu de vous.

J'ai l'honneur d'être, Messieurs, votre très affectionné.

J.-F. LAURENT.

Note des objets qui n'ont pas été compris dans les 18 mille francs.

158 matrices justifiées, gaillarde rom. et ital. à . .	2 fr	316 fr
89 — — cicero romain (en acier) .	2,50	222,50
55 — — — italique . .	2,50	137,50
32 — — — (cuivre) . .	2 .	64
36 — — lettres grasse 3 p. de Pari-sienne, *qui n'ont pas servi*.	2,50	90
12 matrices justifiées, lettres ornées 3 p. de Phi-losophie, *qui n'ont pas servi*.	3 .	126 .
11 matrices justifiées, vignettes différents corps.	5	55
1 — — — trèsgrandes s'em-ployant de 4 manières . . .	10	10 .
1 matrice justifiée, tremblé nouveau par ligne .	3 .	3 .

Gravures sur cuivre :

Petite bordure gothique, avec son coin.	18 »
Nœud, avec son coin.	15 »
Bordure du bouclier de François I⁰ʳ	40 »
Nid d'amour dans des roses.	40 »
Grand ceps de vigne en forme d'arbre pour passe-partout.	20 »
Un bœuf	7 »
Un bouclier	5 »
Un Christ	15 »
Total	1184 »

Plus pour environ 400 fr. en divers objets, dont je fournirai note détaillée en temps utile, mes occupations présentes ne me permettant pas de la donner en ce moment.

Suscription de la lettre : Messieurs. Messieurs Balzac et Barbier. Paris.

(Archives de la fonderie Deberny.)

---

[69]   VENTE DE LA FONDERIE GILLÉ FILS

18 septembre 1827.

Vente aux enchères, après faillite et décès de M. Gillé fils, imprimeur-fondeur, rue Garancière, n. 4, près Saint-Sulpice, à Paris, le mardi 18 septembre 1827 et jours suivans, 11 heures du matin.

Cette vente consiste dans les objets ci-après détaillés : Matrices de caractères romains et italiques depuis la nompareille jusques et y compris les grosses de fonte ; la vente s'en fera par lots. — Matrices de vignettes depuis la parisienne jusqu'aux deux points de gros canon. — Collection de lettres ombrées et ornées. — Caractères d'écritures anglaise, ronde, coulée et bâtarde. — Divers signes célestes, de géométrie, algèbre, médecine, maçonnerie, etc. — Divers plain-chants. — Lettre de deux points sur divers corps. — Caractères de l'ancienne fonderie de Gillé père, depuis la nompareille jusqu'au double canon. — Collection de poinçons gravés sur bois. — Collection de gravures polytypées. — Moules, divers corps. — Un coupoir avec justifieurs, rabats, etc. — Collection de composteurs en bois. — Deux armoires typothèques garnies de leurs tiroirs. — Une grande table d'assemblage. — Livres d'épreuve. — Expressément au comptant.

S'adresser, pour voir les objets, à M. Laurent, syndic de la faillite, rue des Marais Sᵗ-Germain, n. 17.

Nota : On vendra à l'amiable, s'il est fait des offres satisfaisantes avant le jour indiqué.

Feuilleton de la *Bibliographie de la France,* n° 29, samedi 8 septembre 1827.

NOTE DE H. BALZAC A M. BEUCHOT

directeur de la Bibliographie de la France.
rue de l'Abbaye, à Paris.

Imprimerie
de H. Balzac et A. Barbier
rue des Marais S. G. n. 17.

Paris, ce 24 septembre 1827

M. Balzac a l'honneur de saluer Monsieur Beuchot et de le prier d'insérer, dans le prochain n° du *Journal de la Librairie*, les deux avis qu'il lui transmet.

Le n° 1 est d'autant plus utile que le journal a, de bienveillance, annoncé le changement de domicile de M. Laurent, sans annoncer que la fonderie appartenait à MM. Balzac et Barbier.

Le second avis est d'une grande utilité pour le commerce.

Si, malgré l'abonnement de leur nouvelle fonderie, il y avait à payer pour cette insertion, M. Balzac s'empresserait de satisfaire au payement.

M. Balzac prie Monsieur Beuchot d'agréer ses complimens et l'assurance de sa considération très distinguée.

H. B.

(Coll. de M. le Vᵗᵉ de Sp. de L.)

Voici le texte des deux avis rédigés par Balzac et insérés dans la *Bibliographie de la France* du samedi 29 septembre 1827, feuilleton n° 21 :

— MM. Balzac et Barbier ont contracté le 1ᵉʳ août dernier une société de douze années avec M. J. F. Laurent, fondeur en caractères, pour la fonderie des caractères d'imprimerie. Leur établissement est maintenant situé rue des Marais-Saint-Germain, n. 17, à l'imprimerie de M. H. Balzac.

— La maison de fonderie de MM. Laurent, Balzac et Barbier a acquis, conjointement avec celle de M. Dumont, propriétaire de la fonderie typographique royale de Bruxelles, le fonds de feu Joseph Gillé, vendu par adjudication publique les 18 et 19 septembre courant. Ces deux maisons se sont réunies pour offrir les produits de ce fonds, à Bruxelles, rue des Sablons, section première, n. 1042 ; à Paris, rue des Marais-Saint-Germain, n. 17.

Les autres produits de la maison Laurent, Balzac et Barbier se trouvent également à la fonderie royale de Bruxelles, et ceux de cette dernière maison à la fonderie Laurent, Balzac et Barbier.

71. CIRCULAIRE DE LA FONDERIE LAURENT,
BALZAC ET BARBIER

Fonderie
de
Laurent, Balzac et Barbier,
Rue des Marais S.-G., n. 17.
—
Gravure sur acier, cuivre et bois.
Polytypie.

Paris, le 6 décembre 1827.

M

Nous avons l'honneur de vous annoncer que nous avons formé,
le 1er août dernier, une association de douze années pour l'exploitation de la Fonderie des caractères d'imprimerie, la gravure sur acier,
sur cuivre et sur bois, la polytypie, &c.

Incessamment, nous aurons l'avantage de vous adresser les cahiers
d'épreuves de nos caractères et de nos sujets polytypés, vignettes,
fleurons, &c., qui sont en ce moment sous presse.

Nous espérons, M[onsieur], que vous voudrez bien continuer de
nous honorer de votre confiance et nous envoyer vos ordres ; M. Laurent étant entièrement chargé de la direction des ateliers, nous
sommes à même, par les connaissances qu'il possède en tout ce qui
concerne la fonderie, de satisfaire à toute espèce de demande.

Nous avons récemment acquis dans une adjudication publique tout
le matériel de l'ancienne Fonderie de feu Gillé fils, imprimeur et fondeur, et nous pouvons facilement fournir les assortimens et les caractères de cette fonderie dont les types, bien qu'ils soient différens des
nôtres, seront conservés dans notre maison.

Monsieur Balzac ayant seul la signature sociale, veuillez prendre
note de celle apposée ci-dessous, pour y ajouter foi au besoin.

Dans l'attente de vos ordres, nous avons l'honneur d'être, M[on-
sieur], vos dévoués serviteurs

LAURENT, fondeur.
ci-devant rue du Four S. G., n. 11.

BALZAC, A. BARBIER, imprimeurs
rue des Marais S. G., n. 17.

Signature sociale
LAURENT, BALZAC et BARBIER

MM. Balzac et Barbier saisissent cette occasion pour vous prévenir qu'ils ont acheté de M. Pierre Durouchail la communication de ses procédés de Fontéréotypie [1].

La Fontéréotypie est l'art d'obtenir les résultats de la Stéréotypie, sans avoir besoin de la chaudière à plonger les matrices ni de tourner, bizoter et corriger les pages.

M. Laurent ayant consenti à diriger les Ateliers de Fontéréotypie, a perfectionné les procédés de M. Durouchail de manière à mettre MM. Balzac et Barbier à même de fournir, dans le plus court délai possible, tel nombre de feuilles stéréotypées que l'on pourrait désirer.

(Archives de la fonderie Deberny.)

La circulaire imprimée porte : « *tout le* matériel de l'ancienne Fonderie… » Sur l'exemplaire que nous avons eu entre les mains ces mots *tout le* ont été rayés à la plume et remplacés par les suivants : *une partie choisie du…*

---

[72] DISSOLUTION DE LA SOCIÉTÉ LAURENT, BALZAC ET BARBIER
3 février 1828.

D'un acte, sous signatures privées en date du trois février présent mois, enregistré le six du même mois, folio cinquante recto, case troisième, par Labourey (*sic*) qui a reçu cinq francs cinquante centimes, décimes compris.

Il appert :

Que la Société formée entre Messieurs Jean-François Laurent, H. Balzac et André Barbier, demeurant tous trois rue des Marais-Saint-Germain, numéro dix-sept, pour l'exploitation de la fonderie des caractères d'imprimerie, est dissoute.

Messieurs Laurent et Balzac sont nommés liquidateurs et restent propriétaires de l'établissement de fonderie.

Paris, ce quatre février mil huit cent vingt-huit.

Signé : LAURENT.   Signé : BALZAC.
Signé : BARBIER.

(1) Le billet suivant nous donne le prix d'achat par Balzac et Barbier de l'indication de ce procédé :

Au quinze mai prochaine année, nous paierons à monsieur Durouchail ou ordre la somme de cinq cents francs, valeur reçue en l'indication de son procédé de fontéréotypage (*sic*).

Paris, ce 16 novembre 1827.

H. BALZAC, A. BARBIER,
imprimeurs, rue des Marais S. G., nᵒ 17.

Le dit acte enregistré, à Paris, le six février mil huit cent vingt-huit, folio cinquante recto, case quatrième, reçu un franc dix centimes décimes compris, et déposé au Greffe de ce tribunal, suivant procès-verbal en date du quinze février mil huit cent vingt-huit, enregistré.

(Archives du Greffe du tribunal de commerce de la Seine)

---

[73]   ACTE DE SOCIÉTÉ ENTRE LAURENT ET BALZAC

3 février 1828.

Entre les soussignés Jean-François Laurent, fondeur en caractères, demeurant à Paris, rue des Marais S' G", n. 17, d'une part, et Honoré Balzac, imprimeur en caractères, même demeure, d'autre part, et encore Madame Louise Antoinette Laure Hinner, stipulant au nom et comme fondée de procuration de M. Etienne, Charles, Gabriel de Berny, son mari, conseiller à la Cour Royale de Paris, y demeurant, rue d'Enfer, n. 55; la dite procuration passée devant M' Dubois, notaire à Paris, le six février mil huit cent vingt-sept : aussi d'autre part, il a été dit ce qui suit :

Les soussignés désirant continuer l'association formée entre eux par acte sous signatures privées en date du quinze juillet dernier, enregistré le 19 et qui n'a été dissoute que par suite de la retraite de M. A. Barbier, associé de M. Balzac, pour l'exploitation de la fonderie des caractères d'imprimerie et de tout ce qui dépend de cette branche de commerce, comme la polytypie, la gravure sur bois, sur cuivre, sur pierre, gravure de caractères, &c., ils ont reconstitué leur société sur les mêmes bases que celles consenties dans l'acte du quinze juillet sus-mentionné et ainsi qu'il suit :

ARTICLE PREMIER

Il y a société entre les sieurs Jean François Laurent et Honoré Balzac et Madame de Berny pour l'exploitation de la fonderie des caractères d'imprimerie et de tout ce qui dépend de cette branche de commerce. La société sera en nom collectif à l'égard de MM. Laurent et Balzac et en commandite seulement à l'égard de Mad' de Berny.

ARTICLE 2

La durée de la société sera de douze années qui auront commencé à partir du premier août dernier.

ARTICLE 3

La mise de fonds social de M. Laurent se compose de tous les ustensiles, matrices, poinçons, moules, outils et objets mobiliers généralement quelconques qui composaient la fonderie exploitée par lui, rue du Four S' G", n. 11, lesquels objets mobiliers ont été énumérés dans un inventaire qui a été fait quadruple par l'ancienne société ; cet inventaire continuera à être annexé au présent acte de société pour servir et valoir ce que de raison ; le tout a été estimé contradictoirement entre les soussignés la somme de dix-huit mille francs.

M. Balzac ayant, sur l'apport de sa mise de fonds social et celle de Madame de Berny, toutes deux ensemble, égales à celle de M. Laurent et stipulées dans l'acte de constitution de la société dissoute, versé la somme de quinze mille quatre cent quatre-vingt francs 50 centimes et leur mise sociale restant la même, il ne se trouve plus obligé que de verser celle de deux mille cinq cent dix-neuf francs 50 centimes, d'ici au premier août prochain au fur et à mesure des besoins de la société, pour parfaire la somme de neuf mille francs qui constituaient son apport.

Article 4

Chacun des associés demeure chargé de ses dettes personnelles. Si la société jugeait convenable de payer la dette personnelle de l'un des associés, il perdrait pendant tout le tems qui s'écoulerait entre l'acquittement de la dette et le rétablissement de la somme payée, à la caisse, une portion dans la part de ses bénéfices, au prorata de la somme payée ; cette réduction de sa part dans les bénéfices n'aurait lieu qu'autant qu'il serait plus de quatre-vingt-dix jours à rétablir la somme payée pour lui.

Article 5

Le siège de la société continuera à être fixé rue des Marais S⟨t⟩ G⟨n⟩, n. 17, dans l'établissement de Monsieur Balzac.

Article 6

En leur qualité d'associés en nom collectif, MM. Laurent et Balzac auront des droits égaux à la gestion et à l'administration de l'établissement en tout ce qui concernera les détails tels que marchés, achats, fabrication, correspondance, comptabilité, etc. Mais cependant, M. Laurent aura particulièrement la direction de la fabrique et des ateliers, achats en matière, ventes, etc., et, afin de faciliter la surveillance des ateliers, la société continuera à loger M. Laurent dans l'établissement.

M. Balzac tiendra la caisse, les écritures, la comptabilité et sera chargé de tous les mouvemens de fonds, négociations, etc.

Les livres continueront d'être tenus en parties doubles. M. Laurent promet par ces présentes de s'occuper de la direction des ateliers de la dite fonderie, exclusivement à toute autre entreprise commerciale du même genre ou de quelque nature que ce soit ; et les effets de l'infraction à la présente obligation seront réglés ci-après, article 18.

Néanmoins, M. Laurent pourra autoriser Mad⟨e⟩ Laurent, son épouse, ou ses enfans à entreprendre le commerce, pourvu qu'ils soient séparés de biens avec lui, de manière à ce qu'ils ne puissent engager la présente société et que le commerce par eux entrepris ne soit pas du ressort de la fonderie et de tout ce qui la concerne ; ne seront pas considérés comme une dérogation au présent article, les services que M. Laurent pourra rendre soit à ses amis, à l'étranger ou en province, lorsqu'ils seront purement gratuits et non préjudiciables à la présente société.

ARTICLE 7

Les associés partageront, aux époques qui seront déterminées ci-après, les bénéfices par moitié, savoir : M. Laurent, une moitié et M. Balzac et Madame de Berny, l'autre moitié par portions égales ; ils subiront les charges et les pertes dans les mêmes proportions.

ARTICLE 8

Les charges de la société se composeront : 1º du loyer entier du local qui sera occupé par la fonderie ; 2º des impositions et de la patente de la fonderie ; 3º des paiemens à faire aux ouvriers ; 4º de l'acquittement de sommes dues pour acquisitions faites par la Société et pour les besoins de la fabrication.

ARTICLE 9

Indépendamment des charges ci-dessus stipulées, les associés gérans auront le droit de prélever la somme de quatre mille huit cents francs par année pour leurs besoins personnels, à savoir : deux mille quatre cents francs pour M. Laurent et deux mille quatre cents francs pour M. Balzac ; lequel prélèvement sera considéré comme une charge sociale.

M. Laurent ne supportera personnellement qu'une charge nouvelle de quatre cents francs sur le prix du logement qui lui est donné par la société.

ARTICLE 10

Tous les ans, au mois de septembre, il sera fait un inventaire régulier de l'actif et du passif de la société, à l'effet de constater les bénéfices ou les pertes. Cet inventaire contiendra le prix exact de chaque objet nouvellement acquis et les objets anciens seront portés au prix fixé dans l'apport de Mons. Laurent. Les objets nouvellement acquis subiront tous les quatre ans une dépréciation de quinze pour cent. Les objets qui périssent par l'usage disparaîtront de l'inventaire. Les objets anciens subiront aussi, tous les quatre ans, une dépréciation de cinq pour cent.

Les bénéfices à partager se composeront de toutes les valeurs pécuniaires liquides qui se trouveront en caisse et dont un quart au moins devra rester pour le service de l'année courante.

ARTICLE 11

La raison de commerce sera : Laurent et Balzac.

ARTICLE 12

M. Balzac, étant spécialement chargé de la caisse et du maniement des fonds, pour que les effets de commerce, obligations, traites, brefs engagemens, endossemens que les besoins de la société nécessiteront soient obli-

gatoires pour elle, ils ne devront être souscrits que par M. Balzac qui aura
seul la signature sociale; et la société ne sera engagée qu'autant que les signatures auront été données pour cause de valeurs à elle fournies et résulteront
des opérations inscrites sur les registres.

ARTICLE 13

La société sera dissoute : 1° par l'expiration du terme de douze années;
2° par l'infraction dont il a été parlé à l'article 6 des présentes. La société
pourra être dissoute : 1° par la mort de M. Laurent, mais sous les conditions
qui seront stipulées dans les articles 15 et 16; 2° par le décès de M. Balzac,
sous les conditions stipulées dans l'article 17.

ARTICLE 14

Lors de la dissolution de la société par l'expiration des douze années, les
associés s'entendront, à cette époque, sur le meilleur mode de liquidation à
intervenir; mais, dans tous les cas, le matériel composant le fonds social ne
pourra jamais être partagé en nature que d'un consentement unanime.

ARTICLE 15

Arrivant le décès de M. Laurent, la dissolution de la société n'aura lieu
que sous l'empire des clauses et conditions suivantes : ses héritiers auront la
faculté de continuer l'association sur les bases du présent acte de société,
sous la condition du prélèvement dont il sera ci-après parlé. Ils auront le
délai d'un mois pour exercer cette faculté. Le mois expiré, ils seront tenus
d'opter entre la continuation de la société et le remboursement qui va être
stipulé ci-dessous : ce délai d'un mois ne commencera à courir qu'à partir de
la présentation par les associés restant d'un état de situation de l'actif et du
passif de la société, lequel sera basé sur le précédent inventaire. M. Balzac
aura un délai d'un mois pour présenter cet état de situation. Si les héritiers
de M. Laurent continuent l'association, ils n'auront pas droit à la portion du
prélèvement stipulé dans l'article 9 et revenant à M. Laurent comme associé
gérant; ce prélèvement sera affecté au paiement de l'individu qui sera commis à son lieu et place. Les héritiers de M. Laurent seront tenus de n'être
représentés que par une seule personne; et dans le cas où il ne se trouverait
pas d'héritiers du nom de Laurent, la raison sociale serait Balzac et Cie. Les
héritiers de M. Laurent seront également tenus de rester associés par moitié
comme leur auteur et sous son nom, d'après les bases du présent acte de société, pendant le laps de temps qui s'écoulerait entre le décès de M. Laurent
et leur option pour le remboursement qui va être stipulé. La société ne sera
dissoute et la liquidation ne commencera qu'à dater du jour où ils auront
signifié à M. Balzac qu'ils n'entendent pas continuer l'association. Si les héritiers renoncent à la faculté qui leur est laissée de continuer la dite société, ils
ne pourront rien exiger autre chose que le remboursement intégral du capital représentant leur portion d'intérêt, lequel capital sera fixé d'après un
inventaire qui sera fait dans la même forme et par les mêmes moyens que
ceux employés pour l'inventaire annuel, prélèvement fait du fonds nécessaire

à l'acquittement des dettes de la société et sauf l'encaissement de tout ce qui pourra lui être dû.

La liquidation faite et le capital fixé, M. Balzac aura la faculté de jouir d'un délai de quatre années pour effectuer le remboursement dudit capital en huit paiements égaux qui se feront de six mois en six mois avec intérêts à six pour cent par an, qui commenceront à courir du jour où, la liquidation terminée, le capital aura été fixé.

Article 16

Les clauses et conditions stipulées dans l'article précédent, quant à la continuation de la société, ne concernent que les enfans légitimes de M. Laurent. Sa veuve aura les mêmes droits mais au cas seulement où elle ne convolerait pas en secondes noces. Les héritiers collatéraux, créanciers ou ayant cause autres que la veuve et les enfans légitimes de M. Laurent seront tenus d'accepter le remboursement tel qu'il est stipulé dans l'article précédent et d'après les mêmes bases. Dans ce cas, la société serait dissoute immédiatement après le décès de M. Laurent.

Article 17

Arrivant le décès de M. Balzac, ses héritiers ou ayant cause seront soumis aux conditions stipulées pour les héritiers Laurent dans les articles 15 et 16, sous les modifications suivantes : Pendant les deux mois qui peuvent s'écouler entre le décès de M. Balzac et l'option laissée à ses héritiers, la société sera gérée par M. Laurent, sous sa seule responsabilité; il aura la signature sociale et ne pourra en faire usage que pour les endossemens. Dans le cas où les héritiers de M. Balzac jugeraient convenable de vendre son imprimerie, M. Balzac réserve spécialement à ses héritiers, ce qui est accepté par M. Laurent, le droit de vendre également leur portion d'intérêt dans la présente société, et M. Laurent serait tenu d'accepter les successeurs de M. Balzac comme associés gérans aux mêmes conditions et sur les mêmes bases que celles stipulées dans le présent acte de société, sauf les modifications apportées à la signature sociale qui seront réglées à l'amiable. De son côté, M. Laurent aura le droit d'arrêter l'effet de cette dernière clause en payant aux héritiers de M. Balzac une plus value qui ne pourra, dans aucun cas, excéder le quart du capital social qui leur reviendra.

Article 18

La dissolution ayant lieu par l'infraction dont il a été parlé dans l'article six, M. Laurent subirait la perte entière de sa portion de capital.

Article 19

Dans le cas où, dans l'intérêt de la présente association, les associés jugeraient convenable d'augmenter le fonds social, chacun desdits associés, même le commanditaire, serait tenu de contribuer, au prorata de sa mise sociale, à ce versement qui sera simultané et fait en espèces.

Fait en triple expédition, à Paris, le trois février mil huit cent vingt-huit.

Approuvé l'écriture ci-dessus :

L.-A.-L. HINNER DE BERNY.

Approuvé l'écriture ci-dessus :

H. BALZAC.

Approuvé l'écriture ci-dessus :

LAURENT.

Enregistré, à Paris, le neuf février 1828, f° 96 v°, c. 5, 6, 7 et 8. Reçu cinq francs 50 cent.

Cette expédition porte en outre que le dépôt légal des pièces de la société a été fait le vendredi 15 février 1828 au greffe du Tribunal de commerce.

L'insertion concernant la formation de la société Laurent et Balzac a été enregistrée le 6 février 1828, sous le n° 3840, au livre de caisse du *Journal général d'affiches.*

Archives de la fonderie Deberny.

74. DÉPOT LÉGAL DES PIÈCES DE LA SOCIÉTÉ LAURENT ET BALZAC

15 février 1828.

Extrait des minutes du greffe du Tribunal de Commerce du département de la Seine, séant à Paris.

Du vendredy quinze février mil huit cent vingt-huit.

Aujourd'hui est comparu au greffe de ce tribunal le sieur Jean-François Laurent, fondeur en caractères, demeurant à Paris, rue des Marais, numéro dix-sept.

Lequel, en conformité des articles quarante-deux, quarante-trois et quarante-quatre, livre premier, titre troisième du Code de commerce, requiert le dépôt, l'enregistrement et l'affiche d'un acte de société fait à Paris, sous seing privé, le trois février présent, enregistré le neuf du dit par le sieur Labouret qui a reçu la somme de cinq francs cinquante centimes.

Entre ledit comparant, d'une part, et le sieur Honoré Balzac, demeurant à Paris, rue des Marais, numéro dix-sept, d'autre part ;

Desquels dépôt, enregistrement et affiche à la salle d'audience à l'instant fait il a été, audit sieur Laurent comparant ce requérant, donné acte, pour servir et valoir ce que de raison ; sera ledit acte transcrit en fin de la présente expédition et restera pour minute au greffe du dit tribunal et a le dit sieur Laurent signé avec nous greffier après lecture faite.

Signé LAURENT et RUFFIN

En marge de la minute est écrit la mention d'enregistrement dont la teneur suit :

Enregistré, à Paris, le vingt-cinquième jour du mois de février mil huit cent vingt-huit, reçu la somme de quatre francs cinquante-cinq centimes.

Signé : GOBERT.

Au greffier, douze centimes.

Suit la teneur de l'acte déposé.

Extrait d'un acte, sous signatures privées, en date du troisième jour du mois de février présent, enregistré le neuvième jour du mois de février mil huit cent vingt-huit, folio quatre-vingt-seize verso, cases cinquième, sixième, septième et huitième, par le sieur Labouret qui a reçu la somme de cinq francs cinquante centimes.

Il appert qu'il y a société entre Monsieur Jean-François Laurent, fondeur en caractères, demeurant à Paris, rue des Marais, numéro dix-sept, et Monsieur Honoré Balzac, imprimeur, même demeure, pour l'exploitation de la fonderie des caractères d'imprimerie.

La durée de la société sera de douze années à partir du premier août mil huit cent vingt-sept.

La raison sociale est Laurent et Balzac. Le fonds social se compose de trente-six mille francs dont neuf mille francs sont fournis par un associé commanditaire [1].

Monsieur Honoré Balzac a seul la signature sociale et la société ne sera engagée qu'autant que les effets de commerce, obligations, traites, engagemens, endossemens souscrits par lui seul auront été contractés pour des valeurs fournies ou à fournir à la société et résultant d'opérations inscrites sur les livres de commerce.

Paris, ce six février mil huit cent vingt-huit.

Pour extrait, ainsi signé : LAURENT et BALZAC.

Au-dessous est écrite la mention d'enregistrement dont la teneur suit :

Enregistré, à Paris, le neuvième jour du mois de février mil huit cent vingt-huit, folio quatre-vingt-seize verso, case neuf. Reçu un franc dix centimes, dixième compris.

Signé : LABOURET.

Délivré par moi, greffier soussigné :

Pour extrait conforme,
RUFFIN.

Insertion a été faite dans le *Constitutionnel* du vendredi 15 février 1828, n° 46, à la dernière colonne de la quatrième page.

(Archives de la fonderie Deberny.)

---

[1] Mme de Berny.

|75| DISSOLUTION DE LA SOCIÉTÉ LAURENT ET BALZAC

16 avril 1828.

Entre les soussignés :

Jean-François Laurent, fondeur en caractères, demeurant à Paris, rue des Marais S^t Gⁿ, n° 17, d'une part, et Honoré Balzac, imprimeur, même demeure, d'autre part, il a été convenu ce qui suit :

ARTICLE 1

La société formée entre eux par acte sous seing privé du trois février dernier, enregistré le neuf du dit mois sous la raison Laurent et Balzac pour la fonderie des caractères d'imprimerie, est et demeure dissoute à compter de ce jour.

ARTICLE 2

M. J. F. Laurent est nommé liquidateur de la dite société.

ARTICLE 3

MM. Laurent et Balzac se quittent et déchargent réciproquement de toutes obligations l'un envers l'autre.

Fait double, à Paris, le seize avril mil huit cent vingt-huit.

Approuvé l'écriture ci-dessus :

H. BALZAC.

Approuvé l'écriture ci-dessus :

LAURENT.

Cet acte a été enregistré, à Paris, le 17 avril 1828, f° 175 v°, c. 9, 5 fr. 50.

(Archives de la fonderie Deberny.)

Extrait des minutes du greffe du Tribunal de commerce du département de la Seine, séant à Paris.

Du jeudy vingt-quatre avril mil huit cent vingt-huit.

Aujourd'hui est comparu au greffe de ce tribunal le sieur Jean-François Laurent, fondeur en caractères, demeurant à Paris, rue des Marais, faubourg Saint-Germain, numéro dix-sept.

Lequel, conformément aux articles quarante-deux, quarante-trois et quarante-quatre et quarante-six, livre premier, titre troisième du Code de commerce, requiert le dépôt, l'enregistrement et l'affiche de l'extrait enregistré d'un acte de dissolution de société fait, à Paris, sous seing privé, le seize du courant, enregistré le dix-sept du dit par le sieur Labouret qui a reçu la somme de cinq francs cinquante centimes.

Entre le dit comparant, d'une part : et le sieur L. Honoré Balzac, imprimeur, demeurant à Paris, rue des Marais Saint-Germain, numéro dix-sept, d'autre part.

Desquels dépôt, enregistrement et affiche à la salle d'audience à l'instant faite il a été audit sieur Laurent, comparant ce requérant, donné acte pour

servir et valoir ce que de raison; sera ledit acte transcrit en fin de la présente
expédition et restera pour minute au greffe du dit tribunal et a le dit sieur
Laurent signé avec nous greffier après lecture faite.

> Signé : LAURENT et RUFFIN.

En marge de la minute est écrit la mention d'enregistrement dont la teneur
suit :

Enregistré, à Paris, le septième jour du mois de mai mil huit cent vingt-
huit, reçu la somme de quatre francs cinquante cinq centimes.

> Signé : JAMAIN.

Au greffier, douze centimes.

Suit la teneur de l'acte déposé :

Extrait d'un acte, sous signatures privées, en date du seize avril présent,
enregistré le dix-sept présent mois, folio cent soixante-quinze verso, case neuf,
par le sieur Labouret qui a reçu la somme de cinq francs cinquante centimes.

Il appert que la société formée entre les sieurs Jean-François Laurent, fondeur en caractères, demeurant à Paris, rue des Marais, faubourg Saint-Germain, numéro dix-sept, et Honoré Balzac, aussi imprimeur, même demeure,
pour l'exploitation de la fonderie des caractères d'imprimerie, par acte sous
signatures privées, en date du trois février dernier, enregistré le dix-sept présent mois, folio cent soixante-quinze, est dissoute à compter dudit jour seize
avril.

M. J. F. Laurent est nommé liquidateur.

Fait double, à Paris, le dix-septième jour du mois d'avril mil huit cent
vingt-huit.

Au-dessous est écrit ce qui suit :

Approuvé l'écriture ci-dessus : Signé : LAURENT.

Approuvé l'écriture ci-dessus : Signé : BALZAC.

Au-dessous est encore écrit la mention d'enregistrement dont la teneur
suit :

Enregistré, à Paris, le vingt-quatre avril mil huit cent vingt-huit, folio cent
quatre-vingt-six verso, case deux, reçu un franc dix centimes ; dixième compris. Signé : LABOURET.

Délivré par moi greffier soussigné

> Pour extrait conforme
> RUFFIN.

> *Archives de la fonderie Deberny.*

---

76 FORMATION DE LA SOCIÉTÉ LAURENT ET DE BERNY

16 avril 1828.

D'un acte en date du seize avril présent mois, enregistré le dix-sept par
Labourey (sic) qui a reçu seize francs six centimes, fait sous signatures pri-

vées entre M. Jean-François Laurent, fondeur en caractères d'imprimerie, rue des Marais-Saint-Germain, numéro dix-sept, et M. de Berny fils, Lucien-Charles-Alexandre, mineur, mais émancipé d'âge suivant acte reçu par le juge de paix du douzième arrondissement de Paris, le huit avril présent mois, enregistré et dûment autorisé par son père à l'effet de contracter la société dont il va être parlé ;

La dite autorisation donnée suivant acte passé devant le même juge de paix, le douze avril courant, enregistré,

Laquelle autorisation est déposée au Tribunal de commerce avec le présent extrait pour être affichés ensemble ;

Le dit de Berny fils, demeurant chez son père, rue d'Enfer-Saint-Michel, numéro cinquante-cinq,

Il appert :

Que les dits sieurs Laurent et de Berny ont formé une société en nom collectif pour l'exploitation de la fonderie de caractères d'imprimerie.

La durée de cette société est de douze années consécutives à partir dudit jour seize avril.

Le siège de l'établissement est rue des Marais-Saint-Germain, numéro dix-sept.

La raison sociale est « Laurent et de Berny ».

Mr de Berny a, seul, la signature sociale, mais cependant, par convention expresse entre les dits associés. Mr de Berny ne devra faire usage de la signature que dans cinq années à partir du dit jour seize avril mil huit cent vingt-huit, c'est-à-dire le seize avril mil huit cent trente-trois.

Par acte passé le dix-huit courant, par-devant maître Mignotte et son collègue, notaires royaux à Paris, Mr de Berny a délégué à Mr A.-F. Huet, employé dans leur établissement et demeurant à Paris, au faubourg Saint-Denis, numéro cent cinq, l'autorisation de signer le nom de la raison sociale « Laurent et de Berny » pendant les cinq susdites années, en le constituant son mandataire général et spécial pour toutes les opérations de la société dont la gestion lui était attribuée par l'acte social.

Fait double, à Paris, le vingt avril mil huit cent vingt-huit.

Signé : LAURENT.

Signé : DE BERNY.

Le dit acte enregistré, à Paris, le vingt-quatre avril mil huit cent vingt-huit, folio cent quatre-vingt-cinq, case troisième, par le receveur qui a perçu un franc dix centimes décimes compris et déposé au Tribunal de commerce de la Seine, suivant procès-verbal en date du vingt-six avril mil huit cent vingt-huit, enregistré.

(Archives du Greffe du tribunal de commerce de la Seine

APPENDICE VIII

LA FAILLITE ET LES DETTES

---

[77]   BILLET DE BALZAC A M. VOISIN

Imprimerie   Paris, le 17 juillet 1828.
de
H. Balzac
rue des Marais S.-G., nº 17.

M. Balzac salue bien Monsieur Voisin, il le prie d'avoir la complaisance de prendre demain l'heure de midi pour la saisie que Monsieur Prestat compte faire.

Command¹	8,85
Saisie	12,40
	21,25
Autre command¹	10,40
	31,65

Suscription du billet : Monsieur Voisin, huissier, rue des Lavandières-Sᵗᵉ-Opportune, nº 24.

Le 28 octobre 1828, un sieur Martin, agissant au nom de M. Voisin, huissier, donne reçu à M. Sédillot des trente et un francs 65 cent. montant des frais détaillés ci-dessus.

Coll. de M. le Vᵗᵉ de Sp. de L.

---

[78]   LETTRES DE Mme BALZAC MÈRE A M. SÉDILLOT
[1828].

Mon cher cousin, faites tout votre possible pour que nous évitions que l'affaire arrive à la connaissance de mon pauvre mari, faites valoir ses 83 ans, qu'il ne peut se déplacer, etc., etc. ; j'ai une procuration générale un peu ancienne, mais je puis encore m'en servir pour signer, dans le cas, comme autorisée. Evitons à ce bon père le chagrin qu'il ressentirait de tout cela.

Faites valoir que le bien est de mon côté, qu'il n'y a que moi qui peux répondre ou renoncer ; mon mari n'a que des rentes viagères. On n'a pas besoin de sa signature ; dans sa convalescence, épargnons-le, le plus que nous pourrons.

Je m'en rapporte à vous sur tout ce que vous ferez, je vous le répète. Dites-moi quand il faudra aller à Paris ; je veux ne pas même faire faire ici la procuration. S'il vous en faut une, j'irai chez votre notaire à Paris ; je ne veux pas même aller chez le mien.

Adieu, cher cousin, la petite va un peu moins mal.

Vous feriez peut-être bien de demander à Honoré les reçus de toutes les sommes que j'abandonne, et dont je réponds ; du reste, je m'en rapporte à vous sur tout.

[BALZAC, née SALLAMBIER.]

Lettre adressée à M. Charles Sédillot.

(Arch. de M. Sédillot)

---

[79]   A Monsieur Sédillot, rue des Déchargeurs, n° 10.

Versailles, le 20 juillet à 11 heures [1828].

Mon cher cousin, nous recevons à l'instant votre lettre et m'empresse d'y répondre. Votre amitié et votre intervention dans notre malheureuse affaire est la seule consolation que je pouvais recevoir.

Je vous autorise, mon cher cousin, à prendre tous les engagements qui vous paraîtront nécessaires pour terminer l'affaire de mon fils aîné, comme vous le feriez pour vous-même ; m'engageant à reconnaître tout ce que vous ferez, notamment pour la renonciation aux sommes qui peuvent nous être dues, et pour la garantie de ma part du règlement d'ouvrages qui restent à faire, et qui doivent être employés aux payements arriérés des ouvriers. M'en rapportant entièrement à vous, j'attendrai votre avis pour me rendre à Paris signer toutes les conditions que vous aurez souscrites pour moi.

Recevez, cher cousin, et mes remercîments et l'expression de ma reconnaissance pour vos bons offices dans cette circonstance malheureuse.

Toute à vous,
BALZAC, née SALLAMBIER.

(Arch. de M. Sédillot)

[80] ÉTAT DE LA SITUATION DU SIEUR HONORÉ BALZAC

Imprimeur
demeurant à Paris, rue des Marais, n° 17, faubourg St-Germain [1]

PASSIF

Créances par billets et obligations.

Barbier, rue de Vaugirard, n° 17, maison Baudouin.				12 000 »
Laurens, à Villers-Cotteret.				30 000 »
Templier, quai de Gèvres, n° 20 . .	15 juillet 1828	177 »		683,25
	15 août —	206.25		
Constant Chantpie. Palais-Royal, Galerie de bois. n° 264	1° 30 juin —	356.15		2 563.15
	2° 30 juin —	500 »		
	3° 30 juin —	357 »		
	4° 15 août —	350 »		
	5° 30 septembre	1000 »		
Auguste Prestat, rue de la Poterie .	30 juin 1828			325.90
Vᵉ Cavaignac, rue St-Julien-le-Pauvre	1° 30 juin —	100 »		1 095
	2° 15 février 1829	695 »		
Lacroix, rue du Cherche-Midy. . .	15 juillet —			130 »
De Berry, papetier rue St-Séverin .	15 juillet —			249.05
Wadington	15 juillet —			196.97
Dupré	15 juillet —			170 »
Prosper Chaput, papetier, rue St-André-des-Arts	17 juillet —	400 »		2 915
	17 août —	400 »		
	17 septembre	400 »		
	17 octobre —	450 »		
	31 octobre —	500 »		
	25 décembre	650 »		
Drevet, papetier, rue d'Anjou-Dauphine.	31 mai —	115 »		1 140
	31 juillet —	700 »		
	15 août —	440 »		
Firmin Didot. rue Jacob . . .	31 juillet —	864 »		4 048
	30 septembre	1000 »		
	15 novembre	1000 »		
	31 décembre	1184 »		
Barbier, serrurier	31 juillet —	200 »		400 »
	30 septembre	200 »		
			A reporter.	55 916.32

	Report		55 916.32
Maheu, Jean.	31 juillet —	200 »	400
	17 septembre	200 »	
	8 août	1000 »	
Giroudot, mécanicien, rue du Val-de-Grâce	31 janvier —	750 »	2 700
	28 février —	500 »	
	30 avril —	450 »	
	15 août —	321 »	
	15 septembre	1000 »	
Montgolfier, rue St-Germain, nᵒ 14.	28 février —	366.50	2 690 50
	15 mars	1000 »	
Durouchail, graveur, rue des Grands-Augustins, nᵒ 25	15 août	500 »	1 000
	15 octobre —	500 »	
Oudot, rue de Vaugirard, nᵒ 122. .	20 août —		306.70
Cuisin, rue de la Harpe, nᵒ 13 . . .	31 août	244,80	874,50
	31 janvier	629,70	
Lamothe, rue St-Germain-des-Prés, nᵒ 9.	31 août		136
Beaurain, rue	1 octobre		150
Lecœur, rue.	15 octobre —		157,10
Malher et Cⁱᵉ, passage Dauphine. .	15 octobre —	1000 »	1 661
	31 octobre —	661 »	
Henry Didot, Legrand et Cⁱᵉ, rue de Vaugirard.	31 octobre —		695.45
Henry Prestat, rue des Bourdonnais, nᵒ 9	30 novembre	400 »	800
	31 janvier —	400 »	
Fauqueux, rue de Richelieu. nᵒ 18 .	30 novembre	733 »	2 266
	31 janvier —	601 »	
	28 février —	932 »	
Hanu. rue.	25 décembre		818
Hy. rue Poupée	31 janvier 1828		123
Cabany, rue Ste-Avoie (en faillite).	28 février —		135,25
Delmas. rue du Chemin-Verd, nᵒ 2			500
			7 1659.82

Créanciers par factures.

Oudot. marchand de bois, rue de Vaugirard, nᵒ 2		68.60
Meyé	500	100
Giroudot.		200
Montgolfier, quai de la Cité		119
Gagné, quai de Gèvres, nᵒ 10.	539.95	500
Hy. rue Poupée.		59
Orcaly[1]. marchand de plâtre.		50
	A reporter	73 056. 12

<hr>

[1] Ce nom est écrit ailleurs *Orzali* par Balzac.

Report.		73056,42
Cornuault et Poret, rue du Four-St-Honoré, n° 9.		170 »
Lacroix, rue du Cherche-Midy, n° 20.		130 »
Prestat Henry (frais de bail) *Payé par Ch. Séd.*		269,50
Joson et Chauvet, rue Courte-Affaire	112,95	411 »
Cuisin, rue de la Harpe, n° 13.		167 »
Montgolfier, rue de Seine	508	600 »
Fradelisy		648 »
		75 481,92
M. et Mad. Balzac, à Versailles.		37 600 »
		103 081,92[1]

Certifié véritable, le seize août mil huit cent vingt-huit.

       H. BALZAC.   MEYÉ.   BARBIER.   3 822,10

Actif estimé approximativement ainsi qu'il suit :

1° Brevet	22.000
2° Matériel de l'inventaire de 1827, fonte 18513′14	16.000
3° Acquisitions de fonte du 1er juillet 1827 au 1er juillet 1828. Environ 10 000 l., au prix commun de 2 fr. 50	11.000
4° Fonte montée au 1er juin 1827.	500
5° Presses au 1er juin 1827.	8.000
6° Mobilier industriel dans lequel se trouve (sic) 155 châssis en fer.	4.000
7° Acquisitions présumées depuis le 1er juillet 1827 jusqu'au 1er juillet 1828 dont 80 châssis environ	3.000
8° Compositions conservées	2.500
	67.000

Certifié véritable comme [compte?]

               H. BALZAC,
           MEYÉ,   BARBIER.

            Coll. de M. le Vte de Sp. de L.)

---

[81]   VENTE DE L'IMPRIMERIE A BARBIER

12 août 1828.

Entre les soussignés, créanciers sérieux et légitimes du s^r Balzac, d'une part,

Et le dit s^r Honoré Balzac, imprimeur, dem^t à Paris, rue des Marais, n° 17, d'autre part.

2° Le s^r Barbier, employé, dem^t à Paris, rue du Plâtre-St-Jacques, n° 24, encore d'autre part.

(1) L'erreur d'addition existe ainsi dans l'original. Le total devrait être de 113 081.92.

3º Et le sʳ Balzac, propriétaire, demˡ à Versailles, et la dame son épouse de lui autorisée à l'effet des présentes et, en outre, sa mandataire spéciale, suivant acte devant Mᵉ Guiffrey, notaire à Paris, en présence de témoins, le douze août mil huit cent vingt-huit, enregistrée, encore d'autre part.

A été dit, convenu et arrêté ce qui suit [1] :

Art. 1ᵉʳ. — Mʳ Balzac vend, cède, transporte et abandonne, du consentement de MM. les créanciers soussignés, à Mʳ Barbier, ce acceptant, pour lui, ses héritiers et ayant cause, son fonds de commerce d'imprimerie, matériel, fonte, presses, mobilier industriel, marchandises, papier blanc, ses droits au brevet d'Imprimeur, et enfin tout ce qui dépend du commerce de l'imprimerie exploité par le dit sʳ Balzac.

Art. 2ᵐᵉ. — La présente vente est faite moyennant la somme de soixante-sept mille francs, laquelle sera payée par M. Barbier.

Savoir : aux créanciers porteurs de billets relatifs au commerce d'imprimerie la somme de. . . . .   29,650 fr. 82

2º Aux créanciers par factures et comptes courants environ celle de. . . . .   2 500   »

                                                ____
                                                32 150 fr. 82

3º A M. Laurence (*sic*) à valoir sur le montant de sa créance vingt-deux mille huit cent quarante-neuf francs 12 c. mais avec intérêts des dits 22 849 f. 12, le tout dans le terme des conventions prises avec lui le quatre avril 1826 . . . .   22 849 fr. 12

4º Et la somme de douze mille francs qui servira à éteindre les obligations souscrites par ledit sʳ Balzac, au profit du sʳ Barbier . . . .   12 000   »

                        Somme égale. . . . .   67 000 fr. 94

Art. 3ᵐᵉ. — La somme de vingt-neuf mille six cent cinquante francs 82 cent. et deux mille cinq cents, au total trente-deux mille cent cinquante francs 82 cent., nécessaire pour payer les créanciers porteurs de billets, factures et comptes courants, sera payée par M. Barbier à MM. les créanciers, acceptant, en six paiements, savoir : le premier qui sera d'un sixième dans six mois à compter du jour où tous les créanciers auront signé les présentes, le second qui sera d'un sixième, six mois après le premier paiement et ainsi de suite de six mois en six mois, le tout sans intérêts. Les fonds seront versés entre les mains des commissaires ci-après nommés qui les répartiront aux créanciers.

Comme la somme de trente-deux mille cent cinquante francs 82 cent. ci-dessus sera insuffisante pour désintéresser les créanciers porteurs de titres, factures et comptes courants, Mʳ Balzac s'engage à parfaire la somme qui sera nécessaire pour payer le surplus qui est fixé à la somme de deux mille deux cent vingt-neuf francs, c'est-à-dire que le sʳ Balzac se charge du paiement des créances ci-après, savoir :

____

[1] Les annotations faites à l'encre rouge par M. Sédillot sur ce traité sont imprimées ici en caractères italiques.

Aux sieurs Buisson . . . . *Payé à c* 500   800

Déro . . . . *payé*   350

Fleuriet 86

Chaumont . . . .   *payé 150* — *150* — *100*   300

Sédillot . . . . *débité*   187

Chanu . . . . *payé*   300

Nacquart . . . . *payé*   206

Fr. 2 229

Lesquels créanciers ont déclaré conserver Mr Balzac seul pour débiteur et renoncent à exercer toute espèce de droits contre le s^r Barbier.

ART. 4me. — M^r et M^{de} Balzac, père et mère du s^r Balzac, renoncent à jamais à exercer aucune répétition contre le s^r Barbier, ni sur l'actif qui lui est vendu à raison de leur créance contre leur fils s'élevant à trente-sept mille six cents francs, réservant néanmoins tous leurs droits contre ce dernier, lesquels ils exerceront comme bon leur semblera.

ART. 5me. — A l'égard du remboursement des créances diverses, Mr Balzac les abandonne à Mr Barbier, à la charge par lui de payer ce qui est dû aux ouvriers, mais, à cet égard, il sera pris des arrangements particuliers à l'effet d'assurer au premier la rentrée de la dite créance et au second qu'il ne sera pas inquiété ultérieurement par les dits ouvriers. Mr Barbier prendra avec les dits ouvriers tels arrangements que bon lui semblera pour le paiement qu'il s'engage de leur faire.

ART. 6me. — Mr Balzac s'engage à payer à Mr Laurence (sic) tout ce qui lui restera dû après paiement de vingt-deux mille huit cent quarante-neuf francs 12 cent. que Mr Barbier doit lui payer sur le dit principal, laquelle somme, restant due, ne sera imputable que sur les derniers termes de la dite créance, mais portera intérêts ainsi qu'il est stipulé en son titre de créance, ce qui est accepté par Mr Laurence (sic) qui consent à n'avoir plus que le dit s^r Balzac p^r débiteur du dit surplus de prix, consentant à décharger Mr Barbier de toutes choses à ce relatives.

ART. 7me. — Mr Barbier s'engage en outre à rembourser à Mr Balzac la somme de deux mille francs pour les six mois payés d'avance pour les loyers, comme aussi il s'engage à prendre les papiers blancs étant en magasin, évalués par M. Balzac à la s^{me} de mille francs, mais sauf l'estimation qui sera faite à cet égard.

Les dites sommes seront payées à Mr Balzac par sixième de six mois en six mois et sans intérêts, comme il est dit en l'article troisième ci-dessus.

Sur les premiers sixièmes Mr Barbier retiendra : 1° ce qu'il sera tenu de payer pour contributions arriérées dues par Mr Balzac. 2° la s^{me} de mille francs pour le terme des loyers échus le quinze juillet mil huit cent vingt-huit et dûs par Mr Balzac ; 3° tout ce qui sera payé aux créanciers porteurs de factures et c^{tes} courants au-dessus de la s^{me} de deux mille cinq cents francs ci-dessus

Art. 8me. — Mr Balzac s'engage à faire à Mr Barbier le transport du bail des lieux où il exploite le dit établissement et à faire accepter le dit transport par le propriétaire, condition de rigueur et sans l'exécution de laquelle les présentes seront nulles et non avenues.

Art. 9me. — Faute par Mr Barbier de payer le premier ou l'un des subséquents paiements dans les délais ci-dessus fixés, il sera déchu du bénéfice du terme à lui accordé et MM. les créanciers, désignés à l'art. 3me, rentreront dans la plénitude de leurs droits et action contre lui, pour le paiement de leur créance ; ils pourront, en conséquence, exercer toutes les poursuites que bon leur semblera, faire vendre son établissement, le matériel et mobilier en dépendant et en partager le prix.

Art. 10me. — Pour veiller à l'exécution des présentes, M^rs les créanciers nomment pour commissaires MM. Alexandre Montgolfier et Malher, lesquels ont accepté et sont chargés de recevoir, à chaque échéance, les 6 versements que devra faire Mr Barbier, ainsi qu'il est dit ci-dessus, et en feront la répartition aux créanciers.

Les dits commissaires devront également surveiller les opérations du s^r Barbier qui sera tenu de leur communiquer ses livres à toutes réquisitions et au moins tous les trois mois.

Et dans le cas où MM. les commissaires trouveraient que l'établissement du s^r Barbier n'est pas conduit de manière à donner aux créanciers toute sûreté, ils devront réunir les créanciers, leur faire leur rapport, et alors M^rs les créanciers prendront telles mesures qu'ils jugeront convenable.

Art. 11me. — MM. les créanciers s'engagent dès à présent à suspendre toutes poursuites contre le s^r Balzac et le s^r Barbier, et s'obligent à retirer de la circulation tous les titres qu'ils auraient pu y mettre et, en tous cas, à garantir les s^rs Balzac et Barbier de toutes poursuites qui pourraient être exercées par des tiers ; ils réservent néanmoins tous leurs droits contre les coobligés aux titres dont ils sont porteurs, autres que les s^rs Barbier et Balzac et ce sans novation.

Art. 12me. — Au moyen des présentes, M^rs les créanciers quittent et libèrent Mr Balzac et reconnaissent Mr Barbier pour leur seul débiteur.

Art. 13me. — Les présentes seront nulles et non avenues dans le cas où tous les créanciers n'y adhéreraient pas et le brevet dont est propriétaire Mr Balzac restera déposé entre les mains de Mr Sédillot, rue des Déchargeurs. n° 10, jusqu'à ce que le consentement à l'unanimité des créanciers ait été obtenu et aussitôt il sera remis à Mr Barbier.

Fait triple, à Paris, le seize août, mil huit cent vingt-huit, dont un pour M. Barbier, un pour M. Balsac (sic), un pour M^rs   qui sera remis aux créanciers.

Suivent les signatures : Malher et Cie ; Drevet ; Facqueux ; Ve Lacroix [signe Lacriox] ; Ch. Sédillot ; Balzac, née Sallambier « tant en mon nom qu'en celui de mon mari comme porteur de sa procuration » ; J.-B. Crisis,

(1) Le nom est resté en blanc dans l'original

BEAURAIN; GIROUDOT; GAGNÉ; Prosp. CHAPUT; MEYÉ; DUPRÉ; TEMPLIER; veuve CAVAIGNAC; BEAULÉ fils, *pour la valeur de ma facture de six cent qua-rante-huit francs*; FRADELISY neveu; P.-L. MONTGOLFIER; Alex. MONTGOLFIER; H. BALZAC; CORNUAULT et PORET; A. PRESTAT; JOZON et CHAUVET; II. DIDOT *pour Firmin Didot père et fils*; LE GRAND et Cie; Constant CHANTPIE; DUROU-CHAIL; Ambr. FIRMIN DIDOT; Alfred WADDINGTON, *par procuration de M. A. Montgolfier*; Bon ISNARD; DEBERNY; MAHEU; Henri PRESTAT; V. de BOZ; HANUS; BARBIER, serrurier; DE CHAUMONT; LAURENS aîné; LAMOTHE; FLORIET fils; BUISSON; NACQUART; BARBIER.

Les signatures de MM.

1° Lecœur, créancier de la somme de 157.10
2° Cabany.   435.25
3° Constant Chantpie. 2563.15
4° Oudot. 375.30
5° Delmare . . . .   500 »
6° Orzali.   50 »
7° Mme Chanu, *rue St-Louis-au-Marais, n° 71* . . . .   300 »
Total : Quatre mille trois cent quatre-vingt francs
cinquante centimes.   4380.50

Les signatures de deux tiers porteurs n'ayant pu être obtenues jusqu'à ce jour, Madame Balzac, tant en son nom personnel que comme fondée de la procuration sus énoncée du sieur son mari, promet et s'engage garantir Mr Barbier de tout recours de la part des dits créanciers ou de leurs tiers porteurs, s'obligeant à prendre avec eux telles conventions particulières qu'elle avisera; et se réservant seulement, ainsi que Mr Barbier y consent, d'exercer, au lieu et place desdits créanciers, tous les droits qui résulteraient en leur faveur de l'acte qui précède, s'il était signé par eux pour le remboursement par sixième du capital de leurs créanciers.

Fait triple, à Paris, le seize août mil huit cent vingt-huit.

Approuvé l'écriture ci-dessus,   Approuvé l'écriture ci-dessus,
BALZAC, née SALLAMBIER.   II. BALZAC.

Approuvé l'écriture ci-dessus,
BARBIER.

(Coll. de M. le Vte de Sp. de I.)

---

[82] CONVENTION ENTRE HONORÉ BALZAC, ANDRÉ BARBIER
ET M. CHARLES SÉDILLOT

16 août 1828.

Entre les soussignés :

M. Honoré Balsac (sic), imprimeur, dem^t à Paris, rue des Marais, n° 17, et M. André Barbier, employé, dem¹ à Paris, rue du Plâtre-S¹-Jacques, d'autre part,

3⁰ M. Charles-Antoine Sédillot, négociant, dem¹ à Paris, rue des Déchargeurs, n⁰ 10, encore d'autre part,

Indépendamment des conventions arrêtées entre M. Barbier, M. Balzac et les créanciers de ce dernier par acte sous seing privé en date du seize août 1828, il a été convenu ce qui suit entre les soussignés :

M. H. Balzac, outre les créanciers portés dans l'acte sus daté, doit aux ouvriers qui ont travaillé chez lui, une somme de quatre mille cinq cent vingt-sept francs 30 cent. suivant l'acte annexé à chacun des triples du présent.

Il destine à l'acquit de la dette les sommes à lui dues pour diverses impressions dont l'état, également ci-annexé, s'élève à, sauf erreur ou omission, environ six mille quatre cent vingt francs ; les factures des dites impressions ont été présentement remises à M. Barbier qui le reconnaît et se charge de faire régler, en présence de M. Balzac, ce qui est dû par les libraires et autres débiteurs dans le mois qui suivra la prise de possession de l'établissement dont il s'agit et s'engage à remettre les dits réglemens à M. Sédillot.

M. Sédillot, de son côté, s'engage à remettre, dans le délai de deux jours, à M. Barbier qui s'en charge la somme de onze cent trente un franc 82 cent. formant le quart de celle due aux ouvriers et M. Barbier s'engage à justifier, dans le délai de huit jours, de la répartition qu'il aura faite de la dite somme aux ouvriers. Le reçu de M. Barbier de la dite somme de onze cent trente un francs 82 cent. sera échangé contre celui des ouvriers.

M. Sédillot s'engage, en outre, à remettre à M. Barbier la somme de trois mille trois cent quatre-vingt-quinze francs 48 cent. formant les trois autres quarts de celle due aux ouvriers et ce en trois payements de mois en mois, à la condition qu'avant le versement du second quart les réglemens des libraires et autres débiteurs lui seront fournis en totalité.

Ces réglemens devront être faits à l'ordre de M. Balsac (sic) ou de son mandataire spécial et à une année d'échéance au plus.

Fait triple, à Paris, le seize août mil huit cent vingt-huit.

Approuvé l'écriture
H. Balzac.

A. Barbier.

Ch. Sédillot.

J'ai reçu de M. Sédillot la somme de onze cent trente un francs quatre-vingt un centimes pour le premier quart relaté dans l'acte ci-dessus.
Paris, 16 août 1828.

A. Barbier.

Coll. de M. le Ve de Sp. de L.

La pièce qui suit est l'acte dont il est question dans le second paragraphe de l'arrangement ci-dessus :

83] *Relevé général des sommes dues aux ouvriers de M. Balzac depuis le 17 mai 1828 jusqu'au 12 juillet 1828.*

Compositeurs.		Report	3084,45
Bertemy	899,20	*Conscience.*	
Huette	49 »	Lecorney	120 »
Alexandre Pisseau	61 »	Bouillot	237,75
Thomas	43 »	Blanc	29 »
Marelle	320,75	Bouillon	80 »
Regnaud	217,95	Bordier	56 »
Bouillot (pour d'autres)	4,90	Bève	8 »
Marchand	90,40	*Stéréotypie.*	
Lenord	62,35	Haran	50 »
Presses.		Derrieu	72 »
Lavaud et Fournier	319,40	Gittlif	50 »
Cruzel et Lousteau	188,55	*Magasin.*	
Labruyère et Compagnon	319,80	Mᵈᵉ Huette	53.40
Miffliéz père et fils	221,60	*Prote.*	
Lormant et Lebon	133,50	Nogués	235 »
Lebon et George	46,75	*Collection du droit Français.*	
Lorrin (avec d'autres)	67,80	Girard	451.70
Cheviliéz	13 »		————
Nuée	16,50		4527,30
Fouqueray	9 »		
A reporter	3084,45		

Sauf erreur ou omission.

Coll. de M. le Vᵗᵉ de Sp. de L.

État des recouvrements.

MM. Ladvocat et Duffey	1910 »
Isambert	768 »
Froment et Lequin	359 »
Prosper Froment	300 »
Baudouin	1053 »
Cassel	1500 »
	————
	5920 »
Sommes saisies par M. Girard entre les mains de M. Malher	500 »
	————
	6420 »

Annexé à l'acte   Annexé
H. BALZAC.   BARBIER.

Coll. de M. le Vᵗᵉ de Sp. de L.

[84] *Supplément du relevé général des sommes dues aux ouvriers
de l'imprimerie de M. Balzac.*

MM. Girard, omission de la retenue pour les ouvriers de la Col-
lection, etc   95
Blanc, erreur sur la somme due   38
Bertemy   16
Marelle   36
Huette   5
Thomas   10
Labruyère   10
Blanc   9
Harang   23
Bouillot   76
Darbac   8
Hucrot   6
Vermont   12
Gittliff   21
                                                    ———
                                                    368

Paris, 21 août 1828.

Nocris, prote.

Coll. de M. le Vte de Sp. de L...

---

[85]
LETTRE DE BALZAC PÈRE A M. SÉDILLOT
18 août 1828.

A Monsieur Sédillot, négociant, rue des Déchargeurs, n° 10, à Paris

Versailles, le 18 août 1828

Mon cher parent,

Mme Balzac ne m'a rien laissé ignorer de tout ce que vous avez bien voulu
faire pour nous ; je vous en remercie bien sincèrement. J'approuve tout ce
que vous avez fait et ferez pour le complément de votre œuvre. Vous avez
cicatrisé la plus grande de nos plaies, et je serai bien heureux, lorsque je
trouverai l'occasion de vous en témoigner ou aux vôtres, la profonde reconnaissance dont je suis pénétré.

Agréez, mon cher parent, les sentiments du plus inviolable attachement
avec lequel je suis tout à vous

BALZAC.

Arch. de M. Sédillot

[86] LETTRE DE H. BALZAC A M. CHARLES SÉDILLOT

15 septembre 1828.

Imprimerie
de
H. Balzac.
rue des Marais-S.-G., n° 17.

A Monsieur Charles Sédillot, négociant, rue des Déchargeurs, à Paris.

Paris, le 15 septembre 1828.

Mon cher cousin,

Après des efforts soutenus et réitérés auprès des débiteurs par comptes courants de mon ancienne imprimerie, nous sommes parvenus à solder les comptes ci-après :

1° Celui de M. C. Canel, dont le solde s'élève à 743 fr. 45, 'glé en un billet, pour lequel il y a des conventions particulières, nécessaires à la position de ce débiteur qui remplira parfaitement ses obligations. ci   743,45

Sur ce dit compte, M. Gosselin, le débiteur dont nous vous avons parlé, a réglé, pour solde, 625 fr. 10 cent. en deux effets, l'un au 5 novembre et l'autre au 5 décembre 1829. ci   625,10

Total de ce compte 1 368,55

2° M. Charles Froment a soldé son compte par 280 francs au 31 août prochain . . . .   280 »

3° M. Prosper Froment a remis sur son compte fin novembre, 500 |francs|, et il a voulu laisser un reliquat de 44, pour sûreté d'un cliché, et, s'il y a lieu, cette somme sera payée ci   500 »

4° Sur le compte de MM. Ladvocat et Dufay, montant à 1 500 francs, toute vérification faite, ces messieurs ont remis un effet de 1 000 francs au 20 septembre prochain, et, sur les 500 francs restant, la discussion auxquels (*sic*) ils donnent lieu les réduira probablement à 200, qui seront réglés cette semaine, selon leur promesse. M. Barbier peut suffire complétement à cette discussion, attendu qu'il a connaissance des difficultés, et que nous avons discuté jusqu'où devait aller l'abandon des sommes de ma part. ci   1 000 »

5° M. Isambert étant parti en Suisse depuis deux mois et ne revenant qu'après les vacances, nous vous transmettons sa facture à toucher . . . .   768 »

Total 3 916,55

Maintenant, mon cher cousin, il reste une somme de 240 francs due par

M. Hippolyte Baudouin, pour un ouvrage à continuer, et en cas, chose douteuse, qu'il veuille régler ce qui me regarde avant que l'ouvrage soit terminé, il y a à vous faire observer qu'il est à la campagne depuis deux mois et qu'il a été impossible de savoir l'époque de son retour.

Ainsi, il faut attendre. ci   210 »

M. Alexandre Baudouin a, depuis huit jours, mon compte à vérifier, dont le solde, susceptible de discussion et sauf les erreurs de calcul ou omissions, doit se porter, en ma faveur, à . . . . 800 »

Nous avons encore à recouvrer sur M. L'Huillier, libraire peu solvable, une somme de 400 francs, pour gage desquels il y a dans les magasins de l'imprimerie l'édition à peu près complète d'un roman en deux volumes intitulé : *Henriette Sontag*. Vous verrez les pièces.

Il existe encore à recouvrer 200 francs sur le capitaine Muller, qui pourra payer sous peu. Il demeure rue de la Sourdière, n° 31, et nous joignons l'effet qui n'a pas été protesté.

Idem, un effet de 105 francs, sur un employé des Archives dont on pourrait saisir les appointements. Il y est habitué. Cette dette, douteuse, montant à plus de 700 francs, plus les intérêts, n'a pas été portée par moi en ligne de compte.

Il existe encore des factures à recevoir, de particuliers absents, pour une valeur de 200 francs environ. Ce sont MM. de Beaurepaire, Protez, Delâtre, Nanteuil et autres.

Tel est, en résumé, mon cher cousin, le résultat de la liquidation.

Je vais retourner aujourd'hui chez M. Baudouin (Alex.), pour tâcher d'obtenir de solder mon compte. Après ces efforts qui (sauf M. A. Baudouin, et cela pour raison particulière) ont été partagés par M. Barbier, il serait difficile de mieux faire par suite des difficultés qu'élèvent les libraires et les réductions qu'ils font subir. Elles ont monté, sur les comptes présentés, à près de six cents francs, par suite des corrections non reconnues, et de la réduction des prix.

M. Barbier pourra, au cas de mon absence, faire rentrer les créances de M. Isambert et Hippolyte Baudouin.

Recevez, mon cher cousin, je vous prie, l'hommage de ma profonde reconnaissance.

Votre dévoué cousin,

H. BALZAC.

Je joins à ceci une note, relativement à M. Malher. Il vous sera remis également une liasse de mes billets acquittés, réclamée par ma mère.

H. B.

(Coll. de M. le Vᵗᵉ de Sp. de I.

[87] LETTRE DE BALZAC A M. DUVERGER

17 septembre 1828.

Fonderie de Laurent et Balzac
rue des Marais St-G., n. 17[1].

Polilypie
—
Gravure
sur acier. cuivre,
bois. etc.

Paris, ce 17 septembre 1828.

Je vous prie, mon cher Monsieur Duverger, d'avoir la complaisance d'approuver le petit engagement que M. Noguès vous présentera à signer, vous m'obligerez beaucoup et l'aiderez lui-même.

Votre dévoué serviteur.
H. BALZAC.

Cette quinzaine dont il est question se composera : 1° de la retenue qui se fait chez vous et sur laquelle j'aurai privilège après vous et d'une nouvelle retenue d'une semaine seulement.

H. B.

Le 13 octobre, Barbier écrit, en l'absence de Balzac, à M. Poirot, propriétaire demeurant Vieille-rue-du-Temple, n° 8, une lettre par laquelle il l'informe que « M. Bouillot lui remettra la note supplémentaire de ce qui reste dû aux ouvriers », se montant à 374 fr.; il l'engage à voir M. Sédillot. M. Noguès devra être payé comme les autres, il donnera un bon supplémentaire de 280 fr. 50 pour les trois quarts de la somme due.

Le 15 octobre 1828, Barbier donne reçu à M. Sédillot de la somme de 280 fr. 50, pour les trois quarts de celle due en supplément par M. Balzac à ses ouvriers.

D'autre part, voici un reçu de M. Noguès, signé par lui mais qui a été écrit par Balzac ainsi que la déclaration de E. Duverger :

[88]

Je soussigné m'engage envers M. Balzac, ex-imprimeur, à affecter et affecte par ces présentes la valeur des salaires de quinze jours de travail chez M. Duverger à la garantie de ma reddition de comptes à M. Balzac, renonçant à toucher à cette retenue jusqu'à l'appuration (*sic*) de mon compte.

Paris, ce 17 septembre 1828.

NOGUÈS.

(1) Les mots : *Fonderie de Laurent et Balzac* ont été barrés d'un trait de plume sur l'original.

[89]

Je soussigné, imprimeur à Paris, approuve la présente garantie et m'engage à la maintenir envers M. Balzac.
Paris, ce 17 septembre 1828.

Approuvé l'écriture,
E. DUVERGER

(Coll. de M. le Vte de Sp. de I.)

---

[90]   LETTRE DE BALZAC A M. ORZALI, MOULEUR

26 novembre 1828.

Monsieur,

Je suis votre débiteur de la somme de cinquante francs pour du plâtre fourni à ma stéréotypie, je vous prie de vous présenter chez M. Sédillot, rue des Déchargeurs, n° 10, pour les toucher.
J'ai l'honneur de vous saluer.
26 novembre 1828.

H. BALZAC,
ancien imp^r, rue des Marais.

Cette lettre est adressée à M. Orzali, mouleur, rue de l'Odéon, 22. La note, présentée le 21 juin, a été réglée le 28 novembre 1828 par M. Sédillot.

(Coll. de M. le Vte de Sp. de I.)

---

[91]   LETTRE DE BALZAC A M. FESSIN, FONDEUR

Monsieur,

J'ai remis votre facture à votre confrère Monsieur Laurent qui a la complaisance de vous servir d'arbitre relativement au prix, et, sur son approuvé en marge de la facture, vous pourrez vous présenter avant neuf heures chez M. Ch. Sédillot pour en être payé.
J'ai l'honneur de vous saluer,

H. BALZAC

Cette lettre, non datée, est adressée à M. P. J. Fessin, fondeur, rue des Boucheries-Saint-Germain, n° 19, qui avait présenté à Balzac, le 7 juillet 1828, une facture se montant à 97 fr. 80 cent. pour fournitures de 108 livres 11 onces d'interlignes. Cette note, réduite à 92 francs, a été payée, le 3 décembre 1828, par M. Sédillot à M. Chauveau, représentant M. Fessin.

(Coll. de M. le Vte de Sp. de L.)

[92]
LETTRE DE BALZAC A M. SÉDILLOT

1ᵉʳ février 1829.

Mon bon cousin, j'ai vu le sieur de Chaumont, et je suis convenu avec lui que M. Prin donnerait pour caution du payement fait, sans le billet, le sieur Blaise, libraire, rue Férou, et la somme du billet est exacte.

Je vous donne avis de ceci par un petit mot en cas que je ne vous trouve pas aujourd'hui chez vous, comme je compte le faire, à moins que mes épreuves ne soient pas corrigées de bonne heure.

Agréez, mon cher cousin, l'expression sincère de ma reconnaissance.

HONORÉ.

Paris, ce dimanche matin 1ᵉʳ février 1829.

Au vᵒ de cette lettre adressée à M. Charles Sédillot, négociant, rue des Déchargeurs, nᵒ 10, à Paris, est écrite la pièce suivante :

Nous soussignés Simon Prin, demeurant au Petit Montrouge, et J.-J. Blaise, demeurant rue Férou, nᵒ 24, déclarons que dans le cas où le billet Balzac de cent francs dont est question à la lettre d'autre part viendrait à être représenté à M. Balzac, nous nous engageons solidairement l'un pour l'autre, un de nous deux seul pour le tout, à le rembourser et à payer tous frais qui viendraient à survenir, déclarant avoir reçu les cent francs des mains de M. Ch. Sédillot et l'acquit de Mons. H. Balzac.

Paris, ce 7 février 1829.

Approuvé l'écriture ci-dessus. Bon pour aval :

J.-J. BLAISE.

Approuvant l'écriture ci-dessus. Bon pour aval :

PRIN.

(Coll. de M. le Vᵗᵉ de Sp. de L.)

---

[93]
ÉTAT DES SOMMES A RÉPARTIR AUX CRÉANCIERS
DE BALZAC

Paris, ce 9 février 1829.

Monsieur,

J'ai l'honneur de vous faire parvenir l'état (d'après les rectifications faites jusqu'à ce jour) des sommes à répartir aux créanciers Balzac et dont le total forme, sauf ce qui concerne Laurens aîné, le prix d'achat de l'imprimerie qui m'a été cédée [1].

(1) Cet état a été vérifié par M. Sédillot, les vérifications sont écrites, dans l'original, à l'encre rouge ; nous les avons imprimées ici en italiques.

	Échéance	Année		Montant	Total
Templier	au 15 juillet	1828		477 »	
—	15 août	—		206.25	683,25
Aug. Prestat	30 juin	—			325,90
Vᵉ Cavaignac	30 juin	—		400 »	
—	15 février	1829		695 »	1095 »
Vᵉ Lacroix	15 juillet	1828		130 »	
—	par facture		*130*	131,30	261.30
Deberry	15 juillet	1828		249,05	
—	par facture			90 »	339,05
Wadington	15 juillet	1828			196,97
Dupré	15 juillet	—			170 »
Firmin Didot	31 juillet	—		864 »	
—	30 septembre	—		1000 »	
—	15 novembre	—		1000 »	
—	31 décembre	—		1184 »	4048 »
Prosper Chaput	17 juillet	—		400 »	
—	17 août	—		400 »	
—	17 septembre	—		400 »	
—	17 octobre	—		450 »	
—	31 octobre	—		500 »	
—	25 décembre	—		650 »	
—	31 mai	1829		115 »	2915 »
Drevet	31 juillet	1828		700 »	
—	15 août	—		440 »	1140 »
Barbier, serrurier.	31 juillet	—		200 »	
	30 septembre	—		200 »	400
Maheu	31 juillet	—		200	
—	17 septembre	—		200 »	400
Giroudot	8 août	—		1000 »	
—	31 janvier	1829		750 »	
—	28 février	—		500 »	
—	30 avril	—		450 »	2700
Montgolfier, rue de Seine.	15 août	1828		324 »	
—	15 septembre	—		1000 »	
—	28 février	1829		366,50	
—	15 mars	—		1000 »	
—	par facture			508 »	3198.50
Durouchail	15 août	1828		500 »	
—	15 octobre	—		500 »	1000 »
Cuisin	31 août	—		244 »	
—	31 janvier	1829		629 »	
—	par facture		*167*	171 »	1045,50
Lamothe	31 août	1828			136 »
Baurain	1ᵉʳ octobre	—		150 »	
—	par facture			114.25	261,25

A reporter 20 318.72

	Report			20 318,72
Malher et Cᵐ	15 octobre 1828 . . .	1000	»	
—	31 octobre —	661	»	1 661 »
Henri Didot, Le-grand et Cⁱᵉ	31 octobre —			695,45
H. Prestat [1]	30 novembre —	400	»	
—	31 janvier 1829 . . .	400	»	800 »
Fauqueux	30 novembre 1828 .	733	»	
—	31 janvier 1829 . . .	601	»	
—	28 février —	932	»	2 266 »
Hanus	15 décembre 1828 . . .			848 »
Hy	31 janvier 1829 .	123	»	
—	par facture	59	»	182 »
Meyé	par facture [2]			500 »
Montgolfier, quai de la Cité.	par facture			119 »
Mᵐᵉ Gagné	par facture			539,75
Cornuault et Poret	par facture			170 »
Joson et Chauvet	par facture			112,95
Fradelizy	par facture			648 »
				28860,87

Mᵐᵉ Balzac (substituée aux droits des autres
créanciers, sauf la différence résultant de la
rectification des comptes ci-dessus) pour
solde de 32150,82. . . . . 3 289.95 3289, 95

32150, 82

La même, sur 2000 fr. de six mois de loyer
d'avance.

Après diminution 1037,50 payés à Prestat.

Différence 962.50

4252, 45

Papier en magasin d'après l'état ci-joint . . . 526, 50

4778, 95

Je vous fais également remettre la somme de 796 fr. 50, sixième de celle de
4778.95 indiquée ci-contre et je vous prie de remettre au porteur un reçu
ainsi conçu :

Je reconnais avoir reçu de M. Barbier la somme de sept cent quatre-vingt-
seize francs cinquante centimes pour acquit du premier sixième de 4 778.95
qu'il doit à Mᵐᵉ Balzac mère, ainsi qu'à M. Honoré Balzac son fils, tant pour
les différens créanciers aux droits desquels Mᵐᵉ Balzac s'est substituée que

(1) M. Sédillot a écrit en marge : *Vérifier double compte.*

(2) M. Sédillot a écrit en note : *Vérifier livre.*

pour ce qui reste dû à M. Honoré Balzac pour les six mois de loyer d'avance
du bail des lieux où est située l'imprimerie qu'il a cédée à M. Barbier, par
acte sous signatures privées en date du 16 août 1828, et pour les papiers étant
en magasin à cette époque.

J'ai l'honneur d'être, Monsieur, votre très humble serviteur

BARBIER.

Suscription de la lettre : A Monsieur, Monsieur Sédillot, négociant, rue des Déchargeurs, n° 10.

A cette lettre de Barbier est annexé un « état estimatif des papiers blancs, étant
dans les magasins de Mr Balzac, imprimeur, rue des Marais, n° 17, à Paris, et cédés
par lui à Mr Barbier aux termes de l'acte passé entre eux, sous signatures privées,
le 16 août 1828 ». Cet état, sur papier timbré, dressé par M. J.-B. Cuisin, marchand de papiers, rue de la Harpe, n° 13, à Paris, le 15 septembre 1828, accuse
soixante-dix-neuf rames de papier de divers formats, d'une valeur totale de cinq
cent vingt-six francs 50 centimes.

(*Coll. de M. le Vte de Sp. de L.*

---

[94]   **LETTRE DE BALZAC A THOUVENIN, RELIEUR**

5 mars [1829.

Monsieur,

Monsieur Sédillot, rue des Déchargeurs, n° 10, m'a promis d'acquitter intégralement le mémoire des reliures que je vous dois y compris celles du
Voltaire et des Mille et une nuits, lorsque vous lui remettrez les Mille et une
nuits terminées.

Il approuvera même au besoin cette lettre si vous le désirez, mais cette pré
caution est, je crois, inutile.

Je désire bien vivement que vous lui envoyiez au plutôt (*sic*) les Mille et
une nuits qui sont destinées à ma mère.

Vous m'obligerez beaucoup de presser cette demi-reliure et j'espère que
vous ne me ferez pas trop attendre mon Voltaire.

Agréez, Monsieur, mes complimens.

H. BALZAC

M. Ray.

La suscription de la lettre porte : *Monsieur Ray, chez M. Thouvenin, rue Mazarine, n°* ¹ *. Paris.*

(*Coll. de M. le Vte de Sp. de L.*

---

(1) Le n° est resté en blanc dans l'original.

[95]   FACTURE DE THOUVENIN

30 mars 1829.

RUE MAZARINE, N° 34.

J. Thouvenin aîné et Comp^{ie} relieurs brevetés de S. A. R. Monseigneur
le duc d'Orléans, Paris.

1829. Doit Monsieur Balzac.

			Fr.	Fr.
1827 mars	30. La Fontaine 1/2 reliure veau, 2 ex.	2 in-8 gr. à	3	6
— septembre 30. Boileau maroquin	1 —			8
— — . La Fontaine 1/2 rel. veau	1 —			
— — . Ducis —	1 —			
— — . Molière —	1 ex. 3		3	9
— octobre 27. Bulletin des lois. —	1 —			3
1828 mai 31. Droit français. —	2 —		3	6
— juillet 5. Mille et une nuits. — . . .	6 gr. in-8		3	18
— août 15. Deux albums gravures	2 in-f°			35
— — . Mille et une nuits 1 2 rel	6 gr. in-8		3	18
1829 mars 30. Mille et une nuits —	6 —		3	18
— — . Voltaire 1/2 rel. veau	6 très gr. in-8	4	24	
			Fr.	145

Il nous reste à rendre à Monsieur Balsac (*sic*) le Voltaire ci-dessus.
Paris, le 30 mars 1829.

Pour acquit
pp^{on} de J. Thouvenin et Cie.
O. RAY.

(*Coll. de M. le Vte de Sp. de L.*)

---

[96]   LETTRE A H. BALZAC

Paris, 25 avril 1829.

Monsieur,

M. Barbier à qui j'ai communiqué la dernière lettre que vous m'avez fait
l'honneur de m'écrire, toujours convaincu qu'il n'y a aucune question véritable à faire décider entre vous et lui, persiste dans les intentions que je
vous ai déjà fait connaître.

Recevez, je vous prie, l'assurance de ma parfaite considération.

(Signature illisible).

Suscription de la lettre : Monsieur, Monsieur H. Balzac, rue de Cassini, n° 1er, chez
M. Surville.

(*Coll. de M. le Vte de Sp. de L.*)

[97]   LETTRE DE LAURENS AINÉ A BALZAC

Paris, 27 avril 1829.

Monsieur,

Ayez la bonté de passer chez M. Sédillot pour vous entendre concernant le paiement à effectuer à mon frère ; il va venir au premier jour à Paris, du moins qu'il ait la satisfaction de savoir que je me suis occupé de lui et que vous aussi vous ne l'avez pas oublié.

J'ai l'honneur de vous présenter toutes mes civilités.

LAURENS.

Suscription de la lettre : A Monsieur, Monsieur de Balzac, homme de lettres, rue Cassini, nᵘ 1ᵉʳ, faub. St-Jacques.

(*Coll. de M. le Vᵗᵉ de Sp. de L.*)

---

[98] ÉTAT DES SOMMES DUES A LAURENS PAR M. BALZAC
SANS PRÉJUDICE AUX TRIMESTRES ARRIÉRÉS

Du 1ᵉʳ juin au 1ᵉʳ septembre 1828 un trimestre à. . . .   375 »
Du 1ᵉʳ septembre au 1ᵉʳ décembre 1828, un trimestre . . .   89,35
Du 1ᵉʳ décembre 1828 au 1ᵉʳ mars 1829, un trimestre. . .   89,35
          Total des sommes dues à Mʳ Laurens.   553,70
     Reçu pour le trimestre échu le 1ᵉʳ décembre 1828, ci.   89 »
                    Partant reste du. . . .   464,70
Il est dû à Madᵉ Cuisinier, cessionnʳᵉ de M. Laurens, pour le
     trimestre échu le 1ᵉʳ juin 1829   89,35
          Total dû au 1ᵉʳ juin 1829 ci   554,05

(*Coll. de M. le Vᵗᵉ de Sp. de L.*)

---

[99]   REÇUS DE J.-J. LAURENS
26 juin-26 juillet 1829.

Je soussigné Jean-Joseph Laurens, ancien imprimeur, demeurant à Villers-Coterets, reconnais avoir reçu de M. Balzac, des mains de M. Sédillot, la somme de trois cent soixante-quinze francs que me doit le dit Balzac pour le trimestre, échu le premier septembre mil huit cent vingt-huit, des intérêts de la somme de 30 000 francs qu'il me devait aux termes du traité du quatre avril mil huit cent vingt-six.

Dont quittance sans préjudice ès autres dus et courant.

A Villers-Coterets, ce vingt-six juin mil huit cent vingt-neuf.

Approuvé l'écriture ci-dessus

J. LAURENS.

Je soussigné Jean-Joseph Laurens, ancien imprimeur, demeurant à Villers-Coterets, reconnais avoir reçu de Mr Balzac, des mains de M. Sédillot, la somme de quatre-vingt-neuf francs trente-cinq centimes pour le trimestre, échu le premier mars des intérêts de la somme de 7.150 fr. 88 centimes que me doit M. Balzac aux termes du traité du seize août mil huit cent vingt-huit et trente-cinq centimes dus.

Dont quittance sans préjudice au trimestre, celui de premier du courant, lequel appartient à Madame v^e Cuisinier comme cessionnaire de M. Laurens.

A Villers-Coterets, ce vingt-six juin mil huit cent vingt-neuf sur le trimestre précédent.

Approuvé l'écriture ci-dessus

J. LAURENS.

Le 28 juillet 1829, Laurens jeune, par procuration de Mme v^e Cuisinier, donne reçu à M. Sédillot, de la somme de quatre-vingt neuf francs 35 cent., pour le trimestre d'intérêts échu le 1er juillet.

(Coll. de M. le Vte de Sp. de L.)

---

[100]

LETTRE DE BALZAC A M. SÉDILLOT

30 avril 1829.

A M. Sédillot, rue des Déchargeurs, à Paris.

Paris, mercredi 30 avril [1829].

Mon bon cousin,

M. Laurens arrive à Paris et je vous transmets ici la dernière lettre écrite par Monsieur Benazé, après une longue correspondance qui n'a abouti à rien. M. Barbier ne *veut* pas même choisir d'arbitre, et il sent qu'il ne peut pas être attaqué pour une si faible somme lorsque l'acte n'est pas enregistré. C'est un élève de Baudouin.

Le hasard a fait que je sois venu à Paris pour venir chercher mon ouvrage. Mon père est décidément entre la vie et la mort. Les chirurgiens et médecins ont reconnu qu'il y avait au-dessus du foie un abcès si considérable que la quantité d'humeur est incalculable. Il faut nécessairement et sous peine de mort, lui ouvrir le ventre. Sa crise commence. C'est depuis jeudi jusqu'à dimanche que l'opération aura lieu. Je quitte tout pour ne pas laisser ma mère et ma sœur seules en cette fatale circonstance, et je vous conjure de clorre (*sic*) cette affaire Laurens selon que vous le jugerez convenable. Lundi, je serai, je crois, à Paris, et Dieu veuille que je vous apporte de bonnes nouvelles.

Agréez les témoignages les plus sincères de la reconnaissance que vous a voué (*sic*)

Votre cousin,
HONORÉ.

(Coll. de M. le Vte de Sp. de l.

------

[101]

LETTRE DE BALZAC A M. SÉDILLOT

31 mai 1829.

A M. Charles Sédillot, rue des Déchargeurs, n° 10, Paris

Paris, 31 mai 1829

Mon bon cousin,

J'ai écrit à trois de mes créanciers de se présenter chez vous :

Madame veuve Naudot pour une somme de 79.00
Son mari était malade ou mort à l'époque de l'arrangement. Elle n'a pas pu ou pas voulu figurer.

M. Maheu, serrurier. Il devra donner un acquit pour solde de tout compte, et vous remettre un reçu de protêt que je lui ai donné.
Et il lui est dû 20.00
M. Fauqueux, papetier, pour 50.00
C'est un mémoire de cartes, et c'est aussi un solde de tout compte.
En tout. . . . . 140.00 [1]

Voilà, je crois, les dernières vétilles de l'affaire. Mais Dieu veuille que nous atteignions la fin des payements, la librairie devient bien malade.

Adieu, mon bon cousin, je vous réitère l'expression de ma reconnaissance.

H. BALZAC.

(Coll. de M. le Vte de Sp. de l.)

------

[102]

LETTRE DE BALZAC A Mme NAUDOT

1er juin 1829.

Madame,

Vous pouvez vous présenter chez M. Sédillot, rue des Déchargeurs, pour toucher le montant de votre facture en ayant soin de l'acquitter pour solde de tout compte.

------

(1) Balzac se trompe de neuf francs.

Je vous prie de ne pas vous y présenter plus tard que neuf heures du
matin et pas avant le 4 juin, attendu qu'il est en voyage.

Agréez mes complimens.

1er juin 1829.

H. Balzac.

Cette lettre est adressée à Mme Naudot, brocheuse, rue du Pot-de-Fer, n° 14, qui
avait présenté sa facture des travaux d'assemblage et de brochure faits pour le
compte de Balzac en avril 1828. La dite note se montait à 71 fr. 85 cent.; elle a été
réglée « pour solde de tout compte » le 5 juin 1829 par M. Sédillot.

(Coll. de M. le Vte de Sp. de L.)

---

[103]   LETTRE DE BALZAC A M. MAHEU

Monsieur,

Vous pouvez vous présenter le 4 juin avant neuf heures chez M. Ch. Sédillot, rue des Déchargeurs, n° 10, et en lui remettant le reçu que je vous ai
donné de vos pièces et un acquit pour solde de tout compte, il vous soldera
les 20 fr. que vous réclamez.

J'ai l'honneur de vous saluer.

H. Balzac.

Cette lettre est adressée à M. Maheu, serrurier et mécanicien, rue du Milieu-des-
Ursins, n° 1, en la Cité, à Paris. Le reçu auquel Balzac fait allusion est le suivant :

Reçu de M. Maheu, serrurier, un protêt d'effet fait le 18 septembre 1828,
lequel établit une dépense de 20 fr. au remboursement de laquelle il aurait
droit.

Paris, 11 mai 1829.

H. Balzac.

M. Maheu a remis, le 4 juin 1829, le reçu ci-dessus à M. Sédillot, qui, de son
côté, lui a payé les 20 francs dont il est question dans la lettre de Balzac.

(Coll. de M. le Vte de Sp. de L.)

---

[104]   LETTRE DE BALZAC A M. FAUQUEUX

Monsieur,

Vous pouvez vous présenter chez M. Sédillot, rue des Déchargeurs, n° 10,
avant neuf heures du matin et il soldera le mémoire de 50 fr. qui vous est

dû. Je vous prie de ne pas vous présenter avant le 4 juin, attendu qu'il est
en voyage.

Agréez mes complimens.

H. BALZAC.

Lettre adressée à M. Fauqueux, marchand de papiers, rue de Richelieu, n° 28. Ce
mémoire de 50 fr. a trait à « 30 cartes couvertures dorées » fournies à Balzac le
20 mars 1828 ; M. Sédillot a payé cette note le 5 juin 1829.

(Coll. de M. le Vte de Sp. de L.

- - - - -

[105]   LETTRE DE BALZAC A M. BONNEVILLE

Monsieur,

M. Sédillot vous prie d'appliquer au remboursement de l'effet dont M. Boulet
poursuit le recouvrement contre moi ainsi qu'au payement des frais, l'argent
du billet Constant Chantpie dont vous poursuivez le remboursement et, en
cas que cet argent ne soit pas rentré ou soit insuffisant, d'acquitter l'effet et
le mémoire de M. Boulet pour le joindre à la poursuite générale des effets
Ponthieu pour laquelle j'aurai l'honneur d'aller vous voir, en étant empêché
en ce moment par indisposition, et M. Sédillot vous remboursera immédiatement à moins que vous n'envoyez chez lui pour avoir les fonds, alors ayez
la complaisance d'y envoyer le matin avant neuf heures.

Aussitôt que les pièces de ce billet seront rentrées, vous auriez la complaisance d'obtenir un jugement qui réunisse les trois affaires des trois billets
signés Ponthieu et Cie et de diriger une poursuite très vive contre tous les
signataires et l'endosseur Canel, mais principalement contre M. Ponthieu,
rue de l'Abbaye, n° 14, qui paiera. Il faudra même signifier la contrainte par
corps à tous.

Agréez mes complimens et mes regrets de ne pas pouvoir me rendre chez
vous et vous éviter qq^e peine.

H. BALZAC.

Suscription de la lettre : A Monsieur Bonneville, rue des Vieux-Augustins, n° 40,
Paris.

Le 10 juin 1829, M. Guitry donne, au nom de M. Duquesnel, reçu à M. Sédillot
d'une somme de deux cent soixante-cinq francs pour le principal du billet Balzac
en faveur de M. Giroudot.

(Coll. de M. le Vte de Sp. de L.)

- - - - -

[106] LETTRE DE M. ALEXANDRE DE BERNY A M. SÉDILLOT

1er juillet 1829.

**Fonderie de caractères de Laurent et de Berny,
rue des Marais St-G., n. 17.**

Polytypie   Paris, ce 1er juillet 1829.
  Gravure
sur acier, cuivre,
  bois, etc.

Monsieur,

Mr Balzac m'ayant prié de remonter à la source de cet effet pour le payer avant qu'on n'en fasse le protêt, je viens de le solder.

Je vous prie, en son nom (selon qu'à son dire vous en êtes convenu avec lui) d'en remettre le montant au porteur.

AL. DE BERNY.

Suscription de la lettre : Monsieur, Monsieur Sédillot, rue des Déchargeurs, n° 10.

(*Coll. de M. le Vte de Sp. de L.*)

---

[107] LETTRE DE BALZAC A M. SÉDILLOT

20 juillet 1829.

Mon bon cousin, M. Laurens m'a fait signifier en tems utile et dans une forme légale un acte de transport de sa créance sur moi au profit de la dame veuve Cuisinier, sa sœur, et c'est à elle que doit être payé le terme réclamé. Cet acte a eu pour but de sauver cet avoir des mains des créanciers qui le poursuivent relativement à une garantie. Ainsi, si vous voulez avoir la bonté de payer sur la quittance de cette dame, il n'y aura aucune irrégularité.

Ne vous étonnez pas, mon bon cousin, de ne pas me voir. Je suis occupé à achever deux ouvrages qui vont être vendus d'ici à un mois; il faut les mettre en état d'être imprimés. Je suis accablé d'obligations. Mon tailleur a un effet de 500 fr. renouvellé (*sic*) échéant en août. J'ai 750 fr. d'arriéré à M. Laurens pour 7bre; à compter de cette époque, je dois lui payer les 89 fr. par trimestre. Je dois à mon beau-frère un peu d'argent. Je dois à un ami qui m'aide à vivre en attendant le produit de mes deux ouvrages, vous savez que je n'ai guère eu que 100 fr. de suitte (*sic*) pour vivre, sur mon *Chouan*; j'ai cependant acquitté des petites dettes comme 300 fr. à mon bottier dont l'effet n'a pas paru sur mon bilan, et vous comprenez que l'intérêt de mon travail passe avant tout autre; le désespoir me prendrait si je n'étais pas absorbé par mon travail, car je sens que je ne dois plus causer de charges à ma pauvre mère. Je voudrais pouvoir payer cet effet de 300 fr. à la fin de juillet

et je désespère d'avoir fini à cette époque. — La librairie de jour en jour plus
mauvaise — Ponthieu a passé à Bruxelles en se voyant condamné — mais on
dit que Schubbard offre 50 %. En ce moment, mon bon cousin, j'ai oublié
toute affaire pour mon travail, car avant tout je dois vivre et ma ressource
n'est que là. — Aussitôt que je serai dans toutes les horreurs de l'impression,
comme mes travaux ne réclameront pas toute mon âme et mes momens, qu'il
y aura quelque chose d'irrégulier dans mes instans de travail, je pourrai être
tout à vous et régler les deux ou trois petites affaires qui sont en suspens par
ma faute.

Adieu, mon bon cousin, agréez le sincère témoignage de ma reconnaissance.

20 juillet 1829.   H. Balzac.

Suscription de la lettre : Monsieur Charles Sédillot, rue des Déchargeurs. 10

(Coll. de M. le Vte de Sp. de I.

---

[108]   LETTRE DE BALZAC A M. SÉDILLOT

Paris, 26 9bre 1830.

Mon cher cousin, si je n'ai pas été vous voir relativement au billet Mame,
n'en attribuez la raison qu'à la nécessité où je suis, en ce moment, de passer
les jours et les nuits à travailler pour subvenir aux besoins journaliers de
l'existence. La Librairie est morte. Il n'y a pour moi de ressources que dans
les journaux et j'ai à peine le temps de suffire à leurs exigeances (*sic*). Il est
d'autant plus malheureux qu'il y ait eu des frais de faits pour le billet de
Mame qu'il vous avait été remis par moi en compte sur la dette et qu'étant
en compte avec M. Mame et devant à M. Mame de l'argent, je pouvais presque
le balancer et ne rien perdre ; les frais étaient en train quand je suis revenu
de Touraine et il m'a fallu aussitôt faire de pressantes démarches.

Aussitôt que j'aurai quelques jours à moi, je m'occuperai de faire lever les
oppositions dont vous me parlez ; mais il faut introduire des instances et,
en ce moment, le plus nécessaire et le plus pressé est de vivre et de gagner
de l'argent pour ma mère et pour moi -- car pour payer, il faut travailler.
Ayez donc, mon cher cousin, la charité de croire que tous mes efforts ten-
dent à me libérer le plus promptement possible ; j'y emploie tout ce que j'ai
de force et de courage. Avant d'accorder mes affaires litigieuses, il faut avoir
le tems devant moi et si je suis un jour sans travailler, je suis le lendemain
sans pain — personne ne songe à cela.

Agréez, mon cher cousin, les témoignages d'une reconnaissance sincère et
durable.

Votre dévoué cousin   H. Balzac

Suscription de la lettre. Monsieur Charles Sédillot. 10, rue des Déchargeurs, à Paris.

Coll. de M. le Vte de Sp. de I.

[109]   REÇU DE BALZAC

29 novembre 1830.

Reçu de M. Sédillot les pièces d'un effet Mame et Delaunay-Vallée, ensemble francs : 824, 33 cent., je dis huit cent vingt-quatre francs trente-trois centimes dont je lui tiendrai compte à sa première réquisition.

H. BALZAC.

29 novembre 1830.

(Coll. de M. le Vte de Sp. de L.)

---

[110] COMPTE DES FOURNITURES DE CARACTÈRES FAITS
PAR LA MAISON LAURENT A BALZAC ET BARBIER

25 août 1827-29 janvier 1831 [1].

BALZAC ET BARBIER, IMPRIMEURS A PARIS

			Poids.	Prix.	DOIVENT Fr. Cent.	AVOIR Fr. Cent
1827						
Août	25.	Filets n°s 3, 5 et 13	32^l,9° à	1,10	35,80	
—	».	Interlignes in-18, 8 au cicéro.	56,10 à	1,75	99,10	
—	31.	— —	2,04 à	1,75	3,95	
Septembre	3.	— —	15,14 à	»	27,75	
—	».	— —	22,4 à	»	38,90	
—	5.	— —	7,4 à	»	12,70	
—	12.	Cadratins petit texte . . .	3,9 à	»	6,25	
—	14.	Cadratins et 1/2 cadratins, petit texte	22,2 à	»	38,70	
—	».	1/2 cadratins petit texte . .	7,2 à	»	12,45	
—	17.	Cadrats — . .	26,13 à	»	16,90	
—	».	Interlignes 4 au cicéro. . .	16,2 à	1 »	16,10	
—	18.	— — . . .	20 » à	1 »	20 »	
—	19.	— — . . .	48,6 à	1 »	48,35	
—	».	Cadrats de petit texte . . .	5,14 à	1,75	10.30	
—	20.	Interlignes 4 au cicéro . . .	22,16 à	1 »	22,60	
—	21.	— — . . .	34,4 à	1 »	34,25	
—	22.	Cadratins et 1/2 cadratins de petit texte	11,13 à	1,75	20,65	
		A reporter			494,75	

(1) Malgré le caractère technique de ce compte, que nous a très obligeamment communiqué M. Tulou, successeur de M. Alexandre de Berny et directeur actuel de la fonderie, nous avons cru indispensable de publier en son entier ce document intéressant à plus d'un titre. Le poids des caractères est en livres et onces.

				DOIVENT	AVOIR
				Fr. Cent	Fr. Cent
	Report			194,75	
1827					
Septemb. 24.	La volière des enfans, nᵒ 258.		4 »	3 »	
— ».	Interlignes des 4 au cicéro . .	60ᵖ à	1 »	60 »	
— 1ᵉʳ.	— des 8 — . .	6,4 à	1,75	10,95	
— 25.	Rosace gothique. 4	à	2,25		9 »
— 25.	Interlignes 4 au cicéro. . .	61,8 à	1 »	61,50	
— ».	Un vieux quinquet réparé. .			4 »	
— 28.	Un cul de lampe.			2 »	
— ».	Cadrats corps 8	21,10 à	1,50	32,45	
— 29.	Cadrats et cadratins corps 8	11 » à	1,50	16,50	
Octobre 1.	— -- —	34 » à	1,50	51 »	
— ».	Filets azurés	2,2 à	1,50	3,20	
— 2.	Sphinx, fonds blanc, de Gillé.			2 »	
— ».	Chiffres égyptiens, petit texte.	3,4 à	3 »	9,75	
— 6.	2 p. de philosophie ornées et ombrées	8 à	2,50	1,25	
— ».	Cicéro romain	149,10 à	1,60	239,40	
— 7.	—	205,4 à	1,60	328,10	
— 9.	12 lames de filets maigres 6 points	10 » à	1,10	11 »	
— ».	Cadrats et 1/2 cadratins, corps 8.	14,11 à	1,50	22,30	
— 10.	2 p. de philosophie, ornées.	13,8 à	2,50	33,75	
— 11.	Filets anglais.	6,8 à	4 »	2 »	
— ».	Interlignes 4 au cieᵘ, Annales romantiques. . . .	» à	1 »	6 »	
12.	Interlignes 4 au cieᵘ. L'Écolier	36 » à	1 »	36	
— ».	— -- Annales.	41,8 à	1 »	41,50	
— 13.	-- — L'Écolier	24,10 à	1 »	24,60	
— ».	Cicéro romain	24 » à	1,60	38,40	
— ».	Filets de cuivre.	5,13 à	4,50	26,15	
— 13.	Gothique du 36 de Fⁱⁿ Didot	» 5 à	4 »		1,25
— ».	Cicéro romain	29,6 à	1,60	47 »	
— 17.	— —	22,8 à	1,60	36 »	
— ».	Interlignes, 4 au cieᵘ. L'Écolier	68 » à	1 »	68 »	
— 18.	Cicéro romain	58,12 à	1,60	91 »	
— 19.	— — Espacés. . .	9,12 à	1,60	15,60	
— ».	4 couvertures pour Constᵗ. Chantpie.			40 »	
— ».	Cicéro romain S à bouton .	8 » à	1,60	12,80	
— ».	Cadrats petit texte	18,8 à	1,50	27,75	
— ».	Espaces de nompareille . .	8,8 à	5 »	42,50	
— ».	Filets de cuivre.	6,3 à	4,50	27,81	
— ».	Cadrats du 8	52,8 à	1,50	78,75	
	A reporter			2052,09	10,25

			DOIVENT	AVOIR
			Fr. Cent.	Fr. Cent.
	Report		2 052,09	10,25
1827				
Octobre 20.	Cadrats et espaces de nom-pareille	17,15 à 5 »	89,70	
— » .	Vignette de Thompson, n° 7		3 »	
— 22.	Filets de cuivre	6,3 à 4,50	27,84	
— » .	Cicéro romain	41 » à 1,60	65,60	
— » .	Filets, double maigre, 3 p .	12 » à 1,10	13,20	
— » .	Vignettes, petit parangon .	11 à 2 »	1,75	
— 23.	Filets maigres, 3 p	14,14 à 1,10	16,35	
— » .	Filets de cuivre	12,7 à 4,50	55,95	
— » .	Coins, feuilles d'acanthe . .	1,4 à 2 »	2,50	
— 25.	Cicéro romain	67,12 à 1,60	108,40	
— 29.	— —	123,12 à 1,60	678 »	
— 30.	— —	26,8 à 1,60	42,40	
— 31.	— —	33 » à 1,60	52,80	
Novembre 1.	Interlignes, 4 au cic°	38 » à 1 »	38 »	
— » .	Cicéro romain	33 » à 1,60	52,80	
— » .	2 p. de Mignonne (Aubry) .	4 » à 3 »	75	
— » .	Interlignes, 4 au cicéro . . .	27,6 à 1 »	27,35	
— » .	Cicéro	38,4 à 1,60	61,20	
— 1.	Solde des prélèvements d'août et septembre . . .			200 »
— » .	Moitié du prélèvement d'oc-tobre			100 »
— 1.	Interlignes, 4 au cicéro . . .	37 » à 1 »	37 »	
— 2.	60 chiffres 1, égyptiennes et petit texte	2 à 3 »	» 37	
— » .	Polytypage p' dos de cou-vert. de l'Anthologie . . .		3 »	
— » .	4 passe-partouts, n° 54, Du-plat	4 »	16 »	
— » .	Cicéro romain	86,12 à 1,60	138,80	
— 2.	Vieille fonte	319, » à 55 »		175,45
— 3.	Chiffres égyptiens, petit texte	15 à 3 »	2,83	
— » .	Cicéro romain	96 » à 1,60	153,60	
— 5.	— —	12,12 à 1,60	20,40	
— 7.	— —	101 » à 1,60	161,60	
— » .	Espaces nompareille	7.7 à 5 »	37,20	
— 8.	Vieille fonte	42 » à 55 »		23,10
— » .	Cicéro romain	104,6 à 1,60	167 »	
— 14.	Polytypage n° 521		4 »	
— » .	— n° 524		2 »	
— 16.	— n° 10 de Thomp-son		4	
— » .	Polytypage n° 130		1,50	
— 17.	— n° 11		5 »	
— 18.	Filets de 3 points, n° 3 . . .	21,4 à 1,10	23,35	
	A reporter		4 167,33	508,80

			DOIVENT	AVOIR
			Fr. Cent.	Fr. Cent.
	Report.		1 167,33	508,80
1827				
Novembre 20.	Tremblés de petit texte . .	14 à 3	2,63	
—	». Solde du compte de M. Laurent pour les fournitures antérieures à l'association.		» »	
—	23. Cicéro romain	386,10 à 1,60	618,60	
—	». Espaces de nompareille . .	12,6 à 5	61,87	
—	». Différence sur 77¹,5 cadrats de petit texte comptés à 1,75 au lieu de 1,50)			19,25
—	26. Filets simples sur 3 points.	30,6 à 1,10	33,10	
—	». Cadratins et 1/2 cadratins nompareille.	3 » à 5 »	15 »	
—	28. Cadratins et 1/2 cadratins nompareille.	1,12 à 5 »	8,75	
—	30. Prélèvement de novembre .			200
Décembre 1.	Accolades nompareille et cadratins.	4,6 à 4 »	17,50	
—	4. 2 clichés nᵒˢ 159 et 160 de Fⁱⁿ Didot.	4 »	16 »	
—	». Un poêle en faïence pour le cabinet.			16 »
—	7. Matière en lingots pour garniture	324,4 à 60 »	178,72	
—	». 5 polytypages, armes d'Espagne, d'Angleterre, d'Autriche et de Russie . . .		15 »	
—	8. Lettres ornées 2 p. de mignonne.	10,8 à 3 »	31,50	
—	11. Moitié d'une voie de bois pour la portière		17 »	
—	». Leur remise à valoir sur les 324¹,4 matière			90 »
—	». 2 polytypages, petites armes de Russie montées dans 160 de Firmin Didot. . .		7 »	
—	12. Égyptiennes 2 p. de gaillarde.	25,6 à 3 »	76,12	
—	». Accolades nompareille. . .	3 » à 4 »	12 »	
—	15. Lettres ombrées et p de nompareille.	12,12 à 3 »	38,25	
—	». Coulée de St-Augustin . . .	4,8 à 3 »	13,50	
—	». Filets 1.2 gras de 3 p . . .	1 » » »	1,10	
—	». Gothique allemande du 36 .	23,6 à 2,50	58,13	
—	17. Interlignes 1 p. 1/2	2 à 1,75	3,50	
—	20. Cadrats nompareille stéréotype	19,13 à 5 »	99,06	
—	». Vignettes, palmettes, coins.	4,8 à 2 »	9 »	
—	». Interlignes 1 p. 1 2	1,1 à 1,75	7,11	
—	22. Vignettes, feuille d'acanthe	6 » à 2 »	12 »	
	À reporter		5 520,37	831,05

			DOIVENT Fr. Cent.	AVOIR Fr. Cent.
	Report		5 520, 37	834, 05
1827				
Décembre	». Cadrats, espaces nompareille	13,12 à 5 »	68, 75	
—	24. Lettres grasses petit romain.	9,4 à 2 »	18, 50	
—	». Acanthe nouvelle, petites feuilles.	7,8 à 2 »	15 »	
—	». Impression de factures, re-çus, etc.			65 »
—	26. Polytypage n⁰ 201.		3 »	
—	». Espaces nompareille hautes	2,8 à 5 »	12, 50	
—	27. Cadrats et espaces hauts de cicéro	3 » à 1,60	4, 80	
—	23. Espaces nompareille. . . .	6,12 à 5 »	33, 75	
—	». Couronne n⁰ 524		2 »	
—	31. Prélèvement de décembre .			200 »
1828				
Janvier	2. Attribut de justice.		5 »	
—	3. Espaces nompareille hautes.	10,2 à 5 »	50, 62	
—	5. Cadrats nompareille hauts .	6,2 à 5 »	30, 62	
—	». Polytypage n⁰ 597.		3 »	
—	9. 2 p. de mignonne ornée . .	14 » à 3 »	2, 63	
—	10. 4 clichés : *Courrier du Midi*	75		3 »
—	». Cadrats et espaces hauts de nompareille.	15,14 à 5 »	79, 38	
—	12. Assᵗ de cicéro.	19,9 à 1,60	31, 30	
—	15. — —	44,6 à 1,60	71 »	
—	». Espaces hautes de nompareille	6.14 à 5 »	34, 38	
—	». Croix d'honneur corps 8 . .	8 à 4 »	2 »	
—	». 10 clichés : Moka en poudre			5 »
—	16. Assᵗ de cicéro.	9,3 à 1,60	14, 70	
—	». 50 bandes imprimées : Abon-nement à la lecture . . .			6 »
—	17. Assᵗ de cicéro	47 » à 1,60	75, 20	
—	». Assᵗ de mignonne.	4,7 / 2,3 \ à 3,25	21, 52	
—	19. — —			
	». Assᵗ de cicéro.	48,8 à 1,60	77, 60	
—	25. Série de chiffres, compⁿ et 6 tirages à 12 exempl. . .			10 »
—	». Circulaire, composition an-nulée.			8 »
—	23. Cadrats et espaces hauts, corps 9.	4,2 à 2 »	8, 50	
—	». Cadrats et espaces de cicero.	47,12 / 19,4 \ à 1,60	107, 20	
—	25. Assᵗ cicéro			
—	31. Prélèvement de janvier H. Balzac			200 »
Février	7. Vignettes petit romain. . .	2 » à 2,50	5 »	
—	«. — petit canon . . .	6 » à 2 »	12 »	
	À reporter		6 310, 32	1331, 05

				DOIVENT	AVOIR
				Fr. Cent.	Fr. Cent.
		Report		6 310,32	1 331,05
1828					
Février	».	Vignettes grecque nompareille	1,8 à 4 »	6 »	
—	11.	Acanthe anglaise sur gros canon	15 » à 2 »	30 »	
—	12.	Palmette, fond blanc. . . .	18,8 à 2 »	37 »	
—	13.	Chiffres gras. corps 9 . . .	6,8 à 2,50	16,25	
—	14.	Montage de 8 clichés, sur bois, couvert., et prosp. de la collection.		6 »	
—	16.	Montage de 4 clichés, sur bois, institution Bourdon . . .		2 »	
—	».	6 lettres montées sur bois : Romans		6 »	
—	».	8 lettres montées sur bois : Zschokke.		8 »	
—	12.	Fournitures faites à l'imprimerie par Fessin et réglées par la fonderie dans sa facture générale		802,32	
—	23.	N° 244.		5 »	
Janvier	19.	Ajustage par Drevault de 2 plaques du stéréotype .		12 »	
Février	27.	Interlignes 8 au cicéro. . .	6,6 à 1,75	11.11	
—	».	Filets n° 10, 6 P.	10,3 à 1,10	11,20	
—	».	Interlignes 8 au cicéro . . .	32,2 à 1,75	56,22	
—	29.	— — . . .	13,12 à 1,75	21,05	
—	29.	Prélèvement de février. . .			200 »
Mars	1er.	Du 23 août 1827 ; 100 adresses vélin.			5 »
—	5.	Argent.			600 »
—	».	1 cliché, tête de page (Allain) ensemble 3 sujets	2,50	5 »	
—	».	1 cliché, tête de page (Allain) séparément 3 sujets . . .	2,50		
—	6.	Espaces et cadrats 8 au cicéro, stéréotypie	18 » à 2 »	36 »	
—	».	Interlignes hautes 8 au cicéro.	22 » à 1,75	38,50	
—	».	Lingots, pr la stér	20 » à 90 »	18 »	
—	».	Bizeaux — .	6 » à 90 »	5,10	
—	8.	N° 492 nouveau		2 »	
—	».	Interlignes 4 au cicéro. . .	95,5 à 1 »	96,31	
—	8.	Vieux vêtements pour Marie.			30 »
—	12.	Cadrats et cadratins du 8 hauts.	22,14 à 2 »	15,75	
—	11.	Espaces du 8	7,12 à 2 »	15,50	
—	15.	Argent			400 »
		A reporter		7 605,96	2 566,05

			DOIVENT	AVOIR
			Fr. Cent.	Fr. Cent.
	Report.		7 605,96	2 566,05
1828				
Mars	17. Sa remise E¹ Vᵘʳ Thiercelin au 20 nov. 1828			600 »
—	». Sa remise E¹ Vᵘʳ Thiercelin au 31 janvier 1829 . . .			500 »
—	». Sa remise E¹ Vᵘʳ Thiercelin au 31 mars 1829			337 »
—	17. Montage sur bois de 2 couvert., grand in-8.			
—	19. Interlignes hautes 8 au cicéro.	21,12 à 1,75	38,05	
—	20. Espaces hautes du 8. . . .	11,14 à 2 »	23,75	
—	21. Interlignes 4 au cicéro . . .	24,8 à 1,75	42,87	
—	». Lingots pour le stéréotype .	53 » à 90 »	47,70	
—	». Bizeaux — .	21,4 à 90 »	19,12	
—	26. Lettres grasses de petit romain.	11,14 à 2,50	29,62	60 »
—	28. Etat des lieux de la fonderie.			
—	28. Vieux filets baissés pour la stéréotypie	25 » à 25 »	6,25	200 »
—	31. Prélèvement de mars . . .			
Avril	2. Lettres de 2 p. petit texte ordinaire	31 » à 2,50	85 »	
—	». Lettres de 2 p. mignonne ordinaire	20,12 à 3 »	62,25 / 79,12	
—	». Lettres de 2 p. mignonne gras.	26,6 à 3 »	65,62	
—	». Égyptiennes petit romain. .	21,14 à 3 »		
—	». — 2 p. de nonpareille	20 à 2 »	60 » / 84,50	
—	». Espaces et cadrats du 8 . .	12,4 à 2 »	19,10	
—	». Filets double maigre 3 p. . .	17,6 à 1.10	30,25	
—	». Lettres grasses 2 p. de cicéro.	15,2 à 2 »		
—	». — 2 p. de philosophie.	21.12 à 2 »	13,50	
—	». Lettres grasses 2 p. de petit romain.	22 à 2 »	44 »	
—	». 2 p. de petit romain ord. .	17,10 à 2 »	35,25	
—	». 2 p. de gaillarde ordʳᵉ . . .	27,12 à 2 »	55,25	
—	». 2 p. de petit rom. ombré. .	24,2 à 2,50	60,31	
—	4. 2 p. de petit texte, grasses.	15,8 à 2,50	38,75	
—	». Interlignes 4 au cicéro . . .	39,12 à 1 »	39,75	
—	5. Partie du prix des bois du La Fontaine vendus à Durouchail			100 »
—	». 5 bois de sujets gravés au trait à payer avec le produit des deux 1ᵉʳˢ polytypages vendus			
—	». Égyptiennes petit romain. .	8 à 3 »	1,50	
	Points, corps 8	1,14 à 3 »	5,62	
	A Reporter		8 623,09	4 363,05

			DOIVENT	AVOIR
			Fr. Cent.	Fr. Cent.
	Report		8 623,09	1 363,05
1828				
Avril	8. Points, corps 8	4 » à 3 »	12 »	
—	11. 4 pages in-4 pour Dissey et Piver *montées sur bois*. .		4 »	
—	12. Interlignes 4 au c⁰.	67,12 à 1 »	67,75	
—	». Filets de 3 P	7,12 à 1,10	8,52	
—	». 2 p. de philosophie ord^re. .	29 » à 2 »	58 »	
—	». 2 p. de petit texte, ornés. .	25 » à 3 »	75 »	
—	15. Filets	6,4 à 1,10	6,87	
—	16. — 6 points.	20,14 à 1,10	22,95	
—	17. Interlignes hautes, 8 au cicéro	6,8 à 1,75	11,37	
—	21. Égyptiennes petit romain. .	2 » à 3 »	6 »	
—	24. — — . .	1,2 à 3 »	3,37	
—	». Filets maigres 3 p.	13,6 à 1,10	14,70	
—	24. Lettres en bois stéréotypées.	107 » à 1 »		107 »
—	». Vieille matière	424 » à 55 »		233,20
—	25. Égyptiennes pet. rom . . .	5,10 à 3 »	16,87	
—	25. Sa remise b^et U. Canel au 5 septembre			500 »
—	». Sa remise b^et U. Canel au 30 septembre			1000 »
Mai	1er. Interlignes 6 au c⁰.	19,12 à 1,25	24,68	
—	2. — —	29,12 à »	37,18	
—	3. Un pain de régule.	22,12 à »	28,13	
—	». N⁰ 514.		3 »	
—	10. 2 cadres in-12, vignettes sté- réotypées et montées sur bois		30 »	
—	13. Égyptiennes petit romain. .	35,10 à 3 »	106,87	
—	19. Italiques 7 au c⁰.	22,8 à 1,60	36 »	
—	». Régule.	22,6 à 1,25	27,96	
—	23. Filets azurés	5,12 à 1.50	8,62	
—	27. Interlignes 4 au c⁰.	72 » à 1 »	72 »	
—	». Bizeaux de nomparcille. . .	20,4 à 1,25	25,31	
—	29. N⁰ 294.		8 »	
—	30. Régule.	10 à 1,25	12,50	
Juin	4. Divers objets réglés au mé- canicien Maheu			85 »
—	16. 100 kg. d'huile à brûler fournie cet hiver à la sté- réotypie	80 »	80 »	
Juillet	9. Bois pour la stéréotypie . .		10 »	
1829				
Janvier	28. Fleurons fournis en déc. 1827 à Cavillon et Moreau p. Al. Baudouin.		51 »	
—	28 200 affiches du Traité du dol pour Comynet d'Avallon. .			21,50
	À reporter		9 492,01	6 309,75

		DOIVENT	AVOIR
		Fr. Cent.	Fr. Cent.
Report.		9 492,04	6 309,75
1829			
Mars 17. Montage sur bois de 2 couvertures gr. in-8, géographie Baudouin		1,50	
— 20. 2 matrices de gravures et 1 matrice de cinq filets de l'Opinion.			40 »
Avril 16. A compte sur les impressions de notre spécimen et autres objets			4 400 »
1831			
Janvier 29. Complément de sa facture d'impressions. .			83 »
— » Solde du compte de Delâtre, de Cambray, pour 4 rames de papier imprimé égarées, sans frais.		128,25	
— » Solde reporté au compte de Mme de Berny .		1 210,96	
		10 832,75	10 832,75

(Arch. de la fonderie Deberny.)

	DOIT	AVOIR
1840		
Avril 16. Prêté à Balzac depuis longtemps qui devait le rendre de jour en jour et qui paraît ne pas devoir le rendre	300 »	
Perte probable de cette somme [1].		300 »

Livre des comptes courants n° 6, du 28 février 1838 au 15 avril 1840, folio 385.

(Archives de la fonderie Deberny.)

(1) Ces cinq mots, imprimés en italiques, sont écrits à l'encre rouge sur le registre.

Nous tenons de M. Arthur Rhoné qu'un jour M. Alexandre de Berny vit arriver Balzac qui lui dit : « Prête-moi 300 francs, j'en ai besoin pour payer un acte ».

Ce prêt de 300 francs semble bien être celui porté sur les livres de la maison de Berny, à la date de 1840, comme fait depuis longtemps : l'acte en question serait relatif à l'acquisition des *Jardies* par Balzac, en 1837. « J'ai acheté ici, écrit-il à Mme Hanska, un petit terrain d'une quarantaine de perches sur lequel mon beau-frère va me faire bâtir une maisonnette où je vais dès lors demeurer jusqu'à ce que ma fortune se fasse et où je resterai toujours si je reste gueux. Quand elle sera bâtie et que j'y serai, ce qui pourra être pour le mois de janvier prochain, je vous en aviserai, et vous pourrez alors m'écrire sous mon nom, en mettant le nom de mon pauvre ermitage qui est *Les Jardies*, celui de la pièce de terre sur laquelle je me pose comme un ver sur sa feuille de laitue….. » (*Lettres à l'Étrangère*, p. 427 (lettre CXXIX, 12 octobre 1837). V.. sur la rédaction de l'acte, CHAMPFLEURY. *Balzac propriétaire*, pp. 13-16.

[111] COMPTE COURANT DE BALZAC CHEZ M. SÉDILLOT

31 décembre 1829.

Nous n'avons pu, en raison de la disposition de ce document formant tableau, l'insérer à sa place normale; on le trouvera, replié, à la fin du volume.

[112]   BALZAC ASSIGNÉ DEVANT LE TRIBUNAL
           DE COMMERCE DE LA SEINE

3 juillet 1834.

Le 3 juillet 1834, Mᵉ Michel Henrion, huissier, à la requête de M. Pichon, ancien libraire, représentant M. Delatouche, demeurant à Paris, rue Christine, n° 5, et M. Decaix, propriétaire, demeurant à Paris, rue M' le Prince, n° 24, agissant tous deux comme commissaire et représentant la masse des créanciers du sʳ Emmanuel Drevet, ancien marchand de papiers, à Paris, rue d'Anjou-Dauphine, n° 6, donne assignation à Balzac et à Barbier, au nom et comme ayant droit de la Société Balzac et Barbier, imprimeurs à Paris, à comparaître le 10 juillet 1834, à l'audience du Tribunal de commerce de la Seine; pour s'entendre condamner solidairement à payer aux demandeurs la somme de trois cent quatre-vingt francs, restant dus sur une somme de onze cent quarante francs, montant de deux billets souscrits, l'un de 700 francs, le 20 juillet 1827, l'autre de 440 fr., le 20 octobre de la même année.

(Coll. de M. le Vᵗᵉ de Sp. de L..

APPENDICE IX

LES IMPRESSIONS FAITES PAR BALZAC

LISTE DES LIVRES

SORTIS DES PRESSES DE LA MAISON HONORÉ BALZAC

La liste des impressions faites par Honoré Balzac, que nous publions ci-dessous, est aussi complète que possible. Toutes les impressions qui ont été régulièrement déposées, par conséquent enregistrées dans la *Bibliographie de la France*, sont consignées dans cette liste, mais nous ne nous sommes pas contentés des mentions insérées par Beuchot ; nous avons vu les exemplaires des livres, brochures ou prospectus imprimés par Balzac et nous avons fidèlement transcrit leurs titres. Pour ceux qu'il nous a été impossible de rencontrer, nous les avons cités d'après la *Bibliographie de la France*.

Nous avons suivi, par année, l'ordre chronologique d'enregistrement dans ce journal. Certaines impressions ne figurent qu'à la table alphabétique des ouvrages, et sans aucune indication de date de dépôt, quelques-unes n'y figurent pas du tout ; nous avons mentionné les unes et les autres à la fin de chacune des années 1826, 1827 et 1828. Nous n'avons donné la collation que pour les brochures comportant moins de cent pages.

La mention : *Imprimerie de H. Balzac, rue des Marais-S.-G., n. 17* est le plus ordinairement inscrite soit au verso du faux-titre, soit au verso du titre : pour les brochures ou prospectus qui n'ont qu'un simple titre de départ, la mention se trouve généralement au bas de la dernière page. Nous n'avons pas cru devoir répéter cette indication à la suite de chacun des articles. Nous avons mentionné la date d'enregistrement dans la *Bibliographie de la France* désignée par les lettres B. F. Pour faciliter les recherches aux amateurs d'impressions balzaciennes, nous avons pris soin de relever la cote que porte chaque numéro, à la Bibliothèque Nationale, désignée par les lettres B. N.

ANNÉE 1826

1° Deuxième tirage à mille exemplaires. — Pilules anti-glaireuses de longue vie, ou grains de vie, de Cure, pharmacien, à Paris, rue St.-Antoine. n° 77 (ancienne maison Cadet) [*Paris, imprimerie de H. Balzac, rue des Marais S.-G. n. 17*], s. d. [1826]. In-8.

4 pp. (la dernière blanche) — Le nom et l'adresse de Balzac se trouvent au bas de la 3ᵉ page. (Bibliothèque Nationale : Te¹⁵¹ 1023 *bis* (recueil).)
Les exemplaires du cinquième tirage comportent 4 pp. d'impression et le nom de Balzac est à la 4ᵉ page. Nous n'avons pas vu le premier tirage que nous citons d'a près la *Bibliographie de la France*, du 29 juillet 1826, n° 4957. Ce prospectus est la première impression de Balzac que nous connaissions de façon certaine.

2° — Plaidoyer pour Henriette Cornier, f° Berton, accusée d'assassinat, prononcé à l'audience de la Cour d'assises de Paris, le 24 juin 1826. Par N. Fournier, avocat stagiaire près la Cour Royale de Paris. *Paris. A. Sautelet et Cⁱᵉ, libraires, place de la Bourse, 1826*. In-8.

47 pp. et 1 p. blanche. — B. F., 2 août 1826. n° 5063. — B. N. : 8° F¹ 145. (pièce 719.)

3° — Trente-cinquième tirage à mille exemplaires. — Mixture brésilienne de Lepère, pharmacien, à Paris, place Maubert, n. 27. Instruction traduite en italien, anglais, espagnol et allemand. (A la page 2 : *Paris. Imprimerie de H. Balzac, rue des Marais S.-G., n. 17*), s. d. (1826). In-8.

8 pp. chiffrées plus 8 n. chiffrées pour les traductions. — B. F., 12 août 1826. n° 5215. — B. N. : Te¹³ 388 (45) et (46).

4° — Boussole du commerce des bois de chauffage, bois carrés, charbons de bois et charbons de terre destinés à l'approvisionnement de Paris ; par H.-E. de La Tynna et C.-P. Rousseau. Prospectus (A la fin : *Imprimerie de H. Balzac, rue des Marais S.-G., n. 17*), s. d. (1826). In-8.

4 pp. — B. F., 16 septembre 1826. n° 5939. — B. N. : 8° Q. 2897.
V. ci-dessous les n°ˢ 73 et 74.

5° — Rapprochement de la Théorie d'Alexandre Muller et de la Théorie intitulée : Maniement du sabre, lithographié par ordre de M. le comte de Durfort. A *Paris, imprimerie de Balzac*, s. d. (1826). In-4°.

Une feuille 1/2. — N'est pas à la Bibliothèque Nationale. Cité d'après la *Bibliographie de la France* du 20 septembre 1826, n° 5985.

6° — Œuvres de J. F. Ducis. *Paris. Librairie française-étrangère, Palais-Royal, galerie de bois, n. 233* (1826-1827). 8 vol. in-32.

B. F. *Tome I* : 30 septembre 1826, n° 6190; *tome II* : 14 octobre 1826, n° 6426; *tome III* : 25 octobre 1826, n° 6576; *tome IV* : 6 décembre 1826, n° 7536; *tome V* : 16 décembre 1826, n° 7685; *tome VI* : 20 janvier 1827, n° 382; *tome VII* : 10 février 1827, n° 1073; *tome VIII* : 28 février 1827, n° 1624.

Le tome IV est enregistré, par erreur, comme tome V, et le tome V comme tome VI. Les couvertures des tomes V à VIII sont enregistrées le 6 décembre 1826. — B. N. : Inv. Yf. 4603-4610.

7° — Leçons d'histoire prononcées à l'Ecole normale par C. F. Volney, pair de France, membre de l'Institut, etc., augmentées d'une leçon inédite et suivies du Discours de Lucien sur la manière d'écrire l'histoire. *Paris. Baudouin frères, libraires, rue de Vaugirard, n. 17*, 1826. In-32.

C'est la 1re livraison d'un « Cours complet des Hautes Études. »
V. ci-dessous les n°s 18 et 53. — B. F., 14 octobre 1826, n° 6381. — B. N. : Inv. G 30064.

8° — Petit dictionnaire critique et anecdotique des enseignes de Paris, par un batteur de pavé. *Paris. Chez les marchands de nouveautés, au Palais-Royal*, 1826. In-32.

Un batteur de pavé est un pseudonyme de Balzac. — B. F., 18 octobre 1826, n° 6444. — B. N. : Lk⁷ 7415.

9° — Le Troubadour français contenant romances, chansons de table et rondes, tirées des meilleurs chansonniers. Rédigé par quelques convives du Caveau moderne et des Soupers de Momus. *Paris, chez Caillot, libraire, rue St-André-des-Arts, n. 57*, s. d. (1826). In-12.

B. F., 25 octobre 1826, n° 6574. — B. N. : Inv. Ye 34169.

10° — Napoléon et Talma aux Champs élysées. Dialogue à la manière des anciens, précédé d'une notice historique sur la vie, la maladie, les derniers momens, les funérailles et discours prononcés sur la tombe de ce grand Tragédien. Par C-F. Bertu. *Paris. Chez les marchands de nouveautés, au Palais-Royal*, 1826. In-32.

63 pp. et 1 p. blanche. — B. F., 28 octobre 1826, n° 6748. — B. N. : Lb⁴⁵ 465. — Une seconde édition est enregistrée dans la B. F., 23 décembre 1826, n° 8012. — B. N. : Lb⁴⁵ 465 A.

11° — L'Echo Européen, journal. Prospectus (A la fin : *Imprimerie de H. Balzac, rue des Marais S.-G., n. 17*), s. d. (1826). In-12.

4 pp. — B. F., 8 novembre 1826, n° 6922. — B. N. : Inv. Z 8168. — Le journal, qui avait pour éditeur Lecointe et Durey, n'est pas imprimé par Balzac.

12º — Œuvres de Colardeau, de l'Académie française. *Paris, librairie ancienne et moderne, Palais-Royal, galerie de bois, n. 263-264, 1826. 2 vol. in-32.*

B. F., *Tome I* : 18 novembre 1826, nº 7140 ; *tome II* : 29 novembre 1826, nº 7337. — B. N. : Inv. Ye 18762-18763.

13º — Contes de La Fontaine. *Paris. Librairie française-étrangère, Palais-Royal, galerie de bois, n. 233, 1826. 2 vol. in-32.*

Ces deux volumes figurent seulement à la « table alphabétique des ouvrages » de la *Bibliographie de la France*, avec l'indication qu'ils ont paru en novembre. Ils ne sont pas enregistrés dans ce journal.

14º — Discours de M. Canning, prononcés au Parlement d'Angleterre, précédés du message de S. M. Britannique au Parlement. Ces discours sont accompagnés de ceux prononcés par MM. Peel, secrét. d'Etat, Rob. Wilson, Brougham, Baring, Hume, Wood, etc. ; et tous ont été traduits sur les originaux anglais. *Paris. Librairie ancienne et moderne, Palais-Royal, galerie de bois, n. 263-264, 1826. In-32.*

64 pp. — B. F., 23 décembre 1826, nº 7998. — B. N. : Ng. 243.

15º — Napoléon et Talma aux Champs Elysées... Seconde édition. *Paris. Chez les marchands de nouveautés. 1826. In-32.*

V. ci-dessus le nº 10.

16º — La Liberté individuelle, ou plaidoyer et réplique prononcés par Mᵉ Dupin aîné, avocat, aux audiences des 5 et 9 décembre 1826 dans la cause de Mᵉ Isambert. *Paris. Baudouin frères, libraires, rue de Vaugirard, n. 17, 1826. In-8.*

iv-66 pp. — B. F., 23 décembre 1826, nº 8021. — B. N. : Lb⁴⁰ 484. V. ci-dessous le nº 163.

17º — Opinion de M. le général Sébastiani, député du département de l'Aisne, sur le projet d'adresse de la Chambre des députés. *Paris. Baudouin frères, libraires, rue de Vaugirard, n. 17, 1826. In-8.*

16 pp. — B. F., 3 janvier 1827, nº 24. — B. N. : Le³⁸ 14, 1ʳᵉ pièce.

18º — Leçons de littérature prononcées à l'Ecole normale, par J.-F. La Harpe. *Paris, Baudouin frères, libraires, rue de Vaugirard, n. 17, 1826. In-32.*

B. F., 10 janvier 1827, nº 123. — B. N. : Inv. Z 52621. V. ci-dessus le nº 7 et ci-dessous le nº 53.

19º — Affaire Tétard. Accusation d'assassinat portée contre Joseph Tétard, ouvrier maçon, défendu par Mᵉ Bautier. *Paris, Ladvocat, libraire, au Palais-Royal, 1826. In-8.*

36 pp. — B. F., 13 janvier 1827, nº 189. — B. N. : 8⁰ Fᵐ 525 (pièce 2840).

ANNÉE 1827

20° — L'Académie, satire. *A Paris, chez Urbain Canel, rue Saint-Germain-des-Prés, n. 9*, 1827. In-8.

Par H. de Latouche, d'après Quérard : par Germond, d'après Barbier. Une feuille 1/2. N'est pas à la Bibliothèque Nationale.
Cité d'après la *Bibliographie de la France*, du 6 janvier 1827, n° 57.

21° — Des arrestations arbitraires, ou Débats du procès intenté à M. Isambert, avocat, et à la Gazette des tribunaux, au Journal du commerce et à l'Echo du Soir. *Paris. Baudouin frères, libraires, rue de Vaugirard, n. 17*, 1827. In-8.

B. F., 10 janvier 1827, n° 112. — B. N. : Lb⁴⁹. 1570.

22° — Almanach du commerce de la charcuterie de la Ville et faubourgs de Paris ; contenant les noms, prénoms et demeures de MM. les marchands charcutiers de la dite ville et faubourgs, avec les principales lois, ordonnances de police et les instructions nécessaires relatives au dit commerce. *A Paris, au Bureau du commerce de la charcuterie, rue Sainte-Croix-de-la-Bretonnerie, n. 24, près celle Sainte-Avoye, quartier du Mont-de-Piété*, 1827. In-18.

B. F., 13 janvier 1827, n° 192. — B. N. : Inv. V 27451, 10.

23° — De la tolérance arbitraire et coupable du ministère à l'égard des Jésuites, de leur rétablissement légal, ou de leur expulsion selon les lois du Royaume. Considérations politiques par A.-S. Saint-Valry. *Paris. Sautelet et comp^{ie}, place de la Bourse. Janvier* 1827. In-8.

B. F., 17 janvier 1827, n° 301. — B. N. : Ld³⁹ 687.

24° — Mémoires de Dorothée, née Rhennet, surnommée l'Amazone de la Grande Armée, chevalière de la Légion d'honneur, écrits par elle-même, et revus par M. J. M. G. Prospectus. (A la page 3 : *Imprimerie de H. Balzac, rue des Marais S.-G., n. 17*). In-8.

4 pp. — B. F., 17 janvier 1827, n° 315. — B. N. : Ln²⁷ 17334.

25° — Œuvres de J. F. Ducis. *Paris, librairie française-étrangère*, 1826-1827. 8 vol. in-32.

V. ci-dessus le n° 6.

26° — Annuaire et liste de messieurs les perruquiers et coiffeurs de la ville de Paris pour l'an 1827. *Paris. Imprimerie d'H. Balzac, rue des Marais S.-G., n. 17, s. d.* (1827). In-8.

72 pp. et 5 ff. n. chiffrés. — La date n'est que sur la couverture, ornée d'un encadrement. B. F., 20 janvier 1827, n° 408. — B. N. : Inv. V 28031, 6.

27° — Mémoire adressé à M. le conseiller d'État, préfet de police, par le commerce de bois de chauffage en chantiers de la ville de Paris (A la fin : *Imprimerie de H. Balzac, rue des Marais S.-G., n. 17*), s. d. (1827). In-4°.

8 pp. — B. F., 27 janvier 1827, n° 706. — B. N. : Vp. 25722.

28° — Stances sur la liberté de la Presse, par Auguste Crebassol. Prix : 50 centimes. *Paris, chez tous les marchands de nouveautés*, 1827. In-8.

7 pp. et 1 p. n. chiffrée. La couverture tient lieu de titre. B. F., 31 janvier 1827, n° 787. — B. N. : Ye 41089.

29° — Nouvelles observations adressées à M. le conseiller d'État, préfet de police, par le commerce de bois de chauffage en chantiers pour l'approvisionnement de la ville de Paris (A la fin : *Imprimerie de H. Balzac, rue des Marais S.-G., n. 17*), s. d. (1827). In-4°.

15 pp. et 1 p. blanche. — B. F., 10 février 1827, n° 1069. — B. N. : Vp. 25722.

30° — L'Album historique et anecdotique. Tome premier. *Paris. Imprimerie de H. Balzac, rue des Marais S.-G., n. 17*, 1827. In-8.

La couverture est ornementée. B. F., 10 février 1827, n° 1129. — B. N. : Lc² 2812.

31° — Politique religieuse et philosophique, ou constitution morale du gouvernement. Par M. le baron Bigot de Morogues (Prospectus). *A Paris, chez Renard*, 1827. In-8°.

Un quart de feuille. — N'est pas à la Bibliothèque Nationale. Cité d'après la *Bibliographie de la France* du 14 février 1827, n° 1092.

V. ci-dessous le n° 37.

32° — Le Trésor des poumons du docteur Portal, préparé par Cure, pharmacien, rue Saint-Antoine, n° 77, à Paris. (A la fin : *Imprimerie de H. Balzac, rue des Marais S.-G., n. 17*), s. d. (1827). In-8.

Prospectus de 4 pp. — B. F., 14 février 1827, n° 1205. — B. N. : Te¹⁴ 14 (37).

33° — Un mot sur le projet de loi relatif à l'organisation du jury, sur le projet de code militaire, première partie, et sur l'article XI de la loi du 21 octobre 1814 ; par un magistrat. *Paris, au dépôt des lois, chez Madame veuve Dècle, place du Palais-de-justice*, 1827. In-8.

70 pp. — B. F., 21 février 1827, n° 1419. — B. N. : Lf¹¹³ 36.
Cette brochure, dédiée « à M. le Conseiller d'État, pair de France, premier président de la Cour Royale de Paris », est signée : DE BERNY.
On sait que M. de Berny, protecteur de Balzac, était conseiller de cette même Cour.

34° — Œuvres complètes de Le Sage. Le Bachelier de Salamanque. *A Paris, au Palais-Royal, n. 263-264, et chez Berquet*, 1827. In-32.

Balzac n'a imprimé que les faux titres, les titres et les couvertures de ces deux volumes, parus en 4 livraisons, qui ne sont pas à la Bibliothèque Nationale, et que nous citons d'après la *Bibliographie de la France* du 28 février 1827, n° 1622.

Par contre, la *Bibliographie de la France* n'enregistre pas les impressions suivantes relatives à Le Sage que possède la Bibliothèque Nationale :

35° — Œuvres complètes de Le Sage. Gusman d'Alfarache. *Paris, librairie ancienne et moderne, Palais-Royal, galerie de bois, n. 263-264. Théophile Berquet, libraire, quai des Augustins, n° 39, 1827. 2 vol. in-32.*

Comme pour les deux volumes précédents, Balzac n'a imprimé que les faux titres, et les titres, plus les couvertures, des huit livraisons de l'ouvrage. Ces couvertures roses, encadrées de deux filets, portent, dans le bas, entre les filets : *Imprimerie de H. Balzac.*

B. N : 8° Q 2897.

V. l'article suivant :

36° — Œuvres complètes de Le Sage. Le Diable boiteux. *Paris, librairie ancienne et moderne, Palais-Royal, galerie de bois, n. 263-264. Théophile Berquet, libraire, quai des Augustins, n. 39, 1827. In-32.*

Même observation que pour l'article précédent.

Balzac a imprimé, pour le *Diable boiteux*, six couvertures de livraisons, dans les mêmes conditions que celles de *Gusman d'Alfarache*.

B. N : 8° Q 2897.

37° — Politique religieuse et philosophique ou constitution morale du gouvernement. Par M. le baron Bigot de Morogues. *A Paris, chez Renard, rue Sainte-Anne, n. 71, 1827. 4 vol. in-8.*

N'est pas à la Bibliothèque Nationale. Cité d'après la *Bibliographie de la France* qui enregistre le tome I, le 7 mars 1827, n° 1810 ; le tome II, le 4 avril 1827, n° 2464 ; le tome III, le 16 mai 1827, n° 3401 ; le tome IV, le 7 juillet 1827, n° 4473.

V. ci-dessus, pour le Prospectus, le n° 31.

38° — Observations de M⁰ Isambert, avocat, dans sa cause. *Paris, imprimerie de H. Balzac, rue des Marais S.-G., n. 17, mars 1827. In-8.*

32 pp. — B. F., 14 mars 1827, n° 1851. — B. N. : Lb⁴⁰ 539.

39° — Mémoire présenté à Son Excellence le ministre de la marine et des colonies, sur quelques améliorations à introduire dans le système administratif adopté pour l'île de Marie-Galante, par Joseph Pélissié, négociant de cette colonie. (A la fin : *Imprimerie de H. Balzac, rue des Marais S.-G., n. 17*), s. d. (1827). In-4°.

1 f., 25 pp. et 1 p. blanche. — B. F., 17 mars 1827, n° 1925. — B. N. : Lk¹² 97.

40° — Réfutation succincte de la dénonciation aux Cours Royales des clubs menaçans de la franc-maçonnerie, par le F∴ Jules R***, dignitaire d'un des plus nombreux attel∴ de l'Or∴ de Paris. Prix : 75 c. franc de port 1 fr.

Paris, chez Silvestre, libraire, rue Thiroux, n° 8, et chez les marchands de nouveautés, 1827. In-8.

16 pp. dont une blanche. — B. F., 20 mars 1827, n° 2048. — B. N. : Lb⁴⁰1571.

41° — Deuxième mémoire pour le sieur Louis Aulanier, contre ses frères, sœurs et beaux-frères (A la fin : *Imprimerie de H. Balzac, rue des Marais S.-G., n° 17*), s. d. (1827). In-4°.

38 pp. et 1 p. blanche. — B. F., 24 mars 1827, n° 2153. — B. N. : 4° F°. 44. (pièce 1155).

42° — Plaidoyer de Mᵉ Isambert pour le capitaine Muller, contre le général Durfort et contre le procureur général de la Cour royale de Paris. (A la fin : *Imprimerie de H. Balzac, rue des Marais S.-G., n° 17*), s. d. (1827). In-4°.

11 pp. et 1 p. blanche. — B. F., 24 mars 1827, n° 2194. — B. N. : 4° F³ 999 (pièce 22819).

Nous savons par une facture de l'imprimerie H. Balzac et A. Barbier, en date du 3 avril 1827, que ce *Plaidoyer* a été tiré à 300 exemplaires et que le prix de ce travail (corrections et 30 épreuves en sus) était de 65 francs.

43° — Choix d'anecdotes, de contes, d'historiettes, d'épigrammes et de bons mots tant en prose qu'en vers. *Paris, à la librairie ancienne et moderne, Palais-Royal, galerie de bois, n. 263-264,* 1827. 2 vol. in-32.

Cet ouvrage comprend un volume de prose et un volume de poésie. Voici, d'après la *Bibliographie de la France,* l'indication des livraisons qui ont été imprimées par Balzac :

Tome second (poésie). 1ʳᵉ livraison, 28 mars 1827. n° 2234.
Tome second (poésie). 2ᵉ livraison (4ᵉ de l'ouvrage). 11 avril 1827. n° 2641.
Tome premier (prose). 3ᵉ livraison (5ᵉ de l'ouvrage). 25 avril 1827. n° 2849.
Tome second (poésie). 3ᵉ livraison (6ᵉ de l'ouvrage), 25 avril 1827. n° 2849.
Tome second (poésie). 4ᵉ livraison (7ᵉ de l'ouvrage). 12 mai 1827. n° 3229.
Tome premier (prose). 6ᵉ livraison (11ᵉ de l'ouvrage), 16 juin 1827. n° 3970.
Tome second (poésie). 6ᵉ livraison (12ᵉ de l'ouvrage), 16 juin 1827. n° 3970.
Tome premier (prose). 7ᵉ livraison (13ᵉ de l'ouvrage). 27 juin 1827. n° 4228.
Tome second (poésie). 7ᵉ livraison (14ᵉ de l'ouvrage). 27 juin 1827. n° 4228.

44° — Ode sur la nouvelle loi contre la liberté de la Presse, par A. J. C. S. = Elme (de la Corrèze). *Paris, chez les marchands de nouveautés,* 1827. In-8.

8 pp. — B. F., 31 mars 1827, n° 2323. — B. N. : Inv. Ye 32748.

45° — Vie de Jean-Baptiste-Elisabeth Asselineau, écrite par lui-même. Précis de l'acte d'accusation, résumé des débats, et plaidoirie de Mᵉ Gechter, suivis de l'arrêt de la Cour Royale de Paris du 26 mars 1827, qui condamne Asselineau à la peine de mort. *Paris, librairie ancienne et moderne, Palais-Royal, galerie de bois, n°ˢ 263-264.* 1827. In-8.

52 pp. — B. F., 31 mars 1827, n° 2342. — B. N. : Ln²⁷ 691.

46° — Pétition à messieurs les membres de la Chambre des députés. (A la
fin : *Imprimerie de H. Balzac, rue des Marais S.-G., n° 17*) s. d. (1827).
In-4°.

3 pp. et 1 p. blanche. — Signé : A. U. Minus, veuve Tanchon, nièce de feu
M. Minus, ancien directeur au Trésor, rue d'Argenteuil, n. 48. — B. F., 31 mars
1827, n° 2383. — B. N. : 4° F³ 1387 (pièce 30741).
V. ci-dessous le n° 55.

47° — Observations du capitaine Muller, auteur de l'Escrime à cheval, etc.,
etc., adressées aux magistrats de la Cour Royale de Rouen. *Paris. Imprimerie de H. Balzac, rue des Marais S.-G., n. 17*, 1827. In-4°.

20 pp. plus la couverture encadrée. — B. F., 4 avril 1827, n° 2457. — B. N. :
4°F³ 999 (pièce 22818).
Sur la facture relative au *Plaidoyer de M° Isambert* que nous citons plus haut
(v. le n° 42) est portée aussi l'impression des *Observations du capitaine Muller*. Le
montant de la facture pour ce travail est de 272 francs : mais nous croyons devoir
donner ici le détail de ce compte qui permettra de connaître les prix d'imprimerie
d'alors :
3 feuilles comprenant couvertures encadrées grand in-4°, 1000 ex, papier fin, sur-
charges de petit texte comprises et une main de couleur, 75 francs la feuille, soit
225 francs.
Corrections et plusieurs épreuves, 12 francs.
Séchage après piqûre et rognage, 30 francs.
30 épreuves de deux feuilles, 5 francs.

48° — A. M. le Président et MM. les Juges composant la première Chambre
du tribunal civil de la Seine, séant à Paris, pour l'une des branches de la
maison Salignac de la Mothe-Fénélon; contre les héritiers de M. le comte de
Baschi (A la fin : *Imprimerie de H. Balzac, rue des Marais S.-G., n° 17*),
s. d. (1827). In-4°.

8 pp. — Signé : Cᵗᵉ DE VERDONNET. — B. F., 7 avril 1827, n° 2533. — B. N. :
4° F³ 1323 (pièce 29424).

49° — Débats du procès intenté à M° Isambert, avocat, à la Gazette des
Tribunaux, à l'Echo du soir et au Journal du Commerce au sujet des arrestations arbitraires : Deuxième partie. Cour Royale de Paris. *Paris, imprimerie de H. Balzac, rue des Marais S.-G., n° 17, mars 1827*. In-8.

B. F., 11 avril 1827, n° 2648. — B. N. : Lb⁴⁰ 552 (Réserve).

50° — Mémoires de Madame Roland, avec une notice sur sa vie, des notes
et des éclaircissemens historiques. Par MM. Berville et Barrière. Troisième
édition. *A Paris, chez Baudouin frères, rue de Vaugirard, n. 17*, 1827. 2 vol.
in-8.

N'est pas à la Bibliothèque Nationale. Cité d'après la *Bibliographie de la France*
du 11 avril 1827, n° 2659.

51° — Œuvres complètes de Condillac. (Faux-titres et titres des 16 volumes, plus 16 couvertures sur papier de couleur.) *A Paris, chez Baudouin frères, rue de Vaugirard, n. 17*, 1827. In-8.

Seize quarts de feuille. — N'est pas à la Bibliothèque Nationale. Cité d'après la *Bibliographie de la France* du 11 avril 1827, n° 2665. Beuchot, le rédacteur de ce journal, ajoute : « Ces faux-titres et titres, portant la date de 1827, sont destinés à des exemplaires de l'édition publiée en 1821, 22 et 23, par MM. Lecointe et Durey. »

52° — Plaidoyer de M° Dupin, avocat, pour M° Isambert, prononcé devant la Cour Royale de Paris, I°° et V° chambres réunies, sous la présidence de M. le baron Séguier, audience du 13 mars 1827, recueilli par les sténographes. *Paris, imprimerie de H. Balzac, rue des Marais S. G., n° 17, 18 mars* 1827. In-8.

63 pp. et 1 p. blanche. — B. F., 14 avril 1827, n° 2725. — B. N. : Lb⁴° 544 A.

53° — Œuvres choisies de C.-F. Volney, pair de France, membre de l'Institut. *Paris, Baudouin frères, éditeurs, rue de Vaugirard, n. 17. Achille Désauges, libraire, rue Jacob, n. 5*, 1827. 6 vol. in-32.

B. F. : *Tome I* : 25 avril 1827, n° 2882 ; *tome II* : 9 mai 1827, n° 3202 ; *tome III* : ne figure qu'à la « table alphabétique des ouvrages » ; *tome IV* : 16 mai 1827, n° 3397 ; *tome V* : 6 juin 1827, n° 3841 ; *tome VI* : ne figure qu'à la « table alphabétique des ouvrages ». B. N. : Inv. Z 30200-30205.

V. ci-dessus le n° 7.

54° — Prophétie du général Foy. (Extrait du discours prononcé, le 20 mars 1821, à la Chambre des députés.) (Dans le bas : *Imprimerie de H. Balzac, rue des Marais S.-G., n. 17*), s. d. (1827). In-8.

1 feuillet. — B. F., 2 mai 1827, n° 3090. — B. N. : Lb⁴° 570.

55° — Pétition à messieurs les membres de la Chambre des Députés. (A la fin : *Imprimerie de H. Balzac, rue des Marais S.-G., n. 17*), s. d. (1827). In-4°.

3 pp. et 1 p. blanche. — Signé : A. U. Mixus.
Impression différente de cette même pétition déjà décrite sous le n° 46. — B. F., 12 mai 1827, n° 3334. — B. N. : 4° F³ 1387 (pièce 30741).

56° — Révélation au Roi d'un affreux complot, tramé dans les repaires de la franc-maçonnerie, contre la Religion et le Trône. Suivie d'un avertissement à S. A. R. le duc d'Orléans, odieusement trompé par la profonde hypocrisie de plusieurs Loges maçonniques. Prix : 1 fr. par la poste. *A Paris, chez Hivert, libraire, rue des Mathurins S. Jacques, n. 18, et chez les marchands de nouveautés*, 1827. In-8.

16 pp. — B. F., 16 mai 1827, n° 3412. — B. N. : Lb⁴° 595.

57° — Annuaire de la Société des Arts graphiques. XIX° année. *Paris, impr. de Balzac*, 1827. In-12.

Une feuille 2/3. — N'est pas à la Bibliothèque Nationale. Cité d'après la *Bibliographie de la France* du 2 juin 1827, n° 3750.

58° — Gazette des tribunaux de commerce. (Prospectus et acte social.)
A Paris, imprimerie de H. Balzac, 1827. In-4°.

Une feuille. — La Bibliothèque Nationale possède d'autres prospectus de ce journal, mais ils ne sont pas imprimés par Balzac. Cité d'après la *Bibliographie de la France* du 2 juin 1827, n° 3787.
V. ci-dessous le n° 76.

59° — Réplique de M° Dupin, pour M° Isambert (audience du 27 mars 1827), imprimée chez Boucher, avec cette épigraphe : *Incivitate nostrâ docuit, in conservandâ civium libertate esse privatum neminem. Cic.* (A la fin : *Imprimerie de H. Balzac, rue des Marais S.-G., n. 17*), s. d. (1827). In-8.

72 pp. — B. F., 16 juin 1827, n° 4009. — B. N. : Lb⁴° 551.

60° — Proverbes romantiques, par A. Romieu. *A Paris, chez Ladvocat, libraire de S. A. R. le duc de Chartres, quai Voltaire et Palais-Royal,* MDCCCXXVII (1827). In-8.

B. F., 27 juin 1827, n° 4277. — B. N. : Inv. Yf 11473.

61° — Nouveau vocabulaire français, où l'on a suivi l'orthographe adoptée pour la prochaine édition du Dictionnaire de l'Académie, et dans lequel on trouve de plus : 1° un grand nombre de mots et d'acceptions de mots généralement reçus et qu'on a distingués par une étoile ; 2° environ huit mille termes de sciences et arts, et spécialement la nouvelle nomenclature chimique ; 3° un vocabulaire géographique ; 4° la prononciation de tous les mots ; 5° l'étymologie des mots dérivés du grec et du latin ; 6° la conjugaison des verbes irréguliers ; par MM. de Wailly, membre de l'Institut, et de Wailly, professeur au collège royal de Henri IV. Quatorzième édition, revue et corrigée par Alfred de Wailly, professeur au collège royal de Henri IV. Ouvrage adopté par l'Université de France pour les Collèges et Écoles publiques, et revu, quant aux termes de médecine, d'anatomie et d'histoire naturelle, par M. Bosquillon, médecin de Paris, et professeur de langue grecque au Collège Royal. *A Paris, chez Rémont, libraire, rue Pavée, n° 11, près du quai des Augustins. Juillet 1827.* In-8.

B. F., 4 juillet 1827, n° 4404. — B. N. : Inv. X 13750.

62° — L'Art de mettre sa cravate de toutes les manières connues et usitées, enseigné et démontré en seize leçons, précédé de l'histoire complète de la cravate, depuis son origine jusqu'à ce jour, de considérations sur l'usage des cols, de la cravate noire et l'emploi des foulards. Par le B°° Émile de l'Empesé. Ouvrage indispensable à tous nos fashionables, orné de trente-deux figures explicatives du texte, et du portrait de l'auteur. *Paris, à la librairie universelle, rue Vivienne, 2 bis, au coin du passage Colbert, et chez tous les marchands de cravates, de cols et de foulards les plus en vogue de la Capitale, 1827.* In-18.

D'après Asselineau, le B°° Émile de l'Empesé est M. Lefebvre-Duruflé ; d'après

Quérard, M. Émile Marco de Saint-Hilaire. On a aussi attribué cet ouvrage à Balzac.

B. F., 7 juillet 1827, n° 4431. — B. N. : Li⁴ 13.

Balzac a imprimé une deuxième et une quatrième édition de cet ouvrage, qui sont enregistrées dans la *Bibliographie de la France* des 25 juillet 1827, n° 4814, et 11 août 1827, n° 5188. Le rédacteur de ce journal, Beuchot, déclare ne pas connaître la troisième édition. V. ci-dessous les n°⁵ 68 et 70.

63° — Cinq-Mars, ou une Conjuration sous Louis XIII. Par le comte Alfred de Vigny. Troisième édition, revue et corrigée. *Paris, Urbain Canel, libraire, rue Saint-Germain-des-prés, n° 9*, 1827. 2 vol. in-8.

B. F., 7 juillet 1827, n° 4434. — B. N. : Inv. Y² 73272-73273.

64° — Les Contagionistes réfutés par eux-mêmes, par Eug. Sulpicy, docteur-médecin de la Faculté de Paris. *Paris, chez les marchands de nouveautés*, 1827. In-8.

32 pp. dont une blanche. — B. F., 7 juillet 1827, n° 4437. — B. N. : Td⁸14.

65° — Manuel de l'Étranger à Paris et aux environs, orné d'un plan de la Capitale, de quarante-quatre gravures représentant tous les monumens de Paris et d'une carte indiquant les divers palais du gouvernement, les hôtels des ministères, les établissemens civils et religieux, les mairies, promenades, théâtres et jardins publics. Cet ouvrage est terminé par un Dictionnaire des rues, des barrières, des quais, des boulevards, etc. Par X. Richard. *Paris Baudouin frères, éditeurs. Delaunai, Palais-Royal*, 1827. In-32.

Balzac semble n'avoir imprimé que des faux-titres et des titres pour cet ouvrage, déjà publié en 1826, sous le titre de : *Dictionnaire de poche de Paris .*. De nouveaux titres ont encore été réimprimés en 1828 et 1829 par Pinard.

B. F., 11 juillet 1827, n° 4550. — B. N. : Lk⁷ 6166.

66° — Le Bibliographe français, ou le Littérateur parisien et provincial. Feuille générale d'annonces, tant marchandes qu'analytiques concernant les sciences, les arts, les lettres, l'industrie et le commerce ; par une société de savans et de gens de lettres (A la fin de chaque numéro : *Imprimerie de H. Balzac, rue des Marais S.-G., n° 17*), 1827. Pet. in-fol.

Les prospectus et les 6 premiers numéros de ce journal ont été imprimés par Victor Cabuchet; Balzac n'en a fait l'impression qu'à partir du n° 7 (28 avril 1827) jusqu'au n° 30 (15 novembre 1827). La Bibliothèque Nationale ne possède que ces 30 numéros. Nous ignorons s'il en a paru d'autres.

A partir du n° 17, le titre du journal a été modifié de la manière suivante :

67° — Journal de Paris et des départemens, ou le Bibliographe français, feuille d'annonces concernant la librairie, les arts, les sciences, l'agriculture, l'industrie et le commerce, par une société de savans et de gens de lettres. A la fin de chaque numéro : *Imprimerie de H. Balzac, rue des Marais S. G., n° 17*), s. d. (1827). Pet. in-fol.

B. F., 14 juillet 1827, n°⁵ 4692 et 4693. — B. N. : Inv. Z 821.

Imprimerie   Paris, ce 28 avril 1829.
de H. Balzac et A. Barbier
rue des Marais S-G. n. 17.

A Messieurs Lestrade et Chambelland,
au bureau du Bibliographe,

Par les comptes de nos compositeurs et au moyen de la colonne augmentée, le prix du journal tel que vous le voyez est de quarante-cinq francs et n/ n'avons pas tenu compte de la composition une fois faite du titre, parce que c'était une misère, quand il s'agit d'un journal.

La surcharge de petit texte a été de 3 fr. et il y a 7 francs de composition sur le prochain n°. Je crois que l'on peut toujours évaluer à 3 ou 4 fr. la surcharge de petit texte.

Si vous n'avez pas eu le tirage hier soir, ç'a été faute des corrections et de l'ajouté de copie à faire, mais en n/ remettant la copie comme de règle, vous aurez toujours le journal la veille au soir, de 6 à 8 heures.

Votre bien dévoué serviteur,

H. BALZAC.

Coll. de M. le Vte de Sp. de L

68⁰ — L'Art de mettre sa cravate... Seconde édition. *Paris, à la librairie universelle*, 1827. In-18.

V. ci-dessus le n° 62 et ci-dessous le n° 70.

69⁰ — Le Cultivateur ou journal des campagnes. Prospectus. (A la fin : *Imprimerie de H. Balzac, rue des Marais S.-G., n. 17*), s. d. (1827). In-8.

12 pp. dont une blanche. — Balzac a fait trois impressions différentes de ce prospectus. Celui-ci commence par : « Il y a des journaux pour les juges et les avocats, pour les médecins, pour le clergé... »; le second, même titre, a 11 pp. et débute ainsi : « Il n'y a presque plus qu'une seule classe de Français qui ne possède pas de journal... »; le troisième n'a que 4 pp., (les pp. 1 et 4 encadrées de filets) et commence par : « A MM. les Curés et Desservans. Notre intention est de donner aux Agriculteurs... ».
Le 1er et le 2e prospectus sont enregistrés dans la *Bibliographie de la France*, des 4 août 1827, n° 5121, et 3 novembre 1827, n° 6872. Le troisième ne l'est pas. Le journal n'est pas imprimé par Balzac.
B. N. : Inv. S 25579.
V. ci-dessous le n° 71.

70° — L'Art de mettre sa cravate... Quatrième édition. *Paris, à la librairie universelle*, 1827. In-18.

V. ci-dessus les nᵒˢ 62 et 68.

71° — Le Cultivateur ou Journal des campagnes. Prospectus. (A la fin : *Imprimerie de H. Balzac, rue des Marais S. G., n. 17*), s. d. (1827). In-8.

V. ci-dessus le nᵒ 69.

72° — L'Art de payer ses dettes et de satisfaire ses créanciers, sans débourser un sou ; enseigné en dix leçons. Ou Manuel du droit commercial à l'usage des gens ruinés, des solliciteurs, des surnuméraires, des employés réformés et de tous les consommateurs sans argent. Par feu mon oncle, professeur émérite, précédé d'une notice biographique sur l'auteur et orné de son portrait. Le tout publié par son neveu, auteur de l'Art de mettre sa cravate. *A Paris, à la librairie universelle, rue Vivienne, nᵒ 2 bis, au coin du passage Colbert*, 1827. In-12.

B. F., 11 août 1827, nᵒ 5190. — B. N. : Liˢ 107.

Une deuxième édition, revue et augmentée, est enregistrée dans la *Bibliographie de la France* du 14 novembre 1827. nᵒ 7080.

V. ci-dessous le nᵒ 87.

73° — Boussole du commerce des bois de chauffage, bois carrés, charbons de bois et de terre, destinés à l'approvisionnement de Paris. Par H.-E. de La Tynna et C.-P. Rousseau. Ouvrage utile aux commerçans, aux propriétaires de bois, aux employés de la navigation et au commerce. Prix : 8 francs. *Paris. Au bureau du commerce de bois flotté en trains, quai Béthune, n. 8 (île Saint-Louis)*, MDCCCXXVII (1827). In-8.

B. F., 11 août 1827. nᵒ 5192. — B. N. : Inv. V 43939.

V. ci-dessus le nᵒ 4 et l'article suivant :

74° — Boussole du commerce des bois de chauffage, bois carrés, charbons de bois et de terre, destinés à l'approvisionnement de Paris; par H.-E. de La Tynna et C. P. Rousseau. Ouvrage utile aux commerçants, aux propriétaires de bois, aux employés de la navigation et du commerce. Prospectus. (A la fin : *Imprimerie de H. Balzac, rue des Marais S.-G., n. 17*), s. d. (1827). In-8.

Ce prospectus, qui n'est pas enregistré dans la *Bibliographie de la France*, est différent de celui décrit sous le nᵒ 4. Il a paru après la mise en vente de l'ouvrage. B. N. : 8° Q 2897.

V. ci-dessus les nᵒˢ 4 et 73.

75° — Observations sur l'expédition de 1827, pour le pôle nord, par M. Cadet, de Metz, membre des sociétés philotechnique, de géographie, et de l'Athénée des arts à Paris; honoraire de celle de Metz, correspondant de celles de Lyon, Nancy, Strasbourg et Avignon, etc. *Paris, chez l'auteur, rue de Berry, nᵒ 10. Victor Thiercelin, libraire, rue du Coq-S.-H., nᵒ 6. 1827.* In-8.

24 pp. dont une blanche. — B. F., 11 août 1827. nᵒ 5224. — B. N. : Mp 1737.

76⁰ — Gazette des tribunaux de commerce. (Prospectus et acte social). *A Paris, imprimerie de Balzac, 1827. In-1ᵉ.*

Une feuille. — N'est pas à la Bibliothèque Nationale. Cité d'après la *Bibliographie de la France* du 11 août 1827, n⁰ 5238.
V. ci-dessus le n⁰ 58.

77⁰ — La Chasse au tir, poëme en cinq chants, dédié aux chasseurs. *Paris, chez Victor Thiercelin, rue du Coq-Sᵗ-Honoré, n⁰ 6; Urbain Canel, rue Sᵗ-Germain-des-prés, n⁰ 9, 1827. In-8.*

B. F., 1ᵉʳ septembre 1827. n⁰ 5529. — B. N. : Inv. Ye 18213.

78⁰ — Mémoire du marquis de Bouillé (comte Louis), lieutenant-général, sur le départ de Louis XVI, au mois de juin 1791, avec des notes et observations en réponse à la relation de M. le duc de Choiseul, pair de France, extraits de ses Mémoires inédits. Seconde édition. *A Paris, chez Baudouin frères, rue de Vaugirard, n. 17, 1827. In-8.*

N'est pas à la Bibliothèque Nationale. Cité d'après la *Bibliographie de la France* du 1ᵉʳ septembre 1827, n⁰ 5562.

79⁰ — Mémoires de Charles Barbaroux, député à la Convention nationale; avec des éclaircissemens historiques, par MM. Berville et Barrière. Troisième édition. *Paris. Baudouin frères, libraires-éditeurs, rue de Vaugirard, n⁰ 17, 1827. In-8.*

B. F.. 1ᵉʳ septembre 1827. n⁰ 5565. — B. N. : La⁵ 9 B.

80⁰ — L'Art de ne jamais déjeuner chez soi, et de dîner toujours chez les autres; enseigné en huit leçons, indiquant les diverses recettes pour se faire inviter tous les jours, toute l'année, toute la vie. Par feu M. le Chᵉʳ de Mangenville. Précédé d'une simple notice sur l'auteur et orné de son portrait. *A Paris, à la librairie universelle, rue Vivienne, n. 2 bis, au coin du passage Colbert, 1827. In-18.*

B. F.. 12 septembre 1827. n⁰ 5823. — B. N. : Li⁵ 106.
Une troisième édition. également imprimée par Balzac, a paru la même année.

81⁰ — Discours de la girafe au chef des six Osages (ou Indiens), prononcé le jour de leur visite au jardin du Roi; traduit de l'arabe par Alibassan, interprète de la giraffe (sic). *Paris, Martinet, libraire, rue du Coq-Saint-Honoré, n⁰ 15, 1827. In-18.*

12 pp. — B. F., 15 septembre 1827, n⁰ 5876. — B. N. : Lk⁷ 7474.

82⁰ — Les Remèdes de bonnes femmes ou moyens de prévenir, soigner et guérir toutes les maladies, rédigés et mis en ordre alphabétique d'après le manuscrit original de Mᵐᵉ Michel, ex-garde malade. *A Paris, rue Vivienne, n. 2 bis, 1827. In-32.*

Une feuille 5/8. — N'est pas à la Bibliothèque Nationale. Cité d'après la *Bibliographie de la France* du 26 septembre 1827, n⁰ 6060.

83° — Mélanges historiques et littéraires, par M. Villemain, membre de l'Académie française. Tome III. *A Paris, chez Ladvocat, libraire de Son Altesse Royale le duc de Chartres, quai Voltaire et au Palais-Royal*, M. D. CCC. XXVIII (1828). In-8.

Ce doit être par erreur que la *Bibliographie de la France* du 20 octobre 1827, n° 6544, qui n'enregistre pas le tome III, enregistre le tome II comme imprimé par Balzac. Les tomes I et II sont imprimés par Fain; des titres du tome III portent aussi le nom de Fain.

B. N. : Inv. Z 27994.

84° — Mémoires du comte de M...., précédés de cinq lettres, ou considérations sur les Mémoires particuliers. *Paris. Victor Thiercelin, libraire, rue du Coq Saint-Honoré, n° 6*, 1828. In-8.

Par le comte Moré de Pontgibaud.

B. F., 20 octobre 1827, n° 6546. — B. N. : Lu⁴⁷ 13098.

La nouvelle édition des *Mémoires du comte de Moré* [1] nous apprend que les « cinq lettres ou considérations sur les Mémoires particuliers » sont de M. le comte de Salaberry qui était, alors, membre du Conseil général de Loir-et-Cher et député de Blois. Ce fait explique donc les relations qui existèrent entre Balzac et lui, relations attestées par les deux lettres suivantes :

A M. Berthevin, à l'Imprimerie Royale, Vieille rue du Temple.
à Paris.

Paris, ce 14 août 1827.

Mr Balzac souhaite le bonjour à Mr Berthevin [2], et le prie de remettre au porteur les épreuves des quatre premières feuilles, car M. de S... ne les a jamais vues, et il désirerait reporter les corrections de M. Berthevin avant de tirer.

Il le prie d'agréer ses respectueuses civilités.

A M. Honoré Balzac, imprimeur.

Ce samedi 18 août 1827.

J'ai reçu, Monsieur, votre lettre ce matin et vos deux envois d'épreuves. Je me suis conformé aux observations, qui sont fort justes. Mais je n'ai pas reçu la première épreuve, le commencement.

(1) *Mémoires du comte de Moré* (1758-1837), publiés pour la Société d'histoire contemporaine par M. Geoffroy de Grandmaison et le Cte de Pontgibaud. Avec cinq héliogravures. *Paris, Alphonse Picard et fils*, 1898, in 8°, pp. 15 et 16.

(2) M. Berthevin était, alors, conservateur du matériel de l'Imprimerie Royale.

jusqu'à la page[1] ; si, entre temps. Berthevin et vous, vous avez corrigé, francisé, éclairci ces pages, il n'est pas besoin de me les envoyer; je vous avertis seulement que je ne les ai pas reçues. Je vous renverrai exactement tout ce que vous m'enverrez, et vos épreuves, je les ferai passer, comme celles d'aujourd'hui, par la Préfecture de police.

Je vous renouvelle mes remercîments de vos observations et de vos soins.

SALABERRY, député.

(Coll. de M. le Vte d^e Sp. de L.)

85° — L'Écolier ou Raoul et Victor, par Mme Guizot. Ouvrage couronné par l'Académie, comme le plus utile aux mœurs. Deuxième édition. *A Paris, chez Ladvocat, libraire de S. A. R. le duc de Chartres, quai Voltaire et Palais-Royal*, MDCCCXXVIII (1828). 4 vol. in-12.

B. F., 3 novembre 1827. n° 6836. — B. N. : Inv. Y² 40976-40979.

86° — Le Gastronome français, ou l'art de bien vivre, par les anciens auteurs du Journal des gourmands, MM. G. D. L. R***, D. D***, Gastermann, G***, Clytophon, Charles Sartrouville, C. L. C***, C***, Marie de Saint-Ursin. B***, etc. ; ouvrage mis en ordre, accompagné de notes, de dissertations et d'observations par M. C***. *Paris. Charles Béchet, libraire-commissionnaire, quai des Augustins, n° 57, près le Pont-Neuf*, 1828. In-8.

B. F., 7 novembre 1827. n° 6903. — B. N. : Inv. V 39928.

87° — L'Art de payer ses dettes et de satisfaire ses créanciers sans débourser un sou... Deuxième édition, revue et augmentée. *Paris, à la librairie universelle*, 1827. In-12.

V. ci-dessus le n° 72.

88° — Nouvelle Anthologie, ou choix de chansons anciennes et modernes, publiées par L. Castel. Deuxième édition, revue, corrigée, augmentée et ornée de gravures. *Paris, librairie ancienne et moderne, Palais-Royal, galerie de bois, n. 263-264*, 1828. 3 vol. in-12.

B. F., *Tome I* : 10 novembre 1827. n° 7003; *tome II* : 21 novembre 1827, n° 7307 : *tome III* : 12 décembre 1827, n° 7780. — B. N. : Inv. Y° 17269-17271.

89° — Théâtre de l'Enfance, par Madame de Lafaye-Bréhier, auteur des Petits Béarnais, du Robinson français, etc. Orné de gravures. *Paris, Eymery, Fruger et Cie, libraires-éditeurs. rue Mazarine, n° 30*, 1828. 3 vol. in-12.

B. F., 14 novembre 1827. n° 7132. Annoncé en deux vol. in-8°. Le tome III est imprimé par Decourchant. — B. N : Inv. YF 9693-9695.

(1) Dans l'original, le chiffre est resté en blanc.

90° — Calculs faits, à l'usage des industriels en général, et spécialement des mécaniciens, charpentiers, pompiers, serruriers, chaudronniers, toiseurs, etc., etc., contenant : un grand nombre de tables et notamment les suivantes qui sont autant de barèmes industriels. — Poids et volume de l'eau contenue dans des cylindres de 1 pied de haut, sur tous les diamètres, depuis 1 ligne jusqu'à 12 pieds. — Circonférences et surfaces des cercles. — Poids du pied carré, des métaux laminés suivant leur épaisseur, platine, plomb, argent, cuivre, laiton, fer, étain, zinc. — Poids des pouces cubes et des pouces cylindriques, des métaux les plus usuels. — Conversion des mesures et des poids anciens, en mesures et poids métriques. — Cubage de la charpente. — Calcul des intérêts. — Analyse des expériences de Buffon et Duhamel sur la résistance des bois, etc., etc. Par B.-A. Lenoir. *Paris. A la librairie scientifique-industrielle de Malher et Cie, passage Dauphine*. 1828. In-12.

B. F., 21 novembre 1827, n° 7267. — B. N. : Inv. V 44681.

91° — Élémens de géométrie descriptive, à l'usage des élèves qui se destinent à l'École polytechnique, à l'École militaire, à l'École de marine. Par E. Duchesne, professeur de mathématiques spéciales au collége de Vendôme. *Paris. A la librairie scientifique-industrielle de Malher et Cie, passage Dauphine*, 1828. In-12 et un cahier de planches in-4°.

B. F., 21 novembre 1827, n° 7284. — B. N. : Inv. V 37071 et 37072.

92° — L'Homme de soixante ans, ou la Petite entêtée, comédie-vaudeville en un acte, par MM. Dartois, Simonnin et Ferdinand, représentée pour la première fois à Paris, sur le théâtre des Variétés, le 2 juin 1824. Nouvelle édition. *Paris, chez J.-N. Barba, éditeur, cour des Fontaines, n. 7, et au Magasin de pièces de théâtre, vis-à-vis le café de la Régence, à la Civette, rue S.-Honoré, n. 210*, 1828. In-8.

32 pp. — B. F., 24 novembre 1827, n° 7372. — B. N. : Yth 8618 A.

93° — M. Sans-Gêne, ou l'Ami de collége, vaudeville en un acte, par MM. Désaugiers et Gentil. Représenté pour la première fois à Paris, sur le théâtre du Vaudeville, le 13 mai 1816. Nouvelle édition. *Paris, chez J.-N. Barba, éditeur, cour des Fontaines, n. 7, et au Magasin de pièces de théâtre, derrière le théâtre français*, 1828. In-8.

46 pp. — B. F., 24 novembre 1827, n° 7378. — B. N. : Yth 12204.

94° — Ma Tante Aurore, ou le Roman impromptu, opéra bouffon, sifflé en trois actes le 23 nivôse, applaudi en deux le 25 du même mois, au théâtre Feydeau. Nouvelle édition, *Paris, chez J.-N. Barba, cour des Fontaines, n. 7, et au Magasin de pièces de théâtre, vis-à-vis le café de la Régence, à la Civette, rue S.-Honoré, n. 210*, 1828. In-8.

48 pp. — B. F., 24 novembre 1827, n° 7379. — B. N. : Yth 52277

95° — Le Sommeil. A Caroline H***. MDCCCXXVII. (A la fin : *Paris. Imprimerie de H. Balzac, rue des Marais S.-G., n. 17*). In-8.

16 pp. dont une blanche. — B. F., 28 novembre 1827, n° 7484. — B. N. : Ye 52277.

96° — Voyage de Paris à S.-Cloud, par mer, et retour par terre. Augmenté des Annales et Antiquités de Saint-Cloud. Nouvelle édition seule complète. *Paris, à la librairie ancienne et moderne, Palais-Royal, galerie de bois, n. 263-264, 1828*. In-32.

B. F., 5 décembre 1827, n° 7581. — B. N. : Lk⁷ 8597 H.

97° — Le La Bruyère des domestiques, précédé de considérations sur l'état de domesticité en général, et suivi d'une nouvelle par M᷅ᵉ la comtesse de Genlis. *Paris, Victor Thiercelin, libraire-éditeur, rue du Coq-St.-Honoré, n. 6. Ponthieu, Palais-Royal, 1828*. 2 vol. in-12.

B. F., 8 décembre 1827, n° 7623. — B. N. : Inv. R 37056-37057.

98° — Les Deux filles spectres, mélodrame en trois actes et en prose, par M. Népomucène L. Lemercier, de l'Académie française, représenté sur le théâtre de la Porte S.-Martin, le 8 novembre 1827. Musique arrangée par M. Chantagne. *Paris, J.-N. Barba, éditeur, cour des Fontaines, n° 7, et au Magasin de pièces de théâtre, rue Saint-Honoré, n. 210, 1827*. In-8.

86 pp. et 1 f. — B. F., 12 décembre 1827, n° 7755. — B. N. : Yth 4857.

99° — Souscription. Corps du droit français, ou recueil complet des lois, décrets, ordonnances, arrêtés, sénatus-consultes, réglemens, avis du Conseil d'État, publiés depuis 1789 jusqu'à 1825 inclusivement. Deux vol. in-8, en 70 livraisons de quatre feuilles (64 pages) chaque. (Prix de la livraison : 2 fr. 25 cent.) mis en ordre et annoté par C.-M. Galisset, avocat à la Cour Royale de Paris. (A la fin : *Imprimerie de H. Balzac, rue des Marais S.-G., n° 17*), s. d. (1827). In-8.

4 pp. — Ce prospectus, relatif à l'article suivant, n'est pas enregistré dans la *Bibliographie de la France*. — B. N. : Inv. S 35283.

100° — Corps du droit français, ou recueil complet des lois, décrets, ordonnances, arrêtés, sénatus-consultes, réglemens, avis du Conseil d'État, publiés depuis 1789 jusqu'à 1825 inclusivement, mis en ordre et rédigé par C.-M. Galisset, avocat à la Cour Royale de Paris. Tome premier. *Paris. Malher et Cᵉ, éditeurs co-propriétaires, passage Dauphine, 1828*. In-8.

Le tome II est imprimé par Duverger. Balzac n'a commencé à imprimer cet ouvrage qu'à partir de la 32ᵐᵉ et non de la 28ᵉ livraison, comme l'indique une note de Beuchot, sous le n° 160 de la *Bibliographie de la France* de 1828. La 28ᵉ livraison est imprimée par Farcy.

Voici les dates d'enregistrement des livraisons imprimées par Balzac. — B. F. : 32ᵉ livr., 15 décembre 1827, n° 7811; 33ᵉ livr., 22 décembre, n° 7967; 34ᵉ livr., 29 décembre, n° 8107; 35ᵉ livr., 12 janvier 1828, n° 160; 36ᵉ livr., 2 février, n° 605;

37ᵉ livr., 9 février, nᵒ 915; 38ᵉ livr., 16 février, nᵒ 1229; 39 et 40ᵉ livr., 15 mars, nᵒ 1597; 41ᵉ livr., 22 mars, nᵒ 1722; 42ᵉ livr., 29 mars, nᵒ 1991; 43ᵉ livr., 12 avril, nᵒ 2130; 44ᵉ livr., 19 avril, nᵒ 2247; 45ᵉ et 46ᵉ livr., 17 mai, nᵒ 2911; 47ᵉ livr., 21 mai, nᵒ 3045; 48ᵉ et 49ᵉ livr., 14 juin, nᵒ 3592; 50ᵉ livr., 5 juillet, nᵒ 4017; 51ᵉ livr., 19 juillet, nᵒ 4369; 52ᵉ et 53ᵉ livr., 2 août, nᵒ 4730; 54ᵉ livr., 23 août, nᵒ 5088; 55ᵉ livr., 30 août, nᵒ 5258.

Cette livraison est la dernière imprimée par Balzac; la 56ᵉ sort des presses de Duverger.

L'impression du *Corps du Droit français* a donné lieu à de nombreuses contesta tions; en 1832, le règlement de cette affaire n'était pas encore terminé. Nous avons eu communication d'un assez volumineux dossier la concernant, mais il nous a sem blé d'un intérêt médiocre de le publier en entier.

Un ouvrier imprimeur, le sieur Girard, chargé par Balzac de diriger l'impression du *Corps du droit français*, demande, le 20 juin 1828, au Président du tribunal civil de la Seine, de former opposition entre les mains de MM. Malher et Cⁱᵉ, pour la somme de 546 fr. 70 à lui due ainsi qu'à ses ouvriers. Permission lui est donnée le 21 juin 1828. Le 27 juin, signification est faite à Balzac de cette opposition; le 30, à MM. Malher et Cⁱᵉ. Le 19 septembre 1828, Girard donne main levée de son opposition. Ce dossier contient, en outre, différentes lettres de MM. Malher et Cⁱᵉ, Sédil lot et A. Barbier, successeur de Balzac. Nous reproduisons ici les documents éma nant de Balzac ainsi qu'une importante lettre de M. Ch. Sédillot :

Mon cher Monsieur Malher, je suis en mesure par des délégations sur M. Barbier de satisfaire Monsieur Duverger, tout en réservant mes droits sur les questions litigieuses entre moi, M. Galissel et vous — la personne qui m'oblige a consulté sur ces difficultés et les maintiendra. — Ainsi M. Duverger que je vais voir immédiatement étant satisfait, les rigueurs de la Société n'ont pas de but à mon égard.

H. BALZAC.

Lettre non datée.

(Coll. de M. le Vᵗᵉ de Sp. de L..

Je soussigné Honoré Balzac, ancien imprimeur, ayant été chargé en cette qualité de stéréotyper l'ouvrage de droit intitulé : *Corps du droit français* dont MM. Malher et Cⁱᵉ sont les éditeurs, consens à ce que les clichés du dit ouvrage fait tant par moi que par le sieur Hanus depuis la 2ᵉ livraison jusques y compris la 50ᵉ soient vus et vérifiés par M. Duverger, imprimeur à Paris, sous les réserves suivantes : 1ᵒ Le sieur Duverger indiquera par une marque particulière, sur l'épreuve qu'il fournira aux sieurs Malher et Cⁱᵉ, les corrections à faire qui doivent être à la charge de la Société dont les libraires sont garants, telles que celles provenant du tirage qui a été fait sur quelques-uns des clichés, et celles qui consistent en fautes de textes ou typographiques existants sur les bons à tirer de M. Galisset ; 2° Le sieur Duverger fera toutes les autres corrections à ma charge pourvu qu'au préalable j'aie consenti au prix qu'il demandera pour les autres corrections ; 3° Dans le cas où le sieur Duverger croirait devoir rejeter une ou plusieurs pages de clichés, il serait nommé un tiers, arbitre entre les libraires et moi, qui déciderait en dernier ressort ; 4° MM. Malher et Cie s'engagent à libérer M. Balzac de sa responsabilité pour raison de la fabrication des dits clichés après le tirage qui se fera à compter du 1er mai 1829, se chargeant de les faire accepter par la Société.

Approuvé l'écriture ci-dessus

H. BALZAC.

Coll. de M. le Vte de Sp. de L.

Paris, 2 août 1829.

Mon cher cousin, j'ai vu M. Galisset qui désirerait conférer avec vous et M. Malher sur vos intérêts pour vos clichés du *Droit français*. Écrivez à l'un ou à l'autre pour leur fixer un jour où vous vous rendriez chez M. Malher. Je crois même que ce dernier a dû vous voir hier, et peut-être avez-vous déjà arrêté jour.

Terminez, je vous engage, avec ces messieurs afin que nous puissions disposer de votre action.

J'ai soldé M. Laurens et Mad° Cuisinier pour tout l'arriéré.

M. Bertrand est venu me présenter un billet Constant Chantepie, (*sic*) ordre Rivey, échu le 27 juillet 1828, protesté à temps, et sur lequel il a obtenu jugement par défaut tant contre vous que contre tous ses endosseurs ;

le capital de ce billet est de	200 fr.
les frais à ce jour	51 fr. 15
	251 fr. 15

M. Bertrand a en dépôt un billet Th. Berquet, quai des Augustins, n° 37, ordre Rivey, qu'il rendrait si l'on consentait à le rembourser.

Que prétendez-vous faire ? Il me semblait que vous deviez ne plus être engagé avec ces Messieurs. Enfin, il en est autrement.

Sur le tout réponse.

Mes respects à Mad° votre mère. Que faites-vous ? Quand vendez-vous ?

Je pars mardi par la malle poste pour 3 semaines environ.

Votre dévoué
Ch. Sédillot.

Lettre adressée, d'abord rue Maurepas, n° 2, à Versailles, puis à « Monsieur Honoré Balzac chez Madame sa mère, rue Danjou, n° 4, au Marais, à Paris. »

(Coll. de M. le V° de Sp. de L.)

Tours, 25 juin 1830

Monsieur,

J'ai reçu à la fois ici la 1ère lettre que vous m'avez fait l'honneur de m'écrire le 4 juin c' et la 2° en date du 15. J'étais parti le 4, même mois, pour un voyage et je ne suis de retour qu'aujourd'hui à Tours où je suis forcé de rester.

Je vais répondre succinctement à vos deux lettres et si vous aviez à me faire observer quelque chose, vous auriez la complaisance de m'écrire à Tours poste restante.

1° Relativement à la convocation du 22 juin, comme il m'a été impossible d'y assister et que la majorité des actionnaires aura dû y prendre un parti, j'en écrirai sur le champ à ma mère qui, dûment intéressée par moi, adhérera ou n'adhérera pas à la résolution. Je lui communiquerai mon opinion; elle est de tout point favorable à votre travail et la difficulté ne réside que sur l'exécution. Mme Balzac décidera.

2° Relativement à la demande d'argent faite par M. Duverger pour les corrections des clichés, il est difficile de discuter en apparence sur ce point; cependant la question de ce payement est soumise à des règles incontestables que je vais avoir l'honneur de vous expliquer et dont il m'est impossible de dévier. Toute la retenue a été jusqu'ici appliquée à ce payement; elle n'a pas suffi et nous ne sommes pas arrivés aux livraisons fabriquées par moi.

Il paraît que les retenues faites sur Constant Chantpie et Hanus sont insuffisantes.

Constant Chantpie prétend (et comme M. Malher et C° et moi le représentons, nous devons épouser ce qu'il y a de juste dans ses prétentions) : 1° qu'une portion de livraisons ayant été tirées sur ce cliché doivent être exemptes de corrections; 2° que partie de ces livraisons ont été acceptées et livrées à la Société et que, par conséquent, elles doivent être non sujettes à corrections. Ce premier point de difficulté réglé *à l'amiable*, il résulterait qu'on doit faire une distraction des sommes indûment prises sur les retenues de Constant Chantpie et sur les miennes et compter. Alors, si les corrections faites sur les livraisons fabriquées par C. Chantpie et Hanus montent à une somme de   [1], nous la paierons par la somme des retenues Constant Chantpie, plus la somme prise sur ces retenues pour les corrections à la charge de la Société; puis, si cela est insuffisant, MM. Malher et moi, devons chacun par moitié parfaire la somme.

Ce calcul est conforme à toutes nos conventions. Puis, si nous payons pour C. Chantpie une somme, MM. Malher et moi devons la lui réclamer.

Attendu que toute ma retenue a déjà été donnée, MM. Malher et Cie doivent verser déjà une somme égale à celle de mes retenues.

Puis après, si ce versement ne suffit pas, nous achèverons par moitié le payement des corrections dites Constant Chantpie; quant à celles qui se feront sur mes clichés, M. Sédillot, ma mère et moi, nous avons toujours dit qu'elle serait acquittée (*sic*).

Il résulte de tout ceci que M. Duverger n'entrant pas dans ces discussions là doit être payé; mais vous devez voir que nous avons un accord à obtenir et des vérifications à faire, la Société, MM. Malher et Cie et moi. Or, comme il faut en droit et en équité payer quand on le doit et comme on doit et que, si je payais sans raison, il serait difficile de nous entendre, vous me permettrez de demander instamment à ce que cet arrangement d'intérêts soit parfaitement convenu.

Nous ne refusons pas de donner de l'argent, mais quant à ce qui me concerne, je désire qu'il soit bien expliqué que la somme qui serait donnée est imputée sur le prix des corrections des clichés fabriqués par moi, en cas que mes retenues soient insuffisantes.

Je transmettrai, Monsieur, une copie de cette lettre à M. Sédillot et à ma mère et vous pourrez, vous et M. Malher, en conférer.

Agréez, Monsieur, mes obéissances,

H. BALZAC.

Lettre adressée à M. Galisset.   *Coll. de M. le Vte de Sp. de L...*

---

[1] Le montant de la somme est resté en blanc dans l'original.

23 Mars 1831 ⸮

Monsieur,

L'affaire dont je vous ai parlé est soumise à la loi des distances et nous attendons une procuration ; il m'est impossible d'y mettre plus d'ardeur, car elle m'intéresse au dernier point et je voudrais la voir conclue. Au surplus, Monsieur, dans l'état actuel de la librairie, la Société n'a pas de pertes à subir, mais je sais que mes obligations sont indépendantes même de la gêne actuelle qui a saisi tout le monde.   ˙

Agréez mes complimens empressés

DE BALZAC.

Lettre adressée à M. Galisset, rue Saint-Germain-l'Auxerrois, 65. On a écrit sur l'original : *Reçue le 24 mars 1831.* puis : *8 avril 1831. écrit de nouveau et le 8 mai encore.*

(*Coll. de M. le Vte de Sp. de l.* ⸮

M. de Balzac contre M. Beauvais, gérant de la Société du *Corps du droit français*.

Note pour M. Dubois de Nantes, nommé rapporteur.

M. de Balzac s'en réfère, en ce qui le concerne, à l'*observation* présentée par son co-intéressé, M. Joubert, au nom de la Société Malher et Cie, à M. Dubois, relativement à la confection des treize premières livraisons qui, ayant été fabriquées par MM. Constant Chantepie (sic) et Galisset et acquises par la Société, ne peuvent donner lieu à aucune action contre lui.

M. Dubois appréciera cette défense et M. de Balzac n'examinera que sous le rapport de l'art les questions qui se rattachent à la cause.

Il commence par ôter de la discussion les livraisons qu'il a confectionnées, et transige sur ce point en en acceptant la responsabilité, sous les réserves suivantes :

Primo : De discuter si les corrections proviennent de son fait.

Secundo : Si les corrections exigées ne sont pas voulues par la nature même du cliché.

Mais, en tout état de cause, les sommes qui lui ont été indûment retenues, suffisent à acquitter toute correction, et qui se composent de retenues qui lui étaient faites, comme à Hanus, et de sa part dans les dividendes.

Ainsi, la discussion qui nous est suscitée par M. Beauvais ne peut concerner que les livraisons fabriquées par Constant Chantepie, gérant, depuis la treizième jusqu'à celle où il a commencé à confectionner (forme 117).

Or, relativement à ces livraisons......

Cette note inachevée a été écrite par Balzac, au verso de la page 24 du manuscrit de *Louis Lambert*, 1832.

(*Coll. de M. le Vte de Sp. de L.*)

101° — Mémoire justificatif pour le sieur Théodore Desmanet, ci-devant marchand de fer à Beauvais ; contre un arrêt rendu par la Cour d'Amiens, chambre des appels de police correctionnelle, le 29 décembre 1825. (A la fin : *Paris, imprimerie de H. Balzac, rue des Marais S.-G., n. 17*), s. d. (1827). In-4°.

30 pp. dont une blanche. — B. F., 15 décembre 1827, n° 7872. — B. N. : 4° F. 439 (pièce 9652).

102° — Le Duc de Guise à Naples, ou Mémoires sur les révolutions de ce royaume en 1647 et 1648. Deuxième édition. *A Paris, chez Urbain Canel, rue Saint-Germain-des-prés, n. 9*, 1827. In-8.

Anonyme. Par le comte Amédée de Pastoret. M. le vicomte de Spoelberch de Lovenjoul possède le manuscrit de cet ouvrage qui a, parfois, mais à tort, été attribué à Balzac.

N'est pas à la Bibliothèque Nationale. D'après la *Bibliographie de la France* du 22 décembre 1827, n° 7970, Balzac n'aurait imprimé que des faux-titres, titres et couvertures « probablement destinés à des exemplaires de la première et unique édition ».

103° — Mémoires du baron de Besenval, avec une notice sur sa vie, des notes et des éclaircissemens historiques. Par MM. Berville et Barrière. *Paris, Baudouin frères, libraires-éditeurs, rue de Vaugirard, n. 17*, 1827. 2 vol. in-8.

B. F., 22 décembre 1827, n° 8000. — B. N. : La^m 6 B.

En cette même année 1827, Balzac a fait diverses autres impressions dont quelques-unes ne figurent qu'à la table de la *Bibliographie de la France*, sans indication de date de dépôt, et dont d'autres n'y figurent pas du tout. Nous les classons ici par ordre alphabétique des titres :

104° — Adieux des tambours de la Garde nationale à leurs colonels, potpourri en manière de grande complainte, par Em. Debraux et Ch. Lepage, suivi de la superbe chanson de M. Pigeonneau, fils aîné de M. Pigeon. *Paris, chez les marchands de nouveautés*, 1827. In-32.

32 pp. dont une blanche. — B. F., Table. — B. N. : Lb⁴⁵ 579.

105° — Chansons nouvelles de P. Emile Debraux. Tome deuxième. A *Paris, Palais-Royal, n. 233, 1827.* In-18.

N'est pas à la Bibliothèque Nationale. B. F., Table.

106° — Chefs-d'œuvre des théâtres étrangers, allemand, anglais, chinois, danois, espagnol, hollandais, indien, italien, polonais, portugais, russe, suédois, traduits en français. *A Paris, chez Rapilly, libraire, passage des Panoramas,* MDCCCXXVII (1827). In-8.

Ne figure pas à la *Bibliographie de la France.* Balzac n'a imprimé que les faux titres, titres et couvertures. Ces dernières portent, sur le premier plat, au-dessous de l'encadrement, le nom de l'imprimeur qui se trouve également au verso des faux titres. Il y a 8 titres et autant de couvertures.

Les titres sont semblables à celui décrit ci-dessus mais portent en plus : *Lope de Vega. Tome I [et Tome II] ; Théâtre italien moderne. Tome I; Goethe. Tome II : Calderon. Tome I : Théâtre anglais. Tome I, Tobin, Sheridan, Cumberland ; Lessing : Théâtre hollandais. Tome I. Hooft, Vondel, Longendnk.*

B. N : 8° Q 2897.

107° — Pichon-Béchet, libraire-éditeur. — Collection des Mémoires relatifs à la Révolution d'Angleterre. In-8.

8 pp. — Ce prospectus est rédigé par P. F. Tissot. Ne figure pas à la *Bibliographie de la France.* — B. N. : Nb 141 A.

108° — Cri d'un vieux soldat à l'ex-garde nationale. Par A. Béraud. *Paris. Chez Ladvocat, libraire, quai Voltaire, 1827.* In-8.

15 pp. dont une non chiffrée et une pour le second plat de la couverture. — B. F. Table. — B. N. : 8° pièce Ye 3931.

109° — Epître à Monsieur le comte de Villèle ; par Méry. 6 édition, revue et augmentée, précédée d'une notice, et suivie de l'hymne à M. de Villèle *Paris, chez les marchands de nouveautés, 1827.* In-8.

32 pp. — B. F., Table. — B. N. : Inv. Ye 27674.

110° — Œuvres complètes de Shakspeare, traduites de l'anglais par Letourneur. Nouvelle édition, revue et corrigée par F. Guizot et A. P., traducteur de lord Byron ; précédées d'une notice biographique et littéraire sur Shakspeare par F. Guizot. Tomes I |II, III, IV, V, VI, VII, VIII et XII . *A Paris, chez Rapilly, libraire, passage des Panoramas, 1827.* In-8.

Balzac n'a imprimé que les faux-titres, titres et couvertures. Les titres et couvertures des tomes IX à XI et du tome XIII que nous avons vus portent le nom de l'imprimeur Fain. Les initiales A. P. désignent Amédée Pichot. Ne figurent pas à la *Bibliographie de la France.* — B. N. : 8° Q 2897.

111° — Œuvres dramatiques de F. Schiller, traduits de l'allemand ; précédées d'une notice biographique et littéraire sur Schiller, par M. de Barante, pair de France. Tome I II, III, IV, V, VI. *A Paris, chez Rapilly, libraire, passage des Panoramas, 1827.* In-8.

Faux titres et titres seulement imprimés par Balzac, plus 6 couvertures qui por tent : *Deuxième souscription*. Ne figurent pas à la *Bibliographie de la France*. — B. N. : 8° Q 2897.

112° — Le Féroce à Mont-Rouge. Dialogue satyrique, par M. Charles Chabot. *A Paris, chez Ambroise Dupont et compagnie, rue Vivienne, n° 16*. 1827. In-8.

32 pp. dont une blanche. — B. F., Table. — B. N. : Ye 40054.

113° — La Meilleure complainte sur le licenciement de la garde nationale, par deux tambours. *A Paris, chez les marchands de nouveautés*, 1827. In-32.

Une demi-feuille. — N'est pas à la Bibliothèque Nationale. — B. F., Table.

114° — Mémoire pour le sieur Jean-Baptiste Mathieu Delacoste, géomètre de 1re classe du cadastre, employé anciennement en cette qualité dans le département des Deux-Sèvres, et aujourd'hui dans les Côtes-du-Nord, contre le sieur François Tallonneau, propriétaire dans la commune de Pioussay, canton de Chef-Boutonne, arrondissement de Melle, débiteur, et prévenu de diffamation envers le dit sieur Mathieu Delacoste. (A la fin : *Paris. Imprimerie de H. Balzac, rue des Marais S.-G., n° 17*), s. d. (1827). In-4°.

1 f., et 26 pp. dont une blanche. — Signé : A. Delaubier, avocat plaidant. Ne figure pas à la *Bibliographie de la France*, B. N. : 4° F³ 922² (pièce 21089).

115° — La Petite Dragonnade du quai des Orfèvres. Pot-pourri dédié aux élèves en médecine, par Em. Debraux et Ch. Le Page. *Paris, chez les marchands de nouveautés*, 1827. In-8.

24 pp. — B. F. Table. — B. N. : Ye 41416.

116° — Plainte de M. Lucy, contre M. le Préfet de la Seine, et contre M. Defresne, préfet délégué. (A la fin : *Imprimerie de H. Balzac, rue des Marais S.-G., n. 17*). In-8.

8 pp. — B. F., Table. — B. N. : 8° F³ 334. (pièce 1910).

117° — Plainte en prévarication et en vol, portée le [1] juillet 1827, à M. le premier président Séguier, et à M. Jacquinot-Pampelune, procureur général près la Cour Royale de Paris. (A la fin : *Imprimerie de H. Balzac, rue des Marais, n° 17, f. s. g.*), s. d. (1827). In-4°.

12 pp. — Signée : Mme A. V. Minus. — B. F., Table. — B. N. : 4° F³ 706 (pièce 15968 *bis*).

118° — Réponse de M. le Cte de Villèle à l'avocat des causes désespérées. *Paris*, 1827. In-8.

16 pp. — Ouvrage apocryphe.
B. F., Table. — B. N. : Lb^{m} 594.

119° — Revue et licenciement de la garde nationale, pot-pourri par

[1] Le quantième du mois est resté en blanc.

Em. Debraux et Ch. Lepage. *A Paris, chez les marchands de nouveautés,*
1827. In-32.

Une demi-feuille. — B. F., Table. — N'est pas à la Bibliothèque Nationale.

120° — Testament des Ministres, rêve de deux bons Français, mis en pot-
pourri, par Émile Debraux et Charles Le Page. Prix : 1 fr. *Paris, chez les
marchands de nouveautés, mai 1827. In-8.*

24 pp. — B. F. Table. — B. N. : Ye 41417.

121° — D'autre part, nous avons eu communication d'une facture relative
à un *Bréviaire* ainsi conçue :

Imprimerie de H. Balzac et A. Barbier, rue des Marais S.-G., n. 17.

Paris, ce 30 juin 1827.

Doit M. Poussielgue

Breviarium, etc. T. 2.

F^{les} 1, 2, 3, 4, tirage à 2000 + 500 cal |calendriers|.	168.00
Fonctions (compos^{on} établie) à 3 fr	12.00
	180.00
Bordereau du compositeur	26.00
Pour acquit.	206.00

BARBIER

(Coll. de M. le Vte de Sp. de L..)

M. Poussielgue fils, à qui nous avons demandé des renseignements, a fait très
obligeamment des recherches mais qui n'ont donné aucun résultat. M. Poussielgue
nous a dit que la maison n'avait été fondée que vers 1834, mais que ce *Breviarium*
avait sans doute été imprimé pour le compte des Jésuites et que son père, à cette
époque, se chargeait de faire exécuter pour eux des travaux.

M. Dumaine, ministre plénipotentiaire, a bien voulu nous signaler l'existence d'un
Voyage du jeune Anacharsis, de J.-J. Barthélemy, 16 vol. in-32, publié en 1827
et sortant des presses de H. Balzac. Nous n'avons pu rencontrer cet ouvrage qui ne
figure pas au *Journal de la librairie.*

ANNÉE 1828

122° — Annales romantiques ; recueil de morceaux choisis de littérature
contemporaine. 1827-1828. *Paris. Urbain Canel, libraire, rue Saint-Germain-
des-prés, n. 9,* MDCCCXXVIII (1828). In-18.

Les premiers vers de Balzac ont paru dans ce recueil V *A une jeune fille* ode,
p. 179, et *Vers écrits sur un album,* p. 404.
B. F., 5 janvier 1828, n° 9. — B. N. : Inv. Ye 12195.

123⁰ — Chants du siècle, par Adolphe Nicolas. *Paris, Ponthieu et C⁰, libraires, au Palais-Royal. Leipzig, Ponthieu, Michelsen et C⁰*, 1828. In-8.

B. F., 5 janvier 1828. n° 21. — B. N. : Inv. Ye 28520.

124⁰ — Don Alonso, ou l'Espagne, histoire contemporaine, par N.-A. de Salvandy. Quatrième édition. *Paris, Baudouin frères, libraires, rue de Vaugirard, n. 17*, 1828. 4 vol. in-16.

B. F., 5 janvier 1828, n° 32. — B. N. : Inv. Y² 64926-64929.

125⁰ — Tableaux poétiques, par le Cᵗᵉ Jules de Rességuier. *Paris, Urbain Canel, rue Saint-Germain-des-prés, n° 9*, 1828. In-8.

B. F., 5 janvier 1828, n° 105. — B. N. : Inv. Ye 32041.
V. ci-dessous le n° 138.

126⁰ — Les Deux années, ou 1827 et 1828. Revue. *Paris, Urbain Canel, rue Saint-Germain-des-prés, n° 9*, 1828. In-32.

62 pp. et 1 f. blanc.. — B. F., 12 janvier 1828. n° 168. — B. N. : Inv. Ye 20235.

127⁰ — Odes et poésies diverses, par Léon Dusillet. *Paris, chez Ladvocat, libraire de S. A. R. le duc de Chartres, quai Voltaire et Palais-Royal*, 1828. In-18.

B. F., 12 janvier 1828. n° 234. — B. N. : Inv. Ye 20940.

128⁰ — Sur le conflit dans l'affaire de Mᵐᵉ Fodor ; note. *Paris, imprimerie de Balzac*, 1828. In-8.

1/2 feuille. — N'est pas à la Bibliothèque Nationale. — B. F.. 12 janvier 1828. n° 276.

129⁰ — Annuaire de la Société de médecine de Paris, séante à l'Hôtel de la préfecture du département. 1828. (A la fin : *Imprimerie de H. Balzac, rue des Marais S.-G., n. 17*). In-16.

16 pp. — B. F.. 2 février 1828. n° 579. — B. N. : Tᵇ.69.

130⁰ — L'Art de donner à dîner, de découper les viandes, de servir les mets, de déguster les vins, de choisir les liqueurs, etc., etc.; enseigné en douze leçons, avec des planches explicatives du texte; par un ancien maître d'hôtel du président de la Diète de Hongrie, ex-chef d'office de la princesse Charlotte, etc., etc. *Paris, Urbain Canel, rue Saint-Germain-des-prés, n. 9*, 1828. In-18.

Par Émile Marco de Saint-Hilaire.
B. F.. 2 février 1828, n° 583. — B. N. : Inv. V 30798.

131⁰ — Le Ménétrier, ou Une insurrection en Suisse, histoire de 1655. Par

Henri Zschokke, traduite de l'allemand par A. Loëve-Veimars. *A Paris, chez Urbain Canel, rue Saint-Germain-des-prés, n. 9, 1828. 5 vol. in-12.*

N'est pas à la Bibliothèque Nationale. — B. F., 2 février 1828. n° 652.

Sous ce même numéro est également annoncé un prospectus d'un sixième de feuille.

132° — Petit Paroissien, contenant l'office des dimanches et fêtes, en latin et en français, selon l'usage de Paris et de Rome. *Paris, D. Belin, libraire-éditeur, quai des Augustins, n. 11, 1828. In-18.*

B. F., 2 février 1828. n° 770. — B. N. : Inv. B 15182.

133° — Henriette Sontag, histoire contemporaine, traduite de l'allemand, ornée d'un portrait. Tome premier. *Paris, chez L'Huillier, éditeur, rue Hautefeuille, n° 20, 1828. In-8.*

B. F., 16 février 1828. n° 947. — B. N. : Inv. Y² 41707.

134° — Mémoire au Conseil d'Etat, sur la demande d'interrogatoire et de mise en jugement de M. Delavau, ex-Préfet de police de Paris, conseiller d'Etat, et de M. Franchet, ex-Directeur-général de la Police du Royaume, aussi conseiller d'Etat. A raison de leur participation aux excès commis dans les Journées des 19 et 20 novembre. Et des réparations dues par les deux fonctionnaires aux victimes. (*Imprimerie de H. Balzac, rue des Marais S.-G., n. 17*), s. d. (1828). In-4°.

20 pp. dont une blanche. — Signé : Isambert, avocat aux Conseils du Roi. — B. F., 1er mars 1828. n° 1271. — B. N. : Lb⁴⁰ 869.

135° — Œuvres de Boileau-Despréaux, avec commentaires revus, corrigés et augmentés, par M. Viollet-le-Duc. Edition elzévirienne. *Paris, Brissot Thivars et Cie, libraires, rue de l'Abbaye-S.-Germain, n. 14, 1828. 4 vol. in-18.*

Les faux-titres et titres seuls ont été imprimés par Balzac pour Brissot Thivars et Cie qui avaient acquis, à la mort de Desoër, la propriété de la collection publiée par ces éditeurs. Ces faux-titres et titres ont remplacé simplement ceux de 1821 qui portaient le nom de Desoër.

B. F., 1er mars 1828. n° 1291. — B. N. : 8° Q 2897.

136° — Œuvres de Mathurin Régnier, avec commentaires, revus, corrigés et augmentés, précédées de l'histoire de la satire en France, pour servir de discours préliminaire, par M. Viollet-le-Duc. Edition elzévirienne. *Paris, Brissot-Thivars et Cie, libraires, rue de l'Abbaye-S.-Germain-des-prés, n. 14. 1828. In-18.*

Même observation que pour l'article précédent. — B. F., 1er mars 1828. n° 1293. — B. N. : 8° Q 2897.

137° — Mémoire pour le Sr Joseph-Marie Bonnet, négociant à Paris, fait par lui-même, contre la dame son épouse, à MM. les Président et juges composant la 2me Chambre de la Cour Royale, section civile, séant à Paris. A la lin : *Imprimerie de H. Balzac, rue des Marais S.-G., n. 17*), s. d. (1828). In-4º.

80 pp. dont trois blanches. — Signé : Joseph-Marie Bonnet. — B. F., 8 mars 1828, nº 1418. — B. N. : 4º F³ 137 (pièce 3518).

138º — Tableaux poétiques. Par le comte Jules de Resseguier. Seconde édition. *A Paris, chez Urbain Canel, rue Saint-Germain-des-prés, n. 9, 1828.* In-8.

B. F., 8 mars 1828, nº 1477. Le rédacteur de la *Bibliographie de la France* annonce que Balzac n'a réimprimé que des faux-titres et titres « pour des exemplaires de la première et *unique* édition ».

V. ci-dessus le nº 125.

139º — Encore quelques mots sur l'entrepôt de Paris. *Paris, Sautelet et compagnie, libraires, place de la Bourse, 1828.* In-8.

48 pp. — B. F., 29 mars 1828, nº 1927. — B. N. : Vp 11033.

140º — La Protestante, ou les Cévennes au commencement du 18º siècle. Précédée d'une introduction historique sur la guerre des Camisards. *Paris, Ponthieu et Cⁱᵉ, libraires, Palais-Royal et quai Malaquais, nº 1. Leipzig, même maison de commerce, 1828. 3 vol. in-16.*

Par Mᵐᵉ Charles Reybaud, d'après Barbier. Cet ouvrage a été réimprimé, en 1844, avec le nom de l'auteur, sous le titre de *Géraldine*, 2 vol. in-8.
B. F., 29 mars 1828, nº 1968. — B. N. : Inv. Y² 60888-60889.

141º — Myriologies ou Chants funèbres et élégiaques d'un épirote, publiées par E. M. Dourneau. *Paris, Urbain Canel, libraire, rue Saint-Germain-des-prés, n. 9, 1828.* In-12.

B. F., 5 avril 1828, nº 2045. — B. N. : Inv. Ye 20508.

142º — Scènes contemporaines laissées par Madame la vicomtesse de Chamilly. *Paris, Urbain Canel, libraire, rue-Saint-Germain-des-prés, nº 9, 1828.* In-8

Vicomtesse de Chamilly est le pseudonyme collectif de MM. Loève-Veimars, Émile Vanderburgh et Auguste Romieu. Cette première édition ne figure qu'à la table de la *Bibliographie de la France* où le nom de Thuau est donné comme celui de l'imprimeur; est-ce une erreur d'impression? Thuau a-t-il imprimé des titres? Toujours est-il que nous avons vu un exemplaire portant le nom de Balzac. N'est pas à la Bibliothèque Nationale.
V. l'article suivant :

143º — Scènes contemporaines laissées par feue Madame la vicomtesse de Chamilly ; seconde édition, augmentée du Dix-huit brumaire, scènes nouvelles. *Paris, Urbain Canel, libraire, rue Saint-Germain-des-prés, nº 9, 1828.* In-8.

B. F., 12 avril 1828, nº 2197. — B. N. : Yf 8557.

144° — Véronique, ou la Béguine d'Aarau, histoire de 1414. Par Henri Zschokke, traduite de l'allemand par A. Loeve Veimars. *A Paris, chez Canel, rue Saint-Germain-des-prés, n. 9, 1828. 4 vol. in-12.*

N'est pas à la Bibliothèque Nationale. — B. F., 12 avril 1828, n° 2202.

145° — Libération de la caisse hypothécaire, sans perte pour ses actionnaires. *Paris, de l'imprimerie de H. Balzac, rue des Marais S.-G., n. 17, 1828.* In-8

20 pp. — Par M. J. M. de Mora qui a signé l'avant-propos. — B. F., 19 avril 1828, n° 2293. — B. N. : Vp 5419.

146° — Le Cri des employés du gouvernement ; par un chef de division. *Paris, Ladvocat, libraire de S. A. R. M. le duc de Chartres, quai Voltaire, 1828. In-8.*

13 pp. et 1 p. blanche. — Au verso de la couverture, ornée d'un encadrement, on lit : *Imprimé par H. Balzac.* — B. F., 23 avril 1828, n° 2440. — B. N. : Lf° 6.

147° — Le Jeune Irlandais, par Maturin, auteur de Melmoth le voyageur, d'Eva, des Albigeois, de la Famille Montorio, etc., traduit de l'anglais, par Madame la comtesse°°°. *Paris, Mame et Delaunay-Vallée, libraires, rue Guénégaud, n° 25, 1828. 4 vol. in-12.*

B. F., 23 avril 1828, n° 2474. — B. N. : Inv. Y² 51964-51967.

148° — Manuel géographique, historique et statistique des départemens de la France et de ses colonies, contenant une description générale de la France, une description historique et statistique de Paris ; un texte énumératif des bourgs et villages principaux du royaume et de ses colonies ; un historique des hommes célèbres, des origines, des antiquités et des curiosités de chaque lieu ; l'indication des productions les plus intéressantes dans les trois règnes ; les renseignemens les plus exacts et les plus récens sur la population, l'industrie, le commerce, les revenus, l'administration politique et judiciaire, etc., et un index alphabétique, servant de dictionnaire géographique, par M. Félix Lallement. Avec une carte générale des bureaux de douanes, une carte des environs de Paris, un plan de la même ville, et une carte particulière de chaque département, formant un atlas de cent cartes, revues par M. Achin, ingénieur attaché au génie militaire. *Paris. Baudouin frères, éditeurs, rue de Vaugirard, n. 17, 1828. In-8.*

A paru en livraisons. Les deux premières sont enregistrées dans la *Bibliographie de la France* du 23 avril, n° 2485. — B. N. : Lf° 27.

149° — Traité des maladies des enfans nouveaux-nés et à la mamelle, fondé sur de nouvelles observations cliniques et d'anatomie pathologique, faites à l'hôpital des enfans-trouvés de Paris, dans le service de M. Baron ; par C. Billard, ancien interne de cet hôpital, docteur en médecine de la Faculté de Paris. *Paris, J. B. Baillière, libraire de l'Académie royale de médecine, rue*

*de l'Ecole-de-Médecine, n. 13 (bis) : Londres, même maison, 3, Bedford Street,
Bedford Square ; Bruxelles, au dépôt de la librairie médicale française, 1828.
In-8.*

B. F., 10 mai 1828, nº 2856. — B. N. : Td¹º 47.

150º — Le Gymnase, recueil de morale et de littérature. 1ᵉʳ volume. —
1ᵉʳ cahier. *Paris, imprimerie de H. Balzac, rue des Marais S.-G., n. 17, 8 mai
1828. In-12.*

Par Hipp. Carnot et H. N. J. Auger, d'après Barbier.
B. F., 17 mai 1828, nº 3009. — B. N. : Inv. Z 20376.

151º — Connal ou les Milésiens, par Maturin, auteur de Melmoth le voya-
geur, d'Eva, des Albigeois, de la Famille Montorio, du Jeune Irlandais, etc.
Traduit de l'anglais par Madame la comtesse***. *Paris, Mame et Delaunay-
Vallée, libraires, rue Guénégaud, nº 25, 1828. 4 vol. in-12.*

B. F., 31 mai 1828, nº 3186. — B. N. Inv. Y² 51951-51954.

152º — La Jaquerie, scènes féodales, suivies de la Famille de Carvajal,
drame. Par l'auteur du Théâtre de Clara Gazul. *Paris, Brissot-Thivars,
libraire, rue de l'Abbaye-Saint-Germain-des-prés, n. 14, 1828. In-8.*

Par Prosper Mérimée.
B. F., 7 juin 1828, nº 3446. — B. N. : Yf. 10154.

153º — Specimen des divers caractères, vignettes et ornemens typographiques de la fonderie de Laurent et de Berny, rue des Marais Saint-Germain,
nº 17. *Paris. 1828. Pet. in-fol. oblong.*

Sur le titre, dans le bas, au-dessous de l'encadrement : *Imprimé par H. Balzac.*
Ce *specimen*, particulièrement intéressant, mérite une description détaillée. Sur le
premier plat de la couverture jaune, dont le titre est orné d'un encadrement, se trouve
une vignette dessinée par H. Monnier. Sur le second, une autre vignette, non signée.
Après le titre, un feuillet contient au rº, la table des matières et un autre feuillet contenant également au rº, le prix des caractères. Puis l'ouvrage se divise en deux parties, la première de 87 feuillets imprimés au recto seulement (le 1ᵉʳ contient un avertissement). Les ff. 3 à 17 contiennent les *caractères romains et italiques*; les ff. 18 à
39, (il y a des ff. 34 bis, 35 bis et 38 bis), les *caractères pour affiches*; les ff. 40 à 50,
les *caractères pour titres et frontispices*; les ff. 51 à 60, les *caractères grecs et allemands* (les caractères grecs, quoique annoncés, manquent, ils devaient occuper les
ff. 52 et 53); les ff. 61 à 68, les *caractères d'écriture*; les ff. 69 à 74, les *filets simples,
en lames et ornés; accolades et signes divers*; les ff. 75 à 87, les *vignettes*.
La seconde partie se compose de 88 ff. dont 2 de titres, comprenant les *fleurons,
vignettes, têtes de page, armes, passe-partouts, portraits, etc., polytypés*.
B. F., 14 juin 1828, nº 3684. N'est pas à la Bibliothèque Nationale.
La description de la *Bibliographie de la France* n'est pas absolument exacte : elle
n'indique que 84 pp. pour les gravures polytypées.

154º — Principes de l'étude comparative des langues, par le baron de Mé-
rian. Suivis d'observations sur les racines des langues sémitiques, par M. Kla-

proth. *Paris. Schubart et Heideloff, éditeurs, quai Malaquais, n° 1. Leipzig. Ponthieu, Michelsen et Cie, 1828. In-8.*

B. F., 28 juin 1828. n° 4006. — B. N. : Inv. X 28913.

155° — Épitre à Monsieur le Ministre de l'Intérieur pour lui demander de rendre à l'admiration publique les chefs-d'œuvre de l'Ecole française ; notamment, le tableau de la bataille d'Austerlitz, et celui des pestiférés de Jaffa. Par Gachot d'Arpenans. *Paris, de l'imprimerie de H. Balzac, rue des Marais Saint-Germain, n. 17, 1828. In-8.*

16 pp. — B. F., 12 juillet 1828. n° 4196. — B. N. : Inv. Ye 22932.

156° — Adresse à Messieurs les membres de la Chambre des députés, par Vyard, artiste peintre, rue Notre-Dame-des-Champs, n. 1. *Paris, imprimerie de H. Balzac, rue des Marais S.-G., n. 17, 1828. In-8.*

8 pp. — B. F., 19 juillet 1828. n° 4345. — B. N. : Ln^{27} 20872.

157° — Le Cabinet noir et M. de Vaulchier. *Paris, chez Constant-Chantpie, éditeur, Palais-Royal, galerie de bois, n° 264 ; et Le Caudey, libraire, galerie de bois, n° 261, 1828. In-8.*

Par F. T. Claudon, d'après Barbier.
32 pp. — B. F., 9 août 1828. n° 4824. — B. N. : Lb^{40} 948.

158° — Mémoires sur la Cour de Louis-Napoléon et sur la Hollande. *Paris, Ladvocat, libraire de S. A. R. M. le duc de Chartres, quai Voltaire et Palais-Royal, 1828. In-8.*

Par Paul Garnier, d'après Barbier.
B. F., 30 août 1828. n° 5311. — B. N. : Inv. M 29666.

159° — Le Grison, ou la Cote-aux-fées. Simple épisode des troubles de la Suisse, en 1799. Par Henri Zschokke, traduit de l'allemand par A. Loève-Veimars, traducteur de la collection complète des romans historiques de van der Velde. *Paris, chez Charles Gosselin, libraire de S. A. R. Mgr le duc de Bordeaux, rue S.-Germain-des-prés, n. 9, 1828. 2 vol. in-18.*

B. F., 4 octobre 1828. n° 5887. — B. N. : Inv. Y² 74904-74905.

160° — La Princesse Christine, épisode historique du commencement du XVIII° siècle, par Henri Zschokke, traduite de l'allemand par A. Loève-Veimars, traducteur de la collection complète des romans historiques de van der Velde. *A Paris, chez Urbain Canel, rue Saint-Germain-des-prés, n. 9, 1828. 2 vol. in-12.*

B. F., 4 octobre 1828. n° 5924. — B. N. : Inv. Y² 74927 et 74928.

161° — Œuvres choisies de Lebrun. Deuxième édition. *Paris, Baudouin frères, éditeurs, rue de Vaugirard, n° 17, 1828. 2 vol. in-12.*

La *Bibliographie de la France* n'enregistre pas cette édition ; en 1828, elle ne mentionne qu'une édition imprimée par Decourchant pour Randuel (*sic*), et qui eut également une deuxième édition.

162° — Maison Ladvocat. Catalogue général (*Paris, imprimerie de H. Balzac, rue des Marais S.-G., n. 17*), MDCCCXXVIII (1828). In-8.

60 pp. y compris le titre (au verso, nom et adresse de l'imprimeur). N'est pas enregistré dans la *Bibliographie de la France*.

163° — Deux lettres de M⁰ Isambert, adressées à Barbier, l'ancien associé et successeur de Balzac, le 23 octobre et le 12 novembre 1828, nous apprennent que Balzac avait commencé pour lui l'impression d'un ouvrage dont nous n'avons pu trouver trace et qui, peut-être d'ailleurs, n'a jamais été achevé.

Dans la première de ces lettres, M⁰ Isambert déclare à Barbier qu'il réglera avec lui « le compte des impressions commencées sur la *Liberté individuelle* », qu'il veut « porter cet ouvrage de 16 à 20 feuilles », mais qu'il n'y « en a encore que 9 tirées ». Il a « besoin du mémoire détaillé pour les corrections ou d'une vérification », car il soupçonne Balzac « d'enfler ses mémoires ». Dans la seconde, M⁰ Isambert informe Barbier qu'il va lui adresser la feuille 10 à mettre en pages et que le règlement aurait lieu une fois l'impression terminée. La réclamation de M. Balzac est exagérée : « je veux bien lui payer, ajoute-t-il, 60 p. 100 d'étoffes et bénéfices outre le salaire des ouvriers et il me paraît qu'on a compté 75. Si M. Balzac accepte la réduction de 15 pour 100, je suis prêt à régler avec lui pour les 9 feuilles sans autre retard ». Enfin, le 16 novembre 1828, Barbier fait remettre à M. Sédillot le règlement définitif de ce compte.

Il s'agissait peut-être d'une réimpression de *La Liberté individuelle ou plaidoyer et réplique prononcés par M⁰ Dupin aîné*, brochure publiée en 1826 et décrite sous le n° 16.

APPENDICE X

LA MAISON DE LA RUE DES MARAIS

Sur la rue des Marais-Saint-Germain, consulter *Topographie historique du vieux Paris*, par *Adolphe Berty, historiographe de la ville*
[et L.-M. Tisserand, inspecteur principal du service historique de la
ville...] *Paris, imprimerie nationale*, 1882, t. IV (*Région du faubourg
Saint-Germain*), p. 250.

On trouvera, sur Vauquelin des Yveteaux et sur la vie « voluptueuse » qu'il menait en son hôtel de la rue des Marais, une notice
intéressante dans le livre de M. le baron Jérôme Pichon, intitulé :
*Notices biographiques et littéraires sur la vie et les ouvrages de Jean
Vauquelin de la Fresnaye et Nicolas Vauquelin des Yveteaux, gentils-
hommes et poètes normands, 1536-1649.* Paris, Techener, 1846, in-8,
pp. 40-42.

Au temps où Balzac l'habitait, la maison portant le n° 17 *bis* appartenait à M. Prestat. La propriétaire actuelle est Madame Deprez :
la maison dépend de la « Librairie agricole », 26, rue Jacob La gra-
cieuse complaisance de Madame Deprez nous a permis de réunir les
renseignements relatifs à la construction de la maison. M. Bourguignon, au nom de Madame Deprez, a bien voulu nous écrire :

« ... 1° D'un acte de vente, en date du 7 mai 1825, il résulte qu'à cette époque
la maison de la rue Visconti n'*existait pas*. Il n'y avait sur la rue Visconti (alors
rue des Marais) que « deux pavillons élevés d'un rez-de-chaussée et couverts en
ardoises ». J'ai d'ailleurs un plan général et j'y constate que la maison actuelle
n° 26, rue Jacob (alors n° 24, rue du Colombier) est bien désignée *Hôtel du
prince de Galles.*

« 2° La maison de la rue des Marais *était construite* à la date du 8 décembre

1828, comme il résulte d'un compte de mitoyenneté entre M. Prestat, propriétaire rue des Marais, nº 17 et M. Lacy, propriétaire rue des Marais, nº 15, établi à cette date du 15 décembre 1828 et portant cette mention : « M. Prestat ayant adossé un bâtiment dut acheter la mitoyenneté... », etc.

« Mais cette date du 28 décembre 1828 est une date limite et rien ne fait supposer que les comptes de mitoyenneté aient été établis aussitôt après la construction, puisqu'il y a deux autres voisins avec lesquels les comptes de mitoyenneté n'ont été établis que : le premier en 1831 et le deuxième en 1846. Le premier est le voisin de gauche de la rue du Colombier, parce qu'on avait exhaussé une aile de l'Hôtel du prince de Galles, le deuxième (celui réglé en 1846) est précisément le voisin rue des Marais, 19.

« Il est, au contraire, probable que M. Prestat, devenu propriétaire suivant l'acte d'adjudication du 7 mai 1825, n'aura pas trop tardé à construire et la maison, 17, rue des Marais, a dû être construite en 1826 ou au plus tard 1827. Cependant, je n'ai pu trouver, dans aucune pièce, l'indication *précise* de la construction. Tous les actes relatifs à la mitoyenneté portent simplement la mention : « M. Prestat ayant adossé, etc. »

La maison portant le nº 17 de la rue des Marais-Saint-Germain était *certainement* construite en 1826, puisque dans un traité passé entre M. d'Assonvillez, Honoré Balzac et André Barbier, en date du 16 mars 1826 (V. Appendice VI, pièce nº 46) Balzac et Barbier sont déjà dits domiciliés : rue des Marais-Saint-Germain, nº 17.

Quant au M. Prestat, cité dans la lettre de M. Bourguignon, il s'agit de M. Henri Prestat, demeurant 9, rue des Bourdonnais, propriétaire des locaux occupés par l'imprimerie Balzac et Barbier. Nous le voyons figurer comme créancier à la faillite, dans un « état de la situation du sieur Honoré Balzac » et dans l'acte de vente de son imprimerie à Barbier (V. Appendice VIII, pièces nºˢ 80 et 81). Un autre Prestat, du prénom d'Auguste, demeurant rue de la Poterie, y figure également.

M. Paul Lacombe, le bibliographe parisien, a bien voulu relever et nous communiquer la liste des voisins de Balzac, en 1827, d'après l'*Almanach parisien ou Liste générale des habitants de Paris, classés par rues et par numéros... pour l'année 1827*. Paris, chez les éditeurs, rue des Marais du Temple, nº 14, 1827, in-12, p. 187. Voici cette liste :

> Nº 15 : Delpont, négociant.
> Dufraval, receveur de l'enregistrement.
> Lacy.

N° 17 : Balzac, imprimeur.
N° 19 : Besson (Madame).
        Desmichels, baron de Champorçain, avocat.
        Ducamp de Bussy.

Il n'est pas fait mention du 17 *bis*. Il est à remarquer que *actuellement* (1903) le 17 *bis* est le numéro de l'immeuble placé entre le 15 et le 17 et que le 17 est contigu au 19.

TABLE DES GRAVURES

TABLE DES MATIÈRES

DOÉCEMBRE 1829.   AVOIR

1828. B^{et} Dabo j^e 30 août . . . . | 488 | 488 „

COMPTE COURANT DE BALZAC CHEZ M. SÉDILLOT

31 décembre 1829.

DOIT — MONSIEUR H^e BALZAC S/ COMPTE C^t ET D'INTÉRÊT CHEZ CH. SÉDILLOT FIXÉ AU 31 DÉCEMBRE 1829 — **AVOIR**

DOIT

Année	Mois	Jour	Somme	Désignation	Folio	Montant
1828	Août	16	606,22	Remboursé b^t H^e Balzac o/ Chantpie frères	502	8.724,76
—	—	—	1.131,81	Payé pour s/ c^te à Barbier	500	470 »
—	—	18	94,05	Pour inpositions		
—	—	26	14 »	Payé sur le 2e quart des ouvriers	492	19,68
—	—	30	60 »	A lui remis 50 fr. et pour Bordier 10 fr.	488	292,80
—	Septembre	1	312,29	Payé pour Honoré à Oudot	486	1.516,32
—	—	3	68,60	—	484	329,12
—	—	16	1.117,82	Pour complément du 2e terme	471	5.261,07
			350	Payé par Bonneville-Duquesnel o/ C. Renopie 15 août.		
			367,94	Payé par Bonneville-Duquesnel o/ C. Renopie 30 juin et frais.		
			500,90	Payé par Bonneville-Duquesnel o/ C. Renopie 30 juin et frais.		
			509,60	Payé par Bonneville-Duquesnel o/ Delmas fils, 31 juillet et frais.		
	Octobre	2	3.676,66		455	16.725,80
			435,25	Payé par Bonneville-Duquesnel o/ Cabany, 28 février.		
			277,27	Remb^t du b^et Chantpie et frais.		
			35,70	Frais divers d'oppositions.		
			200 »	Pour honoraires de M. Duquesnel.		
			1000	P^e acquit du b^et Balzac o/ Chantpie, 30 septembre.		
				Chez Duquesnel.		
—	—	3	630 »	Payé pour le corps du Droit français.	455	2.866,50
—	—	3	8,40	Payé à De Blois.	454	36,32
—	—	8	230 »	Payé à Nolleval, *notaire* p. s/ c^te	449	1.032,70
—	—	15	1.131,82	— à Barbier, 3me quart	442	4.999,02
—	—	15	350 »	o/ V^se Déro	442	1.547 »
—	—	16	280,50	— Pour 3/4 du supplément dû aux ouvriers	441	1.927,17
—	—	—	157,10	billet o/ Lecour.		
—	—	23	266 »	à Stordeur.	434	1.154,44
—	—	28	210 »	à Malher pour 3 livraisons.	420	1.033,89
—	—	—	31,65	pour frais de justice.		
—	—	29	738,78	Remboursé b^et Thiercelin et frais.		
—	—	—	649,25	b^et échu 20 octobre et frais	428	5.940,64
				Rendu à Thiercelin.		
—	Novembre	3	7,50	Payé à Poipon, chandelier	423	29,61
—	—	17	1.131,82	à Barbier 4e quart		
			93,50	pour le 4e quart de supplément aux ouvriers	409	5.010.25
		20	80 »	à Laurens aîné.	406	361,34
		21	169,88	— son billet o/ Chaumont	405	681,45
		22	600 »	Remboursé b^et V^se Thiercelin	404	2.124 »
				Rendu à Thiercelin.		
—	—	22	86 »	Payé b^et o/ Fleuriel	404	317,44
		25	500 »	Remis à Mme Balzac par Buisson.	404	2.005 »
		28	50 »	Payé à Ozali	398	199 »
		29	210 »	à Mallet et Cie 3 livraisons.		
		—	500 »	Remboursé b^et V^se Thiercelin	397	2.818,70
				Rendu à Thiercelin.		
		30	100 »	Payé s^t b^et o/ Chaumont.	396	990 »
		—	150 »			
		—	187,65	Son b^et m, o/ 15 novembre	411	768,57
—	Décembre	3	92 »	Payé à Honoré par Flessino.	393	301,56
—	—	4	30,65	à Déro frais à 1 b^et 31 juillet échu.	392	117,60
—	—	11	266 »	à Nacquart.	385	793,10
—	—	31	500 »	Remboursé b^et V^se Thiercelin	365	1.825 »
				Rendu à Thiercelin.		
1829	Janvier	3	20 »	Payé à Derieu et Getlisse.	362	72,40
		13	350 »	à Malher et Cie.	352	1.252 »
		18	90 »	Compté à Honoré	347	312,30
		28	37 »	Payé aux contributions.	337	125,01
		29	300 »	M^d Mme Balzac à Poncelet	336	1.008 »
		31	500 »	Remb V^se Thiercelin	334	1.670 »
				Rendu à Thiercelin.		
	Février	7	100 »	Payé à Frin p Dachaumont	327	327 »
	—	12	383,05	à M. Cheau	322	1.233,26
		20	2.133 »	— à Mallet frères, pour remb^t.	311	6.037,62
		28	300 »	Remb V^se Thiercelin	306	1.040,40
				Rendu à Thiercelin.		
		—	40,20	Ma f^re de marchandises.		
	Mars	5	325,46	Remb du b^et Pontaien et frais	301	978,25
				Chez Duquesnel.		
		6	16 »	Payé f^re Deligny, brossier.	300	48 »
		11	344,30	Remb^t du b^et Ponthieu et frais	295	1.011,80
				Chez Duquesnel.		
	—	30	145 »	Payé à Thévenin	276	100,20
	—	31	397 »	Remboursé b^et Thiercelin.	275	926,75
				Rendu à Thiercelin.		
	Avril	11	150 »	Payé à Hubert.	261	391,50
	Mai	9	325,35	Remboursé b^et Schubbaro	236	767 »
				Chez Duquesnel.		
	Juin	5	20 »	Payé à Maheu.		
			50 »	à Fauqueux		
			71,85	à M^er Naulot	209	294,69
		10	265 »	Remb^t à M. Duquesnel p^r Gireadot.	204	510,60
				Chez Duquesnel.		
1829	Juillet	2	300 »	Remboursé b Schubart	182	516 »
				Chez Duquesnel.		
	—	11	164,70	Payé à Laurens aîné	173	802,72
		28	80,35	à M^er Cuisinier, 1er terme.	156	138,81
	Août	21	50 »	— à Lecœur	129	61,50
	Septembre	3	394,30	Remb^t b^et Schubard protesté	119	571,77
				Chez Duquesnel.		
		—	89,35	Payé à M^er Cuisinier		
		21	251,45	Remb^t b^et Chantpie et frais	98	215,98
	Octobre	20	750 »	Payé à Laurens aîné 2 termes.	72	540 »
	Novembre	17	2.000 »	Son billet échu 1er août	14	880 »
				Mme Balzac.		
	—	20	65 »	Payé f^re Malher et Cie	41	26,65
	Décembre	2	89,35	à M^er Cuisinier.	29	25,81
		—		Nombres rouges du crédit	—	1.990,50
		—		Intérêts en ma faveur 1.929.898		» »
		12	321,65	6.000		
			27.637,80			97.537,10
1829	Décembre	12	911,25	Solde débiteur à nouveau.		97.537,10

AVOIR

Année	Mois	Jour	Somme	Désignation	Folio	Montant
1828	Août	30	100 »	B^et Dubo j^r 30 août	488	488 »
—	Octobre	2	345 »	Reçu de Malher et Cie	455	1 569,75
—	—	28	8.000 »	Espèces reçues pour s^t c^te	429	34.320 »
—	Novembre	17	120 »	Reçu de Isambert	409	490,80
—	Décembre	11	5.000 »	Reçu de Mme Balzac	385	19.250 »
—	—	13	1.391,95	— de Thiercelin 35 p. 100 s: 3927.	383	459,03
—	—	15	250 »	b^et Isambert	381	932,50
—	—	31	89 »	— b^et Urbain Canel	365	271,45
1829	Janvier	10	900 »	B^et Ed. Delatouche 20 janvier	345	3.105 »
		18	24 »	B^et Mancel, 15 février, Caen	347	312,30
		—	66 »	— V^se Canel, 29 mai		
		23	250 »	— Isambert	342	855 »
	Février	20	796,50	Reçu de Barbier 1er terme.	311	2.475,56
		28	300 »	B^et Froment s Mallet frères	306	1.530 »
		—	200 »	M^er Mongie s Mallet frères		
	Mars	6	461 »	Reçu de M. Bossange.	300	1.383 »
	—	14	518 »	Reçu b^et Laroze	292	1.512,56
	Avril	30	117 »	Reçu b^et Corbet aîné		
			500 »	Lacointe		
			500 »	Boinet-Thireos	215	3.471,65
			300 »	Froment		
	Juin	5	129 »	Levavasseur.	209	269,61
	—	30	800 »	Baudouin	181	1.472 »
—	Août	31	280 »	Froment	122	311,60
	Septembre	28	300 »	Billet Ch. Gosselin, 3 novembre	58	174 »
			500 »	Froment 30 novembre.	31	155 »
			325,10	Ch. Gosselin, 5 décembre	26	84,50
			81 »	Boullard, 30 novembre	31	25,44
			300 »	Th. Berquet, 28 février	59	*177* »
		10	2.000 »	Reçu espèces *(pour M. et Mme Balzac)*	112	2.240 »
		19	1.000 »	Reçu b^et Ladvocat et Dufay.	103	1.030 »
—	Novembre	3	750 »	b^et Mame et Delaunay-Vallée, 31 août.	243	*1 822,50*
			—	Balance des nombres.	—	19.208,98
			911,25	Solde en ma faveur à nouveau		» »
			27.637,80			97.537,40

(1) Les annotations de M. Sédillot, portées à l'encre rouge sur ce compte, sont imprimées en italiques.

(2) Dans l'original, il y a bien Boinet-Thireos : ne serait-ce pas une erreur pour Brissot-Thivars, le libraire avec lequel Balzac fut en relations d'affaires ?

(3) Ce chiffre 177, imprimé en italiques, ainsi que celui 1822,50, a été ajouté, après coup, par M. Sédillot : il convient donc de déduire ces deux sommes pour obtenir, à la colonne *Avoir*, le total de 97.537,40 correspondant à celui de la colonne *Doit*.